职业教育财经类
"十二五"规划教材

沟通技巧 与团队建设

Goutong Jiqiao yu Tuandui Jianshe

黄甜 韩庆艳 臧伟 主编

孙以红 余荣 贾凝 副主编

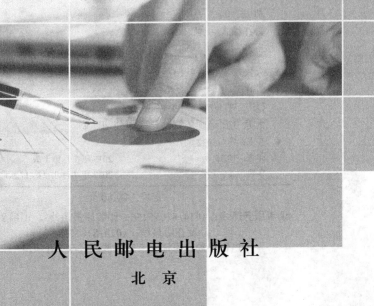

人民邮电出版社

北京

图书在版编目（CIP）数据

沟通技巧与团队建设 / 黄甜，韩庆艳，臧伟主编
. -- 北京 ：人民邮电出版社，2013.7（2022.7重印）
职业教育财经类"十二五"规划教材
ISBN 978-7-115-30910-5

Ⅰ. ①沟… Ⅱ. ①黄… ②韩… ③臧… Ⅲ. ①企业管
理－市场营销学－高等职业教育－教材 Ⅳ. ①F274

中国版本图书馆CIP数据核字(2013)第081868号

内 容 提 要

本书立足营销管理的工作背景，紧扣营销管理人员所需的知识、技能和态度，采用任务驱动模式，系统全面地介绍了沟通与团队合作的基本技巧及应用。全书围绕沟通和团队合作两大主题，设计了沟通基础、有效沟通技巧、组织沟通、团队基础、团队建设、团队维护6大任务。每个任务由学习目标、技能目标、案例导入、课堂活动及技能训练、任务总结以及思考与训练几大部分构成。每个任务下设若干技能点（总计11个技能点），每个技能点由教师通过课堂活动训练单元的形式展开，让学生在做中学、学中练，提高学生的沟通能力和团队合作意识。

本书以培养应用型人才为目标，适合作为高职高专营销管理类、财会经济类专业及相关专业的教材。本书还可作为企业营销管理人员培训的参考用书，可供对沟通与团队合作有兴趣的广大读者阅读。

♦ 主　　编　黄　甜　韩庆艳　臧　伟
　　副主编　孙以红　余　荣　贾　凝

　　责任编辑　刘　琦

　　责任印制　沈　蓉　杨林杰

♦ 人民邮电出版社出版发行　　北京市丰台区成寿寺路 11 号
　　邮编　100164　电子邮件　315@ptpress.com.cn
　　网址　http://www.ptpress.com.cn
　　北京九州迅驰传媒文化有限公司印刷

♦ 开本：787×1092　1/16
　　印张：10.75　　　　　　　　　2013 年 7 月第 1 版
　　字数：281 千字　　　　　　　2022 年 7 月北京第 17 次印刷

定价：29.80 元

读者服务热线：(010)81055256　印装质量热线：(010)81055316
反盗版热线：(010)81055315
广告经营许可证：京东市监广登字 20170147 号

前　言

"沟通技巧与团队建设"课程是高职高专营销管理专业的重要专业技能课程，也是其他财会经济专业的一门重要的能力拓展和职业基础课程，目前可供选择的教材不多。本书针对高职高专高素质技能型人才的培养目标，结合作者多年基层管理岗位工作经历和高职教学经验，博采众长，不仅吸收了同类优秀教材，尤其是前一轮规划教材的精华，同时又引入了企业内训课程中的活动训练单元，在保持沟通教材体系完整和内容丰富的基础上，又补充和丰富了团队合作近几年形成的成熟理论和技能要求。

本书强化素质教育和能力培养的要求，注重培养学生的科学思维方法和创新精神；课程以服务企业为宗旨，采用以就业为导向的教学模式，突出应用能力的培养，把重点放在概念、结论和方法的实际应用和技能训练上。作为市场营销的专业课，课程在内容编排上紧密结合当前企业营销管理的沟通及团队合作实践中遇到的关键问题，重在提高学生分析问题和解决问题的能力。此外，本课程在具体实施时注重实践性教学环节，注重教、学、做相结合，主张理论与实践的一体化，并有针对性地采取案例研讨、任务驱动等行动导向的教学模式，在课程体系的完整性、课程内容的适用性以及教学方法的实战性方面相对比较成熟，力求通过本课程的学习，培养学生沟通及团队合作的基本素养和技能。

本书以职业活动的行为过程为导向组织教学，用任务的形式重构课程的内容体系，坚持"项目内容任务化、任务内容过程化"的教学改革方向。每个任务设计"技能目标"和"活动引入"栏目，由活动引发学生的思考和学习，重视在实践中培养学生的沟通能力、创新能力和团队合作的意识。每个活动后提供了活动总结和技能训练，这些训练既突出了主要知识点，又强调了技能训练和视野拓展，旨在全方位提高学生的职业沟通与团队合作素养。最后，本书还配备了丰富多彩的图片和视频，以期增加书本的可读性。

本书由安徽邮电职业技术学院和陕西邮电职业技术学院共同合作编写完成。安徽邮电职业技术学院的孙以红老师对教材进行了统稿；安徽邮电职业技术学院的黄甜老师编写了团队协作篇的任务二，韩庆艳老师编写了团队协作篇的任务一，臧伟老师编写了团队协作篇的任务三，并合力编写了沟通篇的任务三；陕西邮电职业技术学院余荣老师编写了沟通篇的任务二，贾凝老师编写了沟通篇的任务一。在编写过程中，作者一方面结合自己在基层管理岗位的培训经验，另一方面借助文献、报刊和网上资料，汲取了大量沟通与团队合作方向的研究成果及新思想，在此谨向各位专家学者致以诚挚的感谢。

由于编者水平有限，书中难免有不妥和疏漏之处，敬请广大读者批评赐教。

编者

2012 年 11 月

目 录

第一部分 沟 通 篇

第二部分　团队协作篇

第一部分
沟通篇

任务一
沟通基础

学习目标

- 理解沟通的含义及其具体内涵
- 熟悉沟通的层次与原则
- 掌握沟通过程及其包含的要素
- 描述不同的沟通类型
- 初步具有良好的沟通能力与沟通态度

技能目标

- 明确沟通中的障碍
- 掌握克服沟通障碍的策略

案例导入

    杨瑞是一个典型的北方姑娘，在她身上可以明显地感受到北方人的热情和直率，她喜欢坦诚，有什么说什么，总是愿意把自己的想法说出来和大家一起讨论，正是因为这个特点，她在上学期间很受老师和同学的欢迎。今年，杨瑞从西安某大学的人力资源管理专业毕业，她认为，经过四年的学习，自己不但掌握了扎实的人力资源管理专业知识，而且具备了较强的人际沟通技能，因此，她对自己的未来期望很高。为了实现自己的梦想，她毅然只身去广州求职。

    经过将近一个月的反复投简历和面试，在权衡了多种因素的情况下，杨瑞最终选定了东莞市的一家研究、生产食品添加剂的公司。她之所以选择这家公司是因为该公司规模适中、发展速度很快，最重要的是该公司的人力资源管理工作还处于尝试阶段，如果杨瑞加入，她将是人力资源部的第一人，因此，她认为为自己施展才能的空间很大。但是，到公司实习一个星期后，杨瑞就陷入困境中。

    原来，该公司是一个典型的小型家族企业，企业中的关键职位基本上都由老板的亲属担任，其中充满了各种裙带关系，尤其是老板安排了他的大儿子做杨瑞的临时上级，而这个人主要负责公司研发工作，根本没有管理理念，更不用说人力资源管理理念，在他眼里，只有技术最重要，公司只要能赚钱，其他的一切都无所谓。但是，杨瑞认为越是这样就越有自己发挥能力的空间，因此，在到公司的第五天，杨瑞拿着自己的建议书走向直接上级的办公室。

"王经理，我到公司已经快一个星期了，我有一些想法想和您谈谈，您有时间吗？"杨瑞走到经理办公桌前说。

"来来来，小杨，本来早就应该和你谈谈了，只是最近一直扎在实验室里就把这件事忘了。"

"王经理，对于一个企业尤其是处于上升阶段的企业来说，要持续企业的发展，必须在管理上狠下工夫。我来公司已经快一个星期了，据我目前对公司的了解，我认为公司主要的问题在于职责界定不清；雇员的自主权力太小，致使员工觉得公司对他们缺乏信任；员工薪酬结构和水平的制定随意性较强，缺乏科学合理的基础，因此薪酬的公平性和激励性都较低。"杨瑞按照自己事先所列的提纲开始逐条向王经理叙述。

王经理微微皱了一下眉头说："你说的这些问题我们公司也确实存在，但是你必须承认一个事实——我们公司在赢利，这就说明我们公司目前实行的体制有它的合理性。"

"可是，眼前的发展并不等于将来也可以发展，许多家族企业都是败在管理上。"

"好了，那你有具体方案吗？"

"目前还没有，这些还只是我的一点想法而已，但是如果得到了您的支持，我想方案只是时间问题。"

"那你先回去做方案，把你的材料放这儿，我先看看，然后给你答复。"说完王经理的注意力又回到了研究报告上。

杨瑞此时真切地感受到了不被认可的失落，她似乎已经预测到了自己第一次提建议的结局。

果然，杨瑞的建议书石沉大海，王经理好像完全不记得建议书的事。杨瑞陷入了困惑之中，她不知道自己是应该继续和上级沟通，还是干脆放弃这份工作，另找一个发展空间。

本案例是一个典型的由于管理者缺乏新员工导入机制理念而导致上下级沟通失败，最终使新员工的积极性受挫的案例。杨瑞满腔热忱想把自己的所学应用到实践中去，从而获得成就感，可是她的直接上级却没有认识到杨瑞的特点和需求，过分强调杨瑞缺乏实践经验的一面，对杨瑞的行为做出了消极的反馈，致使杨瑞的积极性受到挫伤。

活动 1　折纸

【活动描述】

形式：所有成员

时间：15～20 分钟

材料：每人两张 A4 纸（可用废纸）

场地：教室

操作程序

第一阶段：A. 给每位学员一张 A4 纸

　　　　　B. 老师发出单向指令

　　　　　大家闭上眼睛

　　　　　全过程不许问问题

　　　　　把纸对折

再对折

再对折

把右上角撕下来，转 180 度。把左上角也撕下来

睁开眼睛，把纸打开。

会发现各种答案

第二阶段：这时老师可以请一位成员上来，重复上述的指令，唯一不同的是这次学员们可以问问题。

相关讨论：

完成第一阶段之后可以问大家，为什么有这么多不同的结果，也许有人会回答，单向沟通不许问问题所以会有误差。

完成第二阶段之后又问大家，为什么会有误差。希望说明的是，任何沟通的形式及方法都不是绝对的，它依赖于沟通者双方彼此了解，沟通环境限制，沟通的意义转换的过程等。

知识链接　沟通认知

一、沟通的内涵及重要性

1. 沟通的含义

（1）沟通是一项活动。

"沟通"一词，汉语的原意是指两水通过挖沟开渠使其相互流通畅达。如《左传·哀公九年》："秋，吴城邗，沟通江淮。"沟通有名词和动词之分，作为名词的沟通是指一种状态，作为动词的沟通是指一种行为。沟通一词后来用于比喻两种思想的交流与分享等。信息社会又泛指信息沟通。

人类是需要沟通的。沟通是形成人际关系的手段。人们通过沟通与周围的社会环境相联系，而社会又是由人们互相沟通所维持的关系组成的网。沟通就像血液流经人的心血管系统一样存在于社会系统，为整个有机体服务。原美国最优秀的篮球队之一、芝加哥公牛队的"飞人"乔丹与"蝙蝠侠"皮篷曾说："我们俩在场上的沟通相当重要，我们相互从对方眼神、手势、表情中获得对方的意图，于是，我们传、切、突破、得分；但是，如果我们失去彼此间的沟通，那么，公牛队的末日就来临了。"两位球星之间所发生的这一切，正是沟通活动。因此，沟通是一项自然而然的、必需的、无所不在的活动。

（2）沟通是一门科学。

将沟通与传播学联系，这对于中国人而言，还新鲜得很。因此，当海外学者于 20 世纪 70 年代末 80 年代初把传播学引入中国时，难怪闹出了被误听为"船舶学"的笑话。原来，这门科学是西方舶来品。

沟通的渊源：作为传播学的核心概念，原译自英语 communication，从翻译角度又可译为传达、通信、交换、交流、交通、交际、交往、沟通等。使用哪个汉语词汇，国内一般有三种译法，即交流、沟通、传播。在现代汉语中，交流与沟通意义相近，都是一种相互交换的活动；而传播则强调单方面行为以及这种行为使信息在社会中传递、流传和播散。本书将以沟通作为学科的中心术语，同时以传播、交流、交际、交往作为表述的近义词语。

（3）沟通的学科定义。

从学科及其定义角度探讨什么是沟通，国内没有系统的理论。国外目前也是众说纷纭。据不完全统计，沟通的定义迄今有150多个。概括地说，有以下几种类型。①共享说：强调沟通是传者与受者对信息的分享。如美国著名传播学家施拉姆认为："我们在沟通的时候，是努力想同谁确立'共同'的东西，即我们努力想'共享'信息、思想或态度。"②交流说：强调沟通是有来有往的、双向的活动。如美国学者霍本认为："沟通即用言语交流思想。"③影响（劝服）说：强调沟通是传者欲对受者（通过劝服）施加影响的行为。如美国学者露西和彼得森认为："沟通这一概念，包含人与人之间相互影响的全部过程。"④符号（信息）说：强调沟通是符号（信息）的流动。如美国学者贝雷尔森认为："所谓沟通，即通过大众传播和人际沟通的主要媒介所进行的符号的传送。"

由于作为本土的具有中国特色的沟通学独立学科在我国还未建立，也没有系统的理论支撑，因此有必要对它的概念进行界定。我们这里侧重从沟通活动和行为方面进行分析和认识，研究个人的沟通行为，研究人际互动中的沟通关系，并着重于实用性。从这个意义上，我们认为，沟通学应属于社会学或人类学（anthropology）的分支学科。沟通是人类的一种行为，是人类的活动，语言的沟通、准语言的沟通和体态语的沟通是它的语言文化表现形式。我们认为，把沟通学放在人类学或社会学中进行研究，不仅能加深对沟通活动及其过程的理解和分析，有助于对社会化与人际关系、人类互动关系及其影响的理解，还更有助于人类认识世界，认识人类语言现象和非语言现象，对于思考人生及其价值都将产生积极意义。

基于此，本书把沟通定义为：沟通是人类借助于共同的符号系统（包括语言符号和非语言符号）获得信息，彼此传递和交流信息的个人行为和社会互动行为，是人类有意识的活动及其能力。

2. 沟通的具体内涵

根据沟通的概念和性质，沟通的具体内容可以做以下几个方面的概括。

（1）沟通不是只说给别人听。

有人认为，沟通是"我说给你听"。我是说话者，你是听话人，我发出一项信息，并传递给你，你收到信息后，把它"译解"，然后采取令我满意的行动。

但是我说给你听，你未必都愿意听；就算听了，也不见得真正听懂了我的意思；即使听懂了我的意思，你也不一定就会按我的意图去行动。

沟通并不是片面的"我说给你听"。

（2）沟通不是只听别人说。

"世事洞明皆学问。"无论何时何地对何人都有学不完的东西，多听别人的话，可以学到许多书本上没有的东西，对自己有很大的助益。

然而，仅仅你说我听，也不算有效的沟通。因为，仅仅你说我听，我以为听懂了，其实没有听懂，就照着去做，结果却证明"原来我听错了"，等于没有沟通，甚至带来了危害。

🔊【小看板】

很多著名的公司在面试员工时，经常会让几个应聘者在一个空荡的会议室里一起做一个小游戏，一些应聘者在这个时候都不知所措。在应聘者一起做游戏的时候主考官就在旁边看，他不在乎你说的是什么，也不在乎你说的是否正确，他是看你这三种行为是否都出现，并且这三种行为是否是按一定比例出现。如果一个人要表现自己，他的话会非常多，始终在喋喋不休地说。可想而知，这个人将是第一个被请出考场或者淘汰的人。如果你坐在那儿只是听，不说也不问，那么，也将很快被淘汰。只有在游戏的过程中你说你听，同时你会问，才意味着你具备良好的沟通技巧。

一定要养成一个良好的沟通习惯：说、听、问三种行为都要出现，并且这三者之间的比例要协调，如果具备了这些，将会有良好的沟通效果。

（3）沟通是"通"彼此之"理"。

沟通是人与人之间传达思想、观念或交换情报、信息的过程。等于"你说给我听"加上"我说给你听"以求得相互了解并且彼此达成某种程度的理解。

沟通他人，"理"是基础，但"通"理首先要寻求共鸣，常言说，"酒逢知己千杯少，话不投机半句多。"寻求共鸣便可使你成为对方的知己，避免话不投机。所谓"共鸣"是沟通双方思想感情上达到一致的体验，产生共鸣意味着沟通双方的情绪已经融洽，从而为"通理"铺平了道路，使对方从心理上愿意接受你的观点和主张。

3．沟通的重要性

人是社会的动物，社会是人与人相互作用的产物。马克思指出："人是一切社会关系的总和。""一个人的发展取决于和他直接或间接进行交往的其他一切人的发展。"因此，沟通能力是一个人生存与发展的必备能力，也是决定一个人成功的必要条件。

（1）职业工作需要沟通。

各行各业，无论是会计、社会工作者、工程师，还是医生、护士、教师、营销员，不仅需要专业知识和技能，而且越来越需要与他人沟通的能力。

（2）社会活动需要沟通。

人们在生活中每时每刻都离不开实践活动，总不免要与他人沟通。但是，沟通本身也不是非常容易的事。要向他人表达一个意思，始终说不清楚；要为他人办一件好事，但有可能弄巧成拙；本来想与他人解除原有的隔阂，但可能弄得更僵。所以说，现实的实践活动需要有一定的沟通能力。

（3）沟通也是个人身心健康的保证。

与家人沟通，能使你享受天伦之乐；与恋人沟通，能使你品尝到爱情的甘甜；在孤独时，沟通会使你得到安慰；在忧愁时，沟通会使你得到快乐。英国著名文学家、哲学家弗朗西斯·培根有句名言：如果把快乐告诉朋友，你将获得两个快乐；如果你把忧愁向朋友倾吐，你将被分担一半忧愁。

【小链接】

一个美丽的德国女孩爱上了一个在德留学的极为优秀的中国青年，很快他们便坠入了爱河。然而在一次共同出外购物时，他们在路口碰上了红灯。男孩看到路上没有任何车辆，毫不犹豫走过了路口。

这却导致了他们的分手。

严谨的德国女孩这样想：他连基本的社会规则都不遵守，我怎么能将自己交予这样的一个人？

无奈的青年人后来回到了中国，很快他便获得了一位同样美丽的中国女孩的垂青。又一次的出外购物，又面临了同样的情景。年轻人牢记上次的教训，静静站在原地等候绿灯。

女孩却拔腿离他而去，再也没有回头。

女孩这样考虑：他连这样的胆量都没有，将来会有什么出息？

有人将此归结为文化上的差异，其实这是一个沟通的问题——那位青年人并不是不了解中西文化的异同，他的无奈源于他没有坚持恒定的标准。我们看到，只要他在相处中始终坚持标准之一，他总会获得一个女孩的爱，然而由于他在不同的标准间游移，导致女孩在对他的认知上产生障碍。

所以，有效沟通的必要条件之一，就是双方的沟通必须建立在对相同的规则认知（同）的基础之上，而与规则自身的优劣与否并无直接关系。

二、沟通类型与原则

1. 沟通的类型

由于沟通的普遍性和复杂性，可以根据不同的标准对沟通进行分类。一般来说，常用的分类有以下几种。

（1）语言沟通和非语言沟通。

按照信息载体划分，沟通可以分为语言沟通和非语言沟通。

语言沟通是指以语词符号实现的沟通，可以分为口头语言沟通与书面语言沟通。口头语言沟通是指借助于口头语言实现的沟通，是日常生活中最为常用的沟通方式，同时也是保持整体信息较好的沟通方式。平时的交谈、讨论、开会等都离不开口头语言的沟通。书面语言沟通是指借助于书面文字材料实现的信息交流。书面沟通可以修正内容，因而是一种准确性较高的沟通方式。书面沟通的另外一个优点是具有持久性，它使沟通过程超越了时间和空间的限制，人们不仅可以通过文字记载来研究古人的思想，还可以将当代人的成就传给后代。但是，书面沟通缺乏信息发送者背景信息的支持，信息接收者感受不到发送者自身的人格和情感因素的影响，因而对信息接收者的影响力有限。

非语言沟通包括身体动作、眼神、面部表情以及发送者和接受者之间的身体距离等。有学者认为每一种身体动作都有意义，没有一种动作是随意表现出来的。身体语言补充了语言沟通，并常常使语言沟通更为复杂。身体动作或运动本身并不带有精确的或普遍性的意义，但当它与口头语言结合起来时，就使得发送者的信息更为丰富。对接受者来说，留意沟通中的非语言信息十分重要。在倾听信息发送者发出的语言意义的同时，还应注意非语言线索，尤其应注意二者之间的矛盾之处。

（2）正式沟通和非正式沟通。

按照沟通的组织系统划分，沟通可以分为正式沟通和非正式沟通。

正式沟通是指通过组织明文规定的渠道进行的信息传递和交流，如企业的汇报制度、会议制度，按组织系统逐级进行的上级批示的下达或下级情况向上级反映等。正式沟通的优点在于沟通效果好，具有较强的约束力，一般较重要的信息都采用这种方式沟通，但它也有局限性，即沟通速度慢，不易沟通感情。

非正式沟通是在正式沟通渠道之外进行的信息传递和交流，如员工之间私下交谈、各抒己见，数人相聚议论某人某事或传播小道消息以及同人们举行非正式的群体娱乐活动等。正式沟通一般是官方化的、规范的，而非正式沟通却是非官方的、非规范的，非正式沟通中要注意甄别信息，不要被流言蜚语所干扰，以至于混淆视听，使信息失真。

【小链接】

你不可以只生活在一个人的世界中，而应当尽量学会与各阶层的人交往和沟通，主动表达自己对各种事物的看法和意见。

——李开复

（3）上行沟通、下行沟通和平行沟通。

按照组织结构和流动方向划分，沟通可以分为上行沟通、下行沟通和平行沟通。

上行沟通就是指下级情况、意见通过组织系统向上级反映的沟通形式，也就是自下而上的沟通，如汇报工作、表明态度、提出建议等，但如果群体的组织结构不完善、组织层次过多，也会造成上行沟通的阻碍。因此，疏通沟通渠道是十分重要的，如民意测验，召开各种类型的座谈会，进行访问，设立"建议箱"、"举报箱"，实行领导接待来访制度，开展抽样调查，鼓励弹劾等。

下行沟通是指组织内部上级管理人员向下级人员传达指示，发布命令、通知、通报等的沟通方式。下行沟通顺畅，能把管理者的意图很快传达给员工，使员工提高行动的自觉性，尽快把上级的意图转化为自己的行动，为实现管理者的决策和集体活动目标而努力工作。

平行沟通是指同一层次的组织人员之间的信息交流，即横向联系，包括群体内部平行组织之间的横向信息交流、群体之间的信息交流。平行沟通是保持组织间正常关系的重要条件，对加强平行单位之间的相互了解、增进团结、搞好协作、克服本位主义等极其有益。如果平行沟通渠道不畅通，群体下属部门就会各自为政，容易产生部门之间的隔阂、矛盾和冲突，甚至形成独立王国，因此平行沟通是不容忽视的一种沟通方式。

（4）单向沟通和双向沟通。

按照信息沟通的方向划分，沟通可以分为单向沟通和双向沟通。

单向沟通指的是信息发送者以命令方式面向接收者，一方只发送信息，另一方只接收信息，双方无论在语言上还是在情感上都不存在信息反馈，如发指示、下命令、电视授课、广播演讲与报告等都属于单向的信息沟通。单向沟通的优点在于快捷、迅速。但是单向沟通在传播信息时，发送者和接收者之间没有讨论的余地，所以，单项沟通得到的信息往往并不十分准确。另外，它比较严肃、呆板，当接收者具有潜在的沟通障碍时，易产生抗拒与对立情绪。

双向沟通指的是信息发送者以协商、讨论或征求意见的方式面对接收者，信息发出以后还需要及时听取反馈意见，必要时发送者与接收者还要进行多次交流，直到双方共同明确并基本满意为止，如召开座谈会、听取情况汇报等都属于双向的信息沟通。双向沟通的优点在于接收者和发送者之间有反馈机会，易于准确把握信息。同时，双向沟通比较灵活，信息接收者有表达自己观点、建议的机会，因此有利于双方互相理解，形成融洽的人际交往关系。但是，双向沟通因为要听取反馈意见，有可能受到接收方的质询和挑剔，因此传递信息的速度较慢。

（5）自我沟通、人际沟通和群体沟通。

按照沟通者的目的划分，沟通可以分为自我沟通、人际沟通和群体沟通。

有的时候，信息的发送者和接收者是由一个人来完成的，这种在个人自身内部发生的信息传递的过程，就是自我沟通，它是其他形式的人与人之间成功沟通的基础。

人际沟通指的是两个人之间发生的信息传递的过程。它是人际交往的起点，是建立人际关系的基础。

群体沟通是指三个及以上的个体之间进行的信息传递的过程。

2. 沟通的原则

要使沟通有良好的结果，必须遵循沟通三原则。

（1）谈论行为不谈论个性。

谈论行为就是讨论一个人所做的某一件事情或者说的某一句话。个性就是对某一个人的观点或评论，即我们通常说的这个人是好人还是坏人。因此，"谈论行为不谈论个性"的原则也就是"对事不对人"的原则。当然，"对事不对人"通常是存在争议或矛盾的情况下我们应该坚持的原则，但为了避免出现矛盾或矛盾激化，在任何情况下，这都是我们应该坚持的原则。

（2）要明确沟通。

明确就是在沟通的过程中，你说的话一定要非常明确，让对方有准确的、唯一的理解。在沟通过程中有人经常会说一些模棱两可的话，比如经理会拍着部下的肩膀说："某某，你今年的成绩非常好，工作非常努力。"好像是在表扬对方，但是接下去他还说一句："明年希望你更加努力。"这句话好像又是在鞭策，说他不够努力。这就使人不大明白：沟通传达给我的到底是什么意思？所以，沟通中一定要明确，努力了就是努力了，缺乏努力就是缺乏努力，一定要明确沟通。

（3）积极倾听。

要沟通首先要倾听，倾听是沟通的前提。倾听可以满足对方自尊的需要，减少对方自卫与对抗的意识，为心理沟通创造有利的条件和氛围。倾听的过程是深入了解对方的过程，也是准备做出反应的过程。倾听并不只是用耳朵去接受信息，必须用心去理解，做出应有的反应。所以倾听要有"三心"——耐心、虚心和会心。

耐心地听。即使他所讲的你已经知道，为尊重对方，你仍得耐心听下去。特别要耐心听对方申辩，切不可粗暴地随意打断，即使对方发火，你也要让他尽情发泄。不理他，自然会缓和下来。

虚心地听。对问题的不同观点（看法），不要中途打断或妄下判断，即使对方错了，也要在不伤害对方自尊的情况下以商讨的口气提出看法。

会心地听。首先是善听弦外之意，不被虚假的表面信息所迷惑。善于捕捉背后的真实意图。特别要注意对方的体态语，有时可能传达出言辞背后更为真实的信息。其次是要会心地呼应，可以简单地重复对方话语。发问或表示赞同，更多是用注视、点头、微笑等态势语。

🎯【小链接】

在处理人际关系时，有三种可能的主要方法。

第一种是只考虑自己，并欺凌别人。

第二种是处处先人后己。

第三种是黄金准则，个人把自己放在首位，但同时考虑到别人。

——（美）约瑟夫·沃尔普

活动 2　你说我做

【活动描述】

有没有试过和朋友共同搭建一个模型，在搭建模型的过程中，彼此之间的沟通与合作至关重要，尤其是在一人能见到模型，另一人看不到的情况下。本活动就是这种情况。

1. 老师事先自己用积木做好一个模型，然后将参加人员分成若干组，每组 4~6 人为宜。
2. 每组讨论 3 分钟，根据自己平时的特点分成两队，分别为"指导者"和"操作者"。
3. 每组的"操作者"暂时先到教室外面等候。
4. 这时老师拿出自己做好的模型，让每组剩下的"指导者"观看（不能拆开），并记录下模型的样式。
5. 看完后，将模型收起来，"操作者"进入教室，每组的"指导者"将刚刚看到的模型描述给"操作者"，由"操作者"搭建一个与模型一模一样的造型。
6. 老师展示标准模型，用时少且出错率低者为胜。
7. 让"指导者"和"操作者"分别将自己的感受用笔写在纸上，进行交流、探讨。

相关讨论：
1. 作为指导者的你，体会到什么？身为操作者的你呢？
2. 当操作者没有完全按照你的指导去做的时候，身为指导者的你有什么感觉？当感觉到你没能完全领会指导者意图的时候，操作者的你有什么感觉？
3. 当竞争对手已经做完，欢呼雀跃的时候，你们有什么感受？
4. 当看到最后的作品与标准模型不一样的时候，你们有什么感受？
5. 是效率给予的压力大，还是安全性给予的压力大？
6. 指导者和操作者感受到的压力有什么不一样？

知识链接　沟通过程与模式

一、沟通模式

在传播学研究史上，不少学者采用构建模式的方法，对传播过程的结构和性质做了各种各样的说明。所谓模式，是科学研究中以图形或程式的方式阐释对象事物的一种方法。模式既与现实具有对应关系，但又不是对现实事物的单纯描述，而是具有某种程度的抽象化和定理化性质；它与一定的理论相对应，又不等于理论本身，而是对理论的一种解释或描述，一种理论可以与多种模式相对应。模式是人们理解事物、探讨理论的一种有效方法。正因为如此，在沟通学的研究中，模式的使用非常普遍。

第一位提出沟通过程模式的是美国学者 H·拉斯韦尔。1948 年，他在题为《传播在社会中的结构与功能》的一篇论文中，首次提出构成传播过程的五种基本要素，并按照一定的结构顺序将它们排列，形成人们称之为"5W 模式"或"拉斯韦尔程式"的过程模式。这五个

"W"分别是英语中五个疑问代词的第一个字母,即 Who Say What in Which Channel to Whom with What Effect。

拉斯韦尔程式第一次将人们天天从事、却又阐释不清的沟通活动明确表述为由五个环节和要素构成的过程,为人们理解传播过程的结构和特性提供了具体的出发点。此后,经过沟通学者们不断的开发和修正,提出了比较完整的沟通模式,如图 1-1 所示。

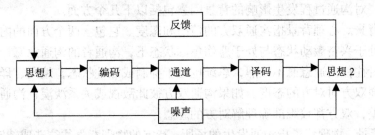

图 1-1　沟通过程模式图

图 1-1 描述了一个简单的沟通过程。这一模式包括 8 个要素:思想 1、编码、通道、译码、思想 2、噪声、反馈、背景。其中形成思想 1、编码由发送者完成,而译码、形成思想 2 则是接收者的任务。

二、沟通过程中的要素

1. 编码与译码

编码是发送者将其意义符号化,编成一定的文字等语言符号及其他形式的符号。译码则恰恰与之相反,是接收者在接收信息后,将符号化的信息还原为思想,并理解其意义。完美的沟通,应该是传送者的思想经过编码与译码两个过程后,形成的思想 2 与思想 1 完全吻合,也就是说,编码与译码完全"对称"。"对称"的前提条件是双方拥有共同的意义空间,如果双方对信息符号及信息内容缺乏共同经验,也就是缺乏共同语言,编码、译码过程不可避免地会出现偏差。

因此,甲方在编码过程中必须充分考虑到乙方的经验背景,注重内容、符号对乙方的可读性;乙方在译码过程中也必须在考虑甲方经验的背景下进行,这样才能更准确地把握甲方要表达的真正意图,而不至于曲解、误解其本意。

2. 通道

通道是由发送者选择的、用来传递信息的媒介物。

不同的信息内容要求使用不同的通道。政府工作报告就不宜通过口头形式,而应采用正式文件作为通道。邀请朋友吃饭如果采用备忘录的形式就显得不伦不类。

有时人们可以使用两种或两种以上的传递渠道,例如,双方可先口头达成一个协议,然后再予以书面认可。由于各种渠道都各有利弊,因此,选用恰当的通道对有效的沟通十分重要。但是,在各种方式的沟通中,影响力最大的仍然是面对面的原始的沟通方式。面对面沟通时,除了词语本身的信息外,还有沟通者整体心理状态的信息。这些信息使得发送者和接收者可以产生情绪上的相互感染。因而,即使是在通信技术高度发达的美国,总统大选时,候选人也总是不辞辛苦地四处奔波去演讲。

3. 背景

沟通总是在一定背景下发生的,任何形式的沟通都要受到各种环境因素的影响,例如,据研究发现，配偶在场与否，对人们的沟通影响很大。丈夫在妻子在场时，与异性保持的距离更大，表情也更冷淡，整个沟通过程变得短暂而仓促。而对沟通者而言，他们并没有意识到这种明显的改变。在企业中也是一样，在总经理办公室与在自己的工作场所，采用的沟通方式是存在重大区别的。从某种意义上说，与其认为沟通是由沟通者本人把握的，不如说是由背景环境控制的。

一般认为，对沟通过程发生影响的背景因素包括以下几个方面。

（1）心理背景。心理背景指沟通双方的情绪和态度。它包含两个方面的内涵。其一是沟通者的情绪，处于兴奋激动状态与处于悲伤焦虑状态下，沟通者的沟通意愿、沟通行为是截然不同的。后者往往沟通意愿不强烈，思维也处于抑制或混乱状态，编码、译码过程受到干扰。其二是沟通双方对对方的态度。如果沟通双方彼此敌视或关系淡漠，沟通过程则常由于偏见而出现偏差，双方都较难准确理解对方的思想。

（2）物理背景。物理背景指沟通发生的场所。特定的物理背景往往造成特定的沟通气氛。在一个千人礼堂演讲与在自己办公室慷慨陈辞，其气氛和沟通过程是大相径庭的。

（3）社会背景。一方面社会背景指沟通双方的社会角色关系。对应于不同的社会角色关系，有着不同的沟通模式。上级可以拍拍你的肩头，告诉你要以厂为家，但你绝不能拍拍他的肩头，告诫他要公而忘私。因为对应于每一种社会角色关系，无论是上下级关系，还是朋友关系，人们都有一种特定的沟通方式预期，只有有关沟通在方式上符合这种预期，才能得到人们的接纳。但是，这种社会角色关系也往往成为沟通的障碍，如下级往往对上级投其所好、报喜不报忧等，这就要求上级能主动改变、消除这种角色预期带来的负面影响。另一方面，社会背景还包括沟通情境中对沟通发生影响但不直接参与沟通的其他人。我们前面提到过，自己配偶在场与否，人们与异性沟通的方式是不一样的。我们也都有这种体会，上司在场与否，或竞争对手在场与否，自己的措辞、言谈举止是大不相同的。

（4）文化背景。文化背景指沟通者长期的文化积淀，也是沟通者较稳定的价值取向、思维模式、心理结构的总和。由于它们已转变为我们精神的核心部分而为我们自动保持，是思考、行动的内在依据，因此，通常人们体会不到文化对沟通的影响。实际上，文化影响着每一个人的沟通过程，影响着沟通的每一个环节。当不同文化发生碰撞、交融时，人们往往能发现这种影响，三资企业的管理人员，可能对此深有体会。例如，美国等西方国家重视和强调个人，沟通风格也是个体取向的，并且直言不讳，对于组织内部的协商，美国管理者习惯于使用备忘录、布告等正式沟通渠道来表明自己的看法和观点。而在日本等东方国家，人际间的接触相当频繁，而且更多是非正式的，一般来说，日本管理者针对一件事先进行大量的口头磋商，然后才以文件的形式总结已做出的决议。这些文化差异使得不同文化背景下的管理人员在协商、谈判过程中遇到不少困难。

4. 反馈

沟通过程的最后一环是反馈，反馈是指接收者把信息返回给发送者，并对信息是否被理解进行核实。为检验信息沟通的效果如何，接收者是否正确接收并理解了每条信息，反馈是必不可少的。在没有得到反馈之前，我们无法确认信息是否已经得到有效的编码、传递和译码。如果反馈显示接收者接收并理解了信息的内容，这种反馈称为正反馈；反之，则称为负反馈。

反馈不一定来自对方，往往可以从自己发送信息的过程或已发出的信息中获得反馈，当我们发觉所说的话含混不清时，自己就可以做出调整，这就是所谓的自我反馈。与沟通一样，反馈可以是有意的，也可以是无意的。对方不自觉地流露出的震惊、兴奋等表情，能够给发送者很多启示，但作为一个沟通者，应能尽量控制自己的行为，使反馈能处于自己意识的控制状态下。

5. 噪声

噪声是指妨碍信息沟通的任何因素，它存在于沟通过程的各个环节，并有可能造成信息失真，例如，模棱两可的语言、难以辨认的字迹、不同的文化背景等都是噪声。典型的噪声包括以下几个方面的因素。

（1）影响信息发送的因素。这方面容易出现的噪声主要有以下几个方面。

① 表达能力不佳、词不达意，或者逻辑混乱、艰深晦涩，从而使人无法准确对其进行译码。

② "信息-符号系统"差异。信息沟通使用的主要符号是语言，它是一种符号，而不是客观事物本身，它只有通过人们的"符号-信息"联系才能转变为对信息的理解。由于不同的人往往有着不同的"信息-符号系统"，因而接收者的理解有可能与发送者的意图存在偏差。

③ 知识经验的局限。你无法向一个小学生解释清楚相对论，因为他只能在自己的社会经历及知识、经验范围内译码，当信息超过这一范围时，他是无法理解的。企业内不同部门的交流也会因各自使用的专业知识、术语不同而困难重重。

④ 形象因素。如果接收者认为发送者不守信用，则即使发送者所发出的信息是真实的，接收者也极有可能用怀疑的眼光去看待它。

（2）影响信息传递的因素。这些因素包括以下几个方面。

① 信息遗失。

② 外界干扰。例如，在马达轰鸣的环境下交谈将是一件十分吃力的事情。

③ 物质条件限制。没有电话，你自然无法与千里之外的总部进行口头沟通。

④ 媒介的不合理选择。用口头的方式布置一个意义重大、内容庞杂的促销计划将使实际效果大打折扣。

（3）影响信息接收和理解的因素。这些因素主要包括以下几个方面。

① 选择性知觉。由于每个人的心理结构及需求、意向系统各不相同，这些差异性直接影响到他们接收信息时知觉的选择性，即往往习惯于对某一部分信息敏感，而对另一部分信息"麻木不仁"、"充耳不闻"。不难理解，我们对能印证自己推断、论点的信息常表现出高度的兴趣，而对相反的信息却漠然视之，正如有学者指出，我们不是看到事实，而是对我们所看到的东西进行解释并称之为事实。

② 信息"过滤"。接收者在接收信息时，往往根据自己的理解和需要对信息加以"过滤"。当信息传送下来，每经过一个层次，都要产生新的差异，最后则突破了允许极限范围。过滤的程度与组织结构的层次和组织文化密切相关。

③ 接收者的译码和理解偏差。如前文多次论述，由于个人所处的社会环境不同，在团队中的角色、地位、阅历也各异，从而对同一信息符号的译码、理解不同。即使同一个人，由于接收信息时的心情、氛围不同，也会对同一信息有不同解释。

④ 信息过量。管理人员在做出决策前需要足够的信息，但如果信息量过于巨大，则过犹不及，使管理者无法分清主次，或是浪费大量时间。

⑤ 特别需要强调和说明的是，社会地位的差距对沟通产生着十分重大的影响。

企业内各部门由于目标各异而造成的冲突和互不信任，也往往会干扰它们之间的有效沟通。技术人员与营销人员往往不会有共同感情，前者往往责怪后者提出一些不切合实际的要求，或是不支持高层次的理论研究，而后者则认为前者不能顺应消费趋势、潮流的变化。

6. 沟通的噪声克服

沟通的每个环节、每个阶段都存在干扰有效沟通的噪声，我们该如何越过这些沟通中的障碍因素呢？

（1）树立基本沟通观念。

沟通（Communication）一词，与共同、共有、共享等词意义上很相近，你与他人有多少的"共同（Common）"、"共有（Community）"及"共享（Communion）"，将决定你与他人沟通的程度。

共同、共有、共享意味着目标、价值、态度和兴趣的共识。如果缺乏共识的感受，而只是一味地去尝试沟通是徒劳无益的。一位经理若只站在自己的立场上，而不去考虑职工的利益、兴趣，势必加大与职工间的隔阂，从而给沟通造成无法逾越的障碍。

首先，沟通者必须避免以自己的职务、地位、身份为基础去进行沟通，而应试着去适应他人的思维架构，并体会他人的看法。换言之，不只是"替他着想"，更要能够想象他的思路，体会他的世界，感受他的感受。设身处地替他人着想是很有益的，但若能和别人一起思考、一同感受则会有更大的收获。在这个过程中，你很可能会遇到"不同意所看到的和听到的"情况，可是，跳出自我立场而进入他人的心境，目的是要了解他人，并不是要同意他人。一旦你体会了他人如何看待事实、如何看待自己，以及他如何衡量他和你之间的关系，就能避免掉入"和自己说话"的陷阱。

其次，作为一位沟通者，还应该明确有效的沟通不是斗勇斗智，也不是辩论比赛。对接收者而言，沟通中的发送者所扮演的角色是仆人而不是主人，如果说话人发觉听话人心不在焉或不以为然时，他就必须改变他的沟通方式。接收者握有"要不要听"和"要不要谈"的决定权。你或许可以强制对方的沟通行为，但是却没有办法指挥对方的反应和态度。

（2）全面发展沟通技巧。

沟通技巧有着广阔的领域。首先，知识是沟通的基础。沟通是信息的发送和理解，如果缺乏理解信息所必需的知识，沟通是无法进行的。其次，沟通的核心是系统思考，沟通者必须全面考虑沟通内容的特点、沟通双方的实际情况、沟通背景、沟通渠道等各种因素，寻求最佳的沟通策略和形式以实现自己的目的。任何一个因素考虑不当，都有可能对沟通效果产生不利的影响。在系统思考的基础上，培养"发送技巧"和"接收技巧"，其中发送技巧包括说和写，接收技巧包括听和读。对于沟通者来说，熟悉组织的沟通特点，成功地利用或建立适合自己的信息系统，确保组织内信息流动在各个方向上的畅通也是必要的。

（3）充分利用反馈。

由于种种沟通障碍的存在，发送者和接收者对相同信息的理解总会存在一定的偏差。这就要求沟通双方积极使用反馈这一手段，减少理解误差的产生。

（4）利用现代计算机技术和通信技术来克服信息沟通障碍。

现代计算机技术和通信技术飞速发展，给人们的信息沟通创造了更多的便利条件。通过开发和建立计算机管理信息系统、决策支持系统和专家系统等，利用计算机技术处理大量数据，并把有用的信息提供给大多数决策者使用，沟通者可以经济地、及时地得到必要的信息用以决策。计算机还可以通过表格、图形等直观的形象显示公司的重要信息，对沟通者提供决策帮助。另外，利用现代通信技术可以大大地解决距离上的障碍，身处各地的决策者可以通过远程通信会议，"面对面"地进行直接沟通，及时做出决策。

【小看板】

从"秀才买柴"谈沟通的"4W1H"

有个秀才去买柴，对卖柴的人说："荷薪者过来。"卖柴的人听不懂"荷薪者"（担柴的人）三个字，但他听懂了"过来"两个字，于是把柴担到秀才面前。

秀才问他："其价如何？"卖柴的人听不太懂这句话，但他听懂了"价"这个字，于是就告诉秀才价钱。秀才接着说："外实而内虚，烟多而焰少，请损之"（木柴的外表是干的，里面是湿的，燃烧时会浓烟多，火焰少，请减些价钱吧！）。卖柴的人听不懂秀才说什么，于是担着柴就走了。

从这个故事可以看出，沟通对人与人之间的交往非常重要。一项研究表明：一个人的成功 75% 靠沟通，25% 靠天才和能力。虽然沟通如此重要，但并不是每个人都能掌握沟通的技巧，只有巧妙掌握沟通技巧的人，才能有效地与他人沟通，取得良好的沟通效果，达到沟通的目的。

要真正做到有效沟通，必须明确与沟通相关的"4W1H"，即"WHO"与谁进行沟通；"WHERE"在哪里沟通，确定沟通的地点；"WHEN"什么时候进行沟通；"WHAT"沟通什么内容；"HOW"怎样进行沟通。在沟通之前，首先要确定与谁沟通，例如，业务员去拜访一个重要客户，业务员必须明白与客户方哪位负责人进行沟通，是客户方的采购员，还是客户方的业务经理。双方只有确定了沟通意向，方可进行沟通。确定沟通对象后，必须明确沟通的信息、主要内容，明确对方是否愿意就这一主题或内容与你沟通。如果沟通的一方对某一内容比较避讳或者不具备沟通的必要时，最好避开这一内容进行沟通。

三、沟通中的障碍及消除

从信息发送者到信息接收者的沟通过程并非都是畅通无阻的，其结果也并非总是如人所愿。实际上，沟通过程中因为存在这样或那样的障碍，会出现沟通失败或无法实现沟通目的的结果。信息沟通中的障碍，是指导致信息在传递过程中出现的噪声、失真或停止的因素或原因。上述各种沟通要素以及两个沟通子过程都有可能造成信息沟通的障碍。

1. 发送者的障碍

（1）目的不明。

若发送者对自己将要传递的信息内容、交流的目的缺乏真正的理解，即不清楚自己到底要向对方倾诉什么或阐明什么，那么，信息沟通的第一步便碰到了无法逾越的障碍。正如古语所说："以其昏昏，使人昭昭"，是不可能的。因此，发送者在信息交流之前必须有明确的目的和清楚的概念，即"我要通过什么通道向谁传递什么信息并达到什么目的"。

（2）表达模糊。

无论是口头演讲或书面报告，都要表达清楚，使人一目了然，心领神会。若发送者口齿不清、语无伦次、闪烁其辞，或词不达意、文理不通、字迹模糊，都会产生噪音并造成传递失真，使接收者无法了解对方所要传递的真实信息。

（3）选择失误。

对传送信息的时机把握不准，缺乏审时度势的能力，会大大降低信息交流的价值；信息沟通通道选择失误，则会使信息传递受阻，或延误传递的时机；沟通对象选择错误，无疑会造成不是"对牛弹琴"就是自讨没趣的局面，直接影响信息交流的效果。

（4）形式不当。

当我们用语言即文字或口语和非语言即形体语言（如手势、表情、体姿等）表达同样的信息时，一定要相互协调，否则使人如"丈二和尚摸不清头脑"；当我们传递一些十万火急的信息时，若不采用电话、传真或因特网等现代化的快速通道，而通过邮递寄信的方式，那么接收者收到信息往往由于时过境迁而成为一纸空文。

2．接收者的障碍

（1）过度加工。

接收者在信息交流过程中，有时会按照自己的主观意愿，对信息进行"过滤"和"添加"。在企业里，有部下向上司所进行的上行沟通，某些部下投其所好，报喜不报忧，所传递的信息往往经过层层"过滤"后或变得支离破碎，或变得完美无瑕，又如由决策层管理层和执行层所进行的下行沟通，经过逐级领会而"添枝加叶"，使得所传递的信息或断章取义，或面目全非，从而导致信息的模糊或失真。

（2）知觉偏差。

接收者的个人特征，诸如个性特点、认知水平、价值标准、权力地位、社会阶层、文化修养、智商、情商等将直接影响到对被知觉对象即发送者的正确认识。人们在信息交流或人际沟通中，总习惯于以自己为准则，对于不利于自己的信息要么视而不见，要么熟视无睹，甚至颠倒黑白，以达到防御的目的。

（3）心理障碍。

由于接收者在人际沟通或信息交流过程中曾经受到过伤害或有过不良的情感体验，造成"一朝遭蛇咬、十年怕井绳"的心理定势，对传送者心存疑惑、怀有敌意，或由于内心恐惧、忐忑不安，就会拒绝接受所传递的信息甚至抵制参与信息交流。

（4）思想差异。

由于接收者认知水平、价值标准和思维方式上的差异，往往会出现传送者用心良苦而仅仅换来"对牛弹琴"的局面，或者造成思想隔阂、误解，引发冲突，导致信息交流的中断以及人际关系的破裂。

3．沟通障碍的消除

尽管存在上述那么多的沟通障碍，但是沟通现状并非那么令人绝望。俗话说，不怕做不到，只怕想不到，只要认识到沟通障碍的存在，就给我们妥善处理并排除沟通障碍带来了希望。研究表明，沟通是如何科学与艺术结合在一起的问题。因而，解决沟通中的思路、理念上的问题和障碍以及掌握沟通中的方法、手段等技术问题就显得非常重要。以下是如何克服障碍，实现有效沟通的策略。

（1）明确沟通的目的。

沟通双方在沟通之前必须弄清楚沟通的真正目的是什么，动机是什么，要对方理解什么。确定了沟通的目标，沟通的内容就容易规划了。因为从本质上讲，沟通意味着目标、价值、态度和兴趣的共识，如果缺乏共同的目标和感受，而只是一味地去尝试沟通，不仅失去了沟通的意义，更无法实现有效沟通。因此，在沟通前必须先确定沟通目标，然后对要沟通的信息进行详尽的准备，并根据具体的情景选择合适的沟通形式来实现这个目标；另外，不仅要分析听众或读者的特点,学会"换位思考",而且还要善于激发接收者的兴趣,这样才能达到有效沟通的目的。

(2)尊重别人的意见和观点。

在沟通过程中,要试着去适应别人的思维架构,并体会他的看法,也就是说,不只是"替他着想",更要能够想像他的思路,体会他的世界,感受他的感觉。因此,无论自己是否同意对方的意见和观点,都要学会尊重对方,给对方说出意见的权利,同时将自己的观点更有效地与对方进行交换。需要注意的是,有效的沟通不是斗智斗勇,更不是辩论比赛。因此,在沟通中沟通双方都不能把自己的观点强加到对方身上,更不能因不同意对方的观点而横加指责。沟通的真正目的在于了解他人,而不是同意或不同意他人。

(3)考虑沟通对象的差异。

发送者必须充分考虑接收者的心理特征、知识背景等状况,以此调整自己的谈话方式、措辞或服饰、仪态,要避免以自己的职务、地位、身份为基础去进行沟通,如上级在车间与一线工人沟通,如果穿得西装革履,且又咬文嚼字,势必给工人造成一道心理上的鸿沟。技术人员在与其他员工沟通时,也要尽量避免使用过多的专业词汇,否则不仅达不到应有的沟通效果,反而可能会弄巧成拙。

(4)充分利用反馈机制。

许多沟通的问题是由于接收者未能准确把握发送者信息造成的,为减少这些问题的发生,沟通双方应该在沟通中积极反馈。只有通过反馈,确认接收者接收并理解了发送者所发送的信息,沟通过程才算完成;发送者要检验沟通是否达到目标,也只有通过获得接收者的反馈才能确定。因此,建立并充分利用反馈机制,无疑是实现有效沟通的重要环节。当然,反馈的方式多种多样,发送者可以通过提问、聆听的方式来获得反馈信息,也可以通过观察、感受等方式来获得反馈信息。

(5)学会积极倾听。

积极倾听就是要求沟通双方能站在对方立场上,从对方的思维架构去理解信息。一般来说,要做到积极倾听,需要遵守以下四项基本的原则:专心、移情、客观、完整。专心就是要认真倾听对方所要表达的内容及其细节。移情就是指在情绪和理智上都能与对方感同身受。客观就是指要切实把握沟通的真实内容,而不是迅速地加以价值评判。完整就是指要对沟通的内容有一个完整的了解,而不是断章取义。

(6)注意非语言信息。

非语言信息往往比语言信息更能打动人。因此,如果你是发送者,你必须确保你发出的非语言信息能强化语言的作用。如果你是接收者,你则要密切注意对方的非语言提示,从而全面理解对方的意思、情感。高明的接收者精于察言观色,窥一斑而见全貌。

(7)避免一味说教。

有效沟通是一种心灵的交流,美国著名管理学家彼得·圣吉(Peter Senge)在《第五项修炼》中称之为"深度汇谈",即敞开心扉,彼此进行心与心的交流。这就要求沟通双方必须撇开个人职务、学历和地位的影响,以开放的心态、平等的视野进行沟通。如果信息发送者总是居高临下,采取教育或教训的口吻与人交流,那么,即使发送者传递的信息非常重要,也会因引起接收者的不满和反感而不为接收者正确接受。

(8)保持积极健康的心态。

人的情绪、心态等对沟通过程和结果具有巨大的影响,过于兴奋、失望等情绪一方面易造成对信息的误解，另一方面易造成过激的反应，因而，沟通双方在沟通前应主动调整各自的心态和情绪，明确自己的角色位置，只有做到心平气和，才能对人、对事、对物作出客观公正的评价。

（9）以行动强化语言。

中国人历来倡导"言行一致"，语言上说明意图，只不过是沟通的开始，只有化为行动，才能真正提高沟通的效果，达到沟通的目的。如果说一套、做的又是一套，"言行不一致"，这种所谓的沟通的结果是可怕的。家长要求子女要努力、上进，养成积极向上的人生观，而自己却沉湎于赌博、搓麻将，请问这种沟通有效果吗？在企业中，传达政策、命令、规范之前，管理者最好能够确定是否能真正化为行动，树立了以行动支持语言的信誉后，才能真正达到交流的目的，才能在公司内部建立一种良好的相互信任的文化氛围，并使公司的愿景、价值观、使命、战略目标付诸实施。ISO9000中有这样一句话："说你能做的，做你所说的"，说的正是这个道理。

（10）使用恰当的沟通节奏。

"条条大道通罗马"，说的是实现目标有多种途径。面对不同的沟通对象，或面临不同的情境，应该采取不同的沟通节奏，这样方能事半功倍，否则，可能造成严重的后果。如在一个刚组建的项目团队，团队成员彼此会小心翼翼，相互独立，若此时采取快速沟通和参与决策的方式，可能会导致失败；一旦一个团队或组织营造了学习的文化氛围，即组建了学习型组织时，可以导入深度会谈、脑力激荡等开放式的沟通方式。

（11）选择最佳时间和地点传递信息。

时间是决定沟通效果的重要因素。首先，不同的人生物钟也不一样，有的人早晨清醒晚上不清醒，而有的人晚上清醒早晨不清醒，要尽量选择对方清醒的时间传递信息。其次，即使在一次信息沟通过程中，一个人也不可能一直保持精力高度集中，因此，在传递信息时也要有张有弛，做到疏密有致，让接收信息的人既感到轻松愉快又能达到沟通效果。在地点的选择上，要注意两点：一是要使沟通双方感到轻松自然，二是周围的干扰因素尽量减少。

任务总结

1. 多元化社会中想要整合各有所长的意见，就要靠沟通。沟通的具体内涵包括：沟通不是只说给别人听；沟通不是只听别人说；沟通是"通"彼此之"理"。

2. 高效沟通三原则的内容是：谈行为不谈个性、明确沟通、积极聆听。依靠沟通才能达成共识，并发挥群策群力的力量。

3. 根据不同的标准，沟通可以分为多种类型，不同类型的沟通分别具有不同的优缺点。

4. 沟通能力与个人生活密切相关，只要勇于实践、积极沟通，我们的沟通能力就必然会得到提高。

5. 沟通模式由八个环节和要素构成，将人们天天从事而又解释不清的沟通活动明确表示出来。

6. 沟通模式包括6个要素：编码、通道、译码、反馈、背景、噪声。编码是发送者将其意义符号化，编成一定的文字等语言符号及其他形式的符号。译码则恰恰相反，是接收者在接收信息后，将符号化的信息还原为思想，并理解其意义。通道是由发送者选择的、用来传递信息的媒介物。沟通总是在一定背景下发生的，对沟通过程发生影响的背景因素包括：心理背景、物理背景、社会背景、文化背景。反馈是指接收者把信息返回给发送者，并对信息是否被理解进行核实。噪声是指妨碍信息沟通的任何因素。

7. 沟通中的障碍及消除：传送者的障碍、接收者的障碍。

思考与训练

1. 什么是沟通？沟通的具体内容包括哪几个方面？

2. 当你要传递一些信息给你的亲朋好友，可以写信，也可以与他们交谈，比较这两种方式的优缺点。

3. 说出沟通在哪些方面对我们的生活重要。

4. 阅读下列短文，就沟通方面谈谈你的看法。

第二次世界大战后期，日本的败局已定。1945 年 7 月 26 日《波茨坦公告》发表，日本当局一看盟方提出的投降条件比他们原先想像的要宽大得多，便高兴地决定把公告分发各报刊登载。7 月 28 日铃木首相接见新闻界人士，在会上公开表示他将 "mokusatsu" 同盟国的最后通牒，可惜这个词选得太不好了。首相原意是说他的内阁准备对最后通牒 "予以考虑"，可是这个词还有一个意思，就是 "置之不理"。事也凑巧，日本的对外广播机构恰恰选中了这个词的第二个意思并译成对应的英语词语 "take no notice of"。此条消息一经播出，全世界都听到了日本已拒绝考虑最后通牒，而不是正在考虑接受。消息播出后，美方认为日本拒绝公告要求，便决定予以惩罚。

8 月 6 日，美军在广岛投下了威力巨大的原子弹，这真是一场灾难性差错——导致数万生灵涂炭！

5. 分析印度洋海啸的沟通问题，并拟订对策。

印度洋海啸的沟通问题

印度媒体 2004 年 12 月 30 日报道说，26 日印度洋发生大地震并引发海啸后，印度军方很早便得到这一信息，但由于内部沟通问题，当局未能迅速向沿海地区居民发出警报，以至延误了抗灾时机。据《印度快报》报道，印度空军 26 日早晨接到警报说，印度设在孟加拉湾卡尔尼科巴岛上的一个空军基地被海啸摧毁。当时，海啸距离印度本土还有数百千米。

报道援引印度空军司令克里希纳斯瓦的话说："（当地时间）早晨 7 时 30 分，我们接到报告……在安达曼－尼科巴群岛附近发生了一次强烈地震。但（与安达曼－尼科巴群岛的）联系中断了……从卡尔尼科巴岛基地得到的最后信息是，那个岛已经被淹没，到处都是海水。"克里希纳斯瓦还说，当天上午 8 时 15 分，他让一名助手向国防部发出警报。

然而，政府方面却没有与军方进行沟通。印度气象局于 26 日上午 8 时 45 分发出了一份警报传真，结果错发给了前人力资源开发、科技兼海洋发展部长穆利·马诺哈尔·乔希，而不是现任部长。

后来，印度气象局又在当天上午 9 时 45 分给内政部发去一份警告传真。10 时 30 分，内政部将此事汇报内阁秘书处。而当时印度东南部沿海地区已经被巨浪踩躏。直到当天下午 1 时，印度政府的主要应急机构才召开会议商讨这一问题。

美国曾欲通知未成

美国地质调查局局长帕森说，政府应该指导居住在海边的国民在发生地震后离开海边。由于地震震中在海底，波动传递到海岸一般需要20分钟到2个小时，"如果当地居民组织得力，这段时间足够多数人逃生了。"

帕森还指出，由于印度洋沿岸国家没有预警机制，这造成了这些国家与其他国家在分享相关信息时渠道不畅。以本次海啸为例，美国地质调查局在检测到大地震之后本来试图通知印度洋沿岸各国准备防护海啸，可是竟然无法找到与这些国家沟通的途径。

"我一直在和我们搞海啸研究和预警的人说，但是他们竟然与这些国家在海啸方面没有任何联系，"帕森说，"我们没人在那边，我们只能通过媒体通知发生了什么。"

学习目标

- 了解事实与观点的区别
- 明确表达的逻辑性和简洁性
- 了解倾听的层次
- 知晓倾听的障碍
- 掌握提问的方式
- 注重提问的艺术性
- 了解沟通距离的内容
- 熟悉面部表情及肢体动作的运用
- 明确服饰及仪态的重要性

技能目标

- 能够掌握表达的技巧
- 能够提高表达的技能
- 能够提高倾听技巧
- 能够掌握提问的技巧
- 能够提高提问的技能
- 能够提高非语言沟通的技巧

案例导入

有年轻人想要出家，法师考问年轻人为什么要出家？

年轻人 A：我爸叫我来的。

法师：这样重要的事情你自己都没有主见，打 40 大板。

年轻人 B：是我自己想来的。

法师：这样重要的事情你都不和家人商量，打 40 大板。

年轻人 C：不作声。

法师：这样重要的事情想都不想就来了，打 40 大板。

年轻人 D：我受到法师的感召，我很想来，我爸也很支持我来。

结论：在法师和年轻人的沟通中，年轻人要出家和法师收弟子是目的，共识是和谐出家。
寻找双方的共同点，是双方有效沟通的关键！

活动 1　预设情绪演讲

【活动描述】

　　将全班同学分为 5~6 人的小组，每组准备做一次说服演讲（如说服同学积极参加义务献血活动、说服同学参加义务为社区服务的活动、说服同学当志愿者等）。大家一起做好演讲前的准备，准备完成后由一位同学代表小组进行演讲，看看哪一组同学准备得最好、演讲最有感染力。

【活动分析】

　　1. 上台说话时我的感受是：

　　（1）热爱演讲的主题，不紧张。

　　（2）自己设计的开场没被认可，有点失落。

　　2. 上台说话时我在想：

　　（1）怎么样才能让听众喜欢我所讲的内容。

　　（2）可以不被打断地完成一个漂亮的演讲吗？

　　3. 整个表达过程中我最满意的部分：

　　（1）同学们对我的认可。

　　（2）同学们的掌声。

　　4. 我可以改进的地方有：

　　（1）把自己的亲身经历用到自己所讲的内容中。

　　（2）使自己所讲的内容更加生动化。

　　5. 下次再表达，我将可能会有不一样的细节处理：

　　（1）多与听众交流，多举些生活中的例子。

　　（2）态势要自然些，要再多几分自信。

　　（3）我要做到处变不惊、反应快速。

【活动总结】

　　1. 演讲前的准备

　　（1）对听众的需求和构成的分析

　　（2）演讲的目的和题目

　　（3）收集有关资料

　　（4）演讲的提纲

　　（5）自信满满、穿着得体

　　2. 演讲时

　　（1）声音清晰

　　（2）态势大方，与听众进行眼神沟通交流

　　（3）风格幽默又得体

　　3. 演讲后总结经验教训

技能点 1　表达的技巧

口语表达是人们运用声音和势态语言对一个人思维活动的扫描和表达，也就是说，说话是人思维的物质外化，人们常常说想得清才能说得好，说得好才算会说。简言之就是说话的才能，即口才，是一个人素养、能力和智慧的全面而综合的反映，是决定一个人事业成功、人际和睦、生活幸福的重要因素，是一种可以随身携带、永不过时的基本能力。

一、区分事实与观点

1. 事实与观点的区别

事实指的是事情的真实情况，包括事物、事件、事态，即客观存在的一切物体与现象、社会上发生的不平常的事情和局势及情况的变异态势。观点是观察事物时所处的立场或出发点，具体指一个人对某件事物的认识程度和他（她）自己的"分析结论"。如果这个"结论"和大多数人的结论是相同的或者是相近的，并且也能被大家所接受，那么就可以说是基本正确的观点了。并不是说每个人都认为自己的观点是正确的，但基本都希望是正确的，否则的话，这个人就会被别人或者大众认为是在"胡言乱语"了。简而言之，事实是客观存在的，而观点是对某个事的看法或评论。

（1）观点不是事实。

观点是基于事实之上的一种系统性判断和理解框架，事实是观点的基础。你了解和掌握的事实越多，就越容易做出自己的判断。（注意：这个命题既不是充分条件，也不是必要条件，只是在大多数情况下成立而已）但是，事实本身不是观点。我们可以看到有这种人，他非常博学，但是没有思想。

（2）观点不一定是正确的。

错误的思想也是思想。观点既然是一种判断，那么当然有可能判断错误。不过，更多的情况是，很难判断某种思想是否正确，大多数思想都只是在一定的范围内是正确的。

什么是事实陈述？什么是观点陈述？对于前者，你要用可信的证据去反驳，对于后者可以各自表述。比如，当一个人说："我觉得今天好热啊！"这就是一个观点陈述（诉诸经验或个人感受，不是事实），你不能以"今天才 28 度，不热啊"去反驳他。因为对于说话者，28 度可能就算很热了，各人的感受和标准是不同的。但如果一个人说："今年夏天比去年的温度高多了！"，这是涉及事实层面的问题，你就可以拿两年温度对比的数据作为证据去反驳了。

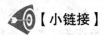【小链接】

上什么山就要唱什么歌

有一则笑话，说是某人擅长奉承。一日请客，客人到齐后，他挨个问人家是怎么来的。第一位说是坐出租来的，他大拇指一竖："潇洒，潇洒！"第二位是个领导，说是亲自开车来的，他惊叹道："时髦，时髦！"第三位显得不好意思，说是骑自行车来的，他拍着人家的肩头连声称赞："廉洁，廉洁！"第四位没权也没势，自行车也丢了，说是走着来的，他也面露美慕："健康，健康！"第五位见他捧技高超，想难一难他，说是爬着来的，他击掌叫好："稳当，稳当！"

2. 如何变得有思想

人不是生来就有思想的。思想是通过勤奋的学习和思考得来的。不能否认其中存在天赋，某些人生来就是比其他人更有思想。但是，方法论也很重要，掌握正确的方法，确实有利于形成自己的观点。

要学会有观点，首先必须知道观点的结构。世界上的所有观点，如果细分一下，无非有四个组成部分。

（1）事实。也就是客观的存在，是百分之百成立的，比如"太阳从东方升起"。

（2）前提。这是做出推断的依据，是不需要证明的公理，比如两点之间直线最短。很多前提都是价值判断。

（3）逻辑。也就是做出推理的规则，就好像体育比赛必须遵守规则一样，思想也有自己的逻辑规则。逻辑本质上就是数学，所以马克思说："任何学科只有到可以用数学表达的阶段，它才是完善的。"

（4）结论。也就是最后得到的观点。

因此，我们有这样一个简单的公式：事实 + 前提 + 逻辑 = 观点。

我们做一个简单的分析示范。很多人说应该提高对高收入者的所得税，这个观点是怎么来的？

（1）"事实"是社会中收入分配不均，有人穷有人富；

（2）"前提"是缩小贫富差距对社会发展有好处；

（3）"逻辑"是提高所得税是缩小贫富差距的一种手段；

（4）"结论"就是前面的那个观点。

有了这个公式，我们就可以明白，所谓"没有思想"，无非是下面的情况之一：你缺乏足够的事实，或者你没有明确的个人价值观，或者你的逻辑分析能力不够。反过来也一样，如何变得有思想，无非也是在这几个方面加强努力：了解更多的背景知识，明确个人的价值观（也就是不要有模棱两可的态度，凡事追问自己到底是赞成还是反对，理由何在），培养自己的逻辑分析能力。

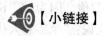 【小链接】

裤子还能不能穿

一位教授精心准备了一个重要会议上的演讲，会议的规格之高、规模之大都是他平生第一次遇到的。全家都为教授的这一次露脸而激动，为此，老婆专门为他选购了一身西装。晚饭时，老婆问西装合身不，教授说上身很好，裤腿长了那么两公分，倒是能穿，影响不大。

晚上教授早早就睡了。老妈却睡不着，琢磨着儿子这么隆重的演讲，西裤长了怎么能行，反正人老了也没瞌睡，就翻身下床，把西装的裤腿剪掉两公分，缝好烫平，然后安心地入睡了。早上五点半，老婆睡醒了，因为家有大事，所以起来比往常早些，想起老公西裤的事，心想时间还来得及，便拿来西裤又剪掉两公分，缝好烫平，惬意地去做早餐了。一会儿，女儿也早早起床了，看妈妈的早餐还没有做好，就想起爸爸西裤的事情，寻思自己也能为爸爸做点事情了，便拿来西裤，再剪短两公分，缝好烫平……

这个裤子还能不能穿?

故事中的主人公们因为沟通不到位,付出了三倍的劳动得到的结果却是废了一条裤子。究其原因,首先教授没有明确目标和分工——裤子要不要剪短,由谁来剪短;其次老妈、老婆、女儿在行动之前没有征询家庭(项目组)其他成员的意见,造成吃力不讨好的结局。所以我经常讲:沟而不通,费时误工。这种情况在我们的项目中非常多见,由于缺乏沟通,两个小组同时对一个版本进行升级,结果两个版本合不在一起;由于缺乏沟通,项目组的行动和客户的需求发生偏差,造成大量的返工和浪费;由于缺乏沟通,冲突不断出现,造成客户和项目组矛盾重重,项目组内部凝聚力下降,甚至关键人物拂袖离去。我见过不少工程师总希望通过默不作声地多干活来弥补自己的拙于沟通的缺陷,孰不知,项目中用钻研技术和勉力蛮干的方式来解决需要沟通协调的问题犹如南辕北辙。

二、注重逻辑性和简洁性

1. 注重逻辑性

表达有逻辑性是思维清楚的表现,原因说清楚明白,结论才能真实可信;条件陈述明白,结论才能令人信服。因此表达之前要考虑周全,尽量减少漏洞。

首先你要知道你要说的是什么。然后,你要有条理地分析出你应该一步一步按照什么来说。多用用"只有……才……"、"因为……才……"等,把你要说的东西串连起来,具有连贯性才显得具有逻辑性。打个比方,只有你明确地知道自己要说的东西是什么,你才不会胡言乱语;只有你构思细密,所有的事例、道理都很明晰,你才能在说这件事时具有说服力,并具有连贯性;因为你的表达很连贯、有条理,听众才会觉得你的话逻辑性很强。

其实说话是门艺术,并不难的艺术,只要你说话有条理,先说什么,再说什么,最后说什么,连贯起来中间不插些乱七八糟的东西,就具有逻辑性了。

(1)养成从多角度认识事物的习惯。

逻辑推理是在把握了事物与事物之间的内在的必然联系的基础上展开的,所以,养成从多角度认识事物的习惯,全面地认识事物的内部与外部之间、某事物同其他事物之间的多种多样的联系,对逻辑思维能力的提高有着十分重要的意义。首先是学会"同中求异"的思考习惯:将相同事物进行比较,找出其中在某个方面的不同之处,将相同的事物区别开来。同时,还必须学会"异中求同"的思考习惯:对不同的事物进行比较,找出其中在某个方面的相同之处,将不同的事物归纳起来。

(2)发挥想象在逻辑推理中的作用。

发挥想象对逻辑推理能力的提高有很大的促进作用。发挥想象,首先必须丰富自己的想象素材,扩大自己的知识范围。知识基础越坚实,知识面越广,就越能发挥自己的想象力。其次要经常对知识进行形象加工,形成正确的表象。知识只是构成想象的基础,并不意味着知识越多,想象力越丰富,关键是是否有对知识进行形象加工,形成正确表象的习惯。再者,应该丰富自己的语言。想象依赖于语言,依赖于对形成新的表象的描述。因此,语言能力的好坏直接影响想象力的发展。有意识地积累词汇,多阅读文学作品,多练多写,学会用丰富的语言来描述人物形象和发生的事件,才能拓展自己的想象力。

(3)保持良好的情绪状态。

心理学研究揭示,不良的心境会影响逻辑推理的速度和准确度,失控的狂欢、暴怒与痛哭,持续的忧郁、烦恼与恐惧，都会对推理产生不良影响。所以，学生平时应该学会用意识去调节和控制自己的情绪和心境，使自己保持平静轻松的情绪和心境，提高自己逻辑推理的水平。

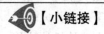**【小链接】**

幽默摆脱尴尬

有一个人因为生意失败，逼不得已变卖了新购的住宅，连他心爱的小跑车也出卖了，改以电动自行车代步。有一日，他和太太一起，相约了几对私交甚笃的夫妻出外游玩，其中一位朋友的新婚妻子因为不知详情，见到他们夫妇共乘一辆电动自行车来到约定地点，便脱口而出：“为什么你们骑电动自行车来？”众人一时错愕，场面变得很尴尬，但这位妻子摆脱尴尬，不急不缓地回答：“因为我想抱着他。”

2. 注重简洁性

虽然简短的语言有时很难将相当复杂的思想感情十分清晰地表达出来。但是，简短也是相对的，不是绝对的。邹韬奋先生在公祭鲁迅先生的大会上只讲了一句话，短得无法再短；恩格斯在马克思墓前的演说长达15分钟，却也是世界公认的短小精悍的演讲。总之，简短应以精当为前提，该繁则繁，能简则简。

（1）重要的是要培养自己分析问题的能力。

要学会透过事物的表面现象，把握事物的本质特征，并善于综合概括。在这个基础上形成的交流语言，才能准确、精辟，有力度，有魅力。

（2）同时还应尽可能多地掌握一些词汇。

福楼拜曾告诫人们：“任何事物都只有一个名词来称呼，只有一个动词标志它的动作，只有一个形容词来形容它。如果讲话者词汇贫乏，说话时即使搜肠刮肚，也绝不会有精彩的谈吐。”

（3）“删繁就简”也是培养说话简洁明快的一种有效方法。

说话要简练，把复杂的话能够简单地说出来，这样才会明白易懂，大家都爱听。人们最讨厌废话连篇，半天说不到点子上的人。言简意赅，不说废话，这样才显得说话的人干练，所以在与人交往时，要注意说话要简洁一点，这样才能够处处受到人们的欢迎。

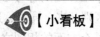**【小看板】**

乾隆皇帝小故事

一天，乾隆皇帝带着几个侍从来到集市上。走着走着，乾隆爷脚底一不留意，挺好的布鞋上竟被剐了一个大口子，怎么办？正好，前面有一个鞋摊，不如买它一双。看摊的是一位老者，只见他身后摆满了各式各样的布鞋，身前摆放着六张纸，上面写着六个大字：“此地出卖布鞋。”乾隆皇帝一行人刚蹲在摊前挑选布鞋，忽然一阵风刮来，吹得摊前的六张纸“跳跳”的，好像马上要飞走。摊主忙得捂住这张，捂不住那张，很是着急。

“老爷，我们到别处都他捡点石头压上好了。”随从贾六讨好地说。

“对呀！”听了这话，老者急忙拿出六只鞋压在六张纸上。“老爷，小的可以让这老头上面只压四只鞋。”贾六得意地说。“老爷，我认为只压三只就足够了。”另一个随从又说。乾隆笑着点头，转头向春喜：“聪明的丫头，你有什么更好的办法？”春喜笑答道：“老爷，春喜只用一只鞋，便让路人知道这里是做什么的。”

其实，贾六、春喜等三人说的少往纸上放鞋，无非是想让摊主撤掉那六字中多余的字，这样做，既让行人看得明白，摊主自己也省了很多事。

贾六说压四只鞋，压的是"出卖布鞋"，因为在这里"此地"显得多余。田七压三只鞋，压的是"卖布鞋"，因为"出"和"卖"在这里是一个意思，放在一起便显得重复。最机灵的便是小春喜，一只鞋压在"卖"字上，因为摊主后面摆放一大堆鞋，一个"卖"字已足以说明问题了。

摊主听了这一番议论，也被逗得笑起来，说道："就听你们的，在'卖'上压只鞋，这样，刮多大风我都不怕了。"

【技能训练】

训练目的：

1. 表达的技巧；

2. 体会与不同人沟通时的表达方式。

过程：

请你与一个初为人妇的女子探讨厨艺、她丈夫的事业等；与一个初为人母的女子谈论育婴经验等；与一个18岁孩子的母亲谈谈孩子的未来；与一个50岁左右的中年妇女谈谈她老公的身体情况；与一个儿孙满堂的老奶奶谈谈她的幸福晚年。

问题讨论：

1. 与不同人沟通需要注意哪些问题？

2. 如何提高自己的沟通表达的能力？

活动2　倾听练习

【活动描述】

教师提出一系列问题，每个问题都有一个很简短的答案，学生所做的就是将答案写在纸上。注意：每道题只念一遍。教师检查学生的答案，然后再读一遍问题，并逐一解释各题。

题目：

1. 我国法律是否规定成年男子不得娶其遗孀的姐妹为妻？

2. 如果你晚上8：00睡觉，设定闹钟在9：00将你叫醒，你能睡几个小时？

3. 在我国，每年都庆祝10月1日国庆节，在英国，是否也有10月1日？

4. 如果你只有一根火柴，当你走进一间冰冷的房间时，发现里面有一盏油灯、一个燃油取暖器、一个火炉，你会先点哪个来获取最多的能量？

5. 平均一个男子一生可以有几次生日？平均一个女子一生可以有几次生日？

6. 根据国际法规定，如果一架飞机在两个国家的边境坠落失事，那些不明身份的幸存者应当被安葬在他们准备坐飞机的国家呢，还是出事的国家？

7. 一位考古学家声称发现了一枚"公元前48年"字样的钱币，这可能吗？

8. 有人建造了一栋普通的四堵墙的房子，每面墙上都开着一个面向南的窗口，这时有只熊来敲门，猜猜这只熊是什么颜色？

【活动分析】

答案：

1. 没有任何一部法规会有如此的规定，因为这个男人若想娶他遗孀的姐妹为妻，首先得让自己的妻子变成遗孀，而他的妻子要变成遗孀，他就得先去世。

2. 你只能睡一个小时，因为闹钟不会区分是白天还是晚上，除非你按 12 小时制设定的。

3. 是的。在英国，也有 10 月 1 日，还有 2 日、3 日直到 31 日。

4. 首先你得点燃火柴。

5. 平均一个男人一生只有一次生日，平均一个女人一生也有一次生日，其他的都是生日纪念日。

6. 无论哪里的法律都不允许埋葬不明身份的幸存者，因为他们都还活着。

7. 那个考古学家在骗人，因为公元前时不可能在钱币上刻上"公元前"的字样，那时还没有公元纪年。

8. 是只白熊，因为只有在北极才有可能建造一栋那样的房子，在北极点每一个方向都是南方。

讨论：

1. 你答对了多少？你答错了多少？

2. 为什么你的成绩不太理想？

【活动总结】

1. 倾听应该是积极主动的，边听边想，而不能是被动的接受。

2. "听着"的不仅是耳朵，还应有眼睛、脑和心。

技能点 2　倾听的技巧

倾听是通向心灵的道路，有人说："会倾听的人到处都受欢迎。"懂得倾听的人，才会获得朋友，因为你分担了他的烦恼；懂得倾听的人，是善解人意的人，因为你知道对方想要什么，在交谈中慎言，不伤害自己，也不伤害他人；懂得倾听的人，是受人尊重的人，因为你认真倾听他人言语，代表你对他人的尊重，同时你也赢得了别人的尊重；懂得倾听，才能让你更深刻地了解他人，也了解你自己，客观地、辩证地看待自己，你才能取他人之长，去自己之短。有效的倾听是可以通过学习来获得的技巧。认识自己的倾听行为将有助于你成为一名高效率的倾听者。

一、倾听的层次

据国际倾听协会的统计发现，《Fortune》500 强企业中，有 70% 的公司开始设立倾听的训练课程。这份调查也指出，70% 的经理人都只是"勉强合格"的倾听者。《哈佛商业评论》因此下了批注：听，其实是我们"未使用的潜能"，亟待开发。

那么，听的内涵何在？根据卡内基训练的架构，听的层次由低到高有五层；分别是完全漠视的听、假装在听、选择性的听、积极换位思考的听和专业咨询的听五种。

第一种，完全漠视的听，是最糟的听，连耳朵都没打开。这种层次的倾听导致的是关系的破裂、冲突的出现和拙劣决策的制定。

第二种，假装在听，则是耳朵开了，却没有打开心、脑的听，所以，别人的谈话就从左耳进、右耳出。在这个层次上，听者主要倾听所说的字词和内容，但很多时候，还是错过了讲话者通过语调、身体姿势、手势、脸部表情和眼神所表达的意思。这将导致误解、错误的举动，时间的浪费和对消极情感的忽略。

以上两种状况以自以为知道、对别人不屑一顾居多。

第三种则是选择性的听，在先入为主的观念中，只听自己想听的部分。换言之，这种人对于他人之言有"偏食"的习惯，他认可的对象或话题，他才会打开全身的接收器。这种类型的人，从一般人到企业家都有可能，而且越高位者，听的层次越有可能局限于此。因为根据成功的经验，认为自己是以判断何人、何事可听，何者不可听。上述三种层次的听，都不及格，不是倾听，但约有70%的人是属于这三种类型。

第四种，积极换位思考的听，就是在对方讲话的时候，眼神能看着对方，专注的听，并且撇开成见，站在对方立场想。这种倾听就是打开身上所有的接收器，去感受、去观察，让自己"感同身受"。这种倾听不但可以听到事实，还可以听到对方的心理。而往往，这种心理层面等非语言透露出来的信息，远比话语更重要，积极换位思考的听所传递的信息是听者听清并理解了讲话者所讲的内容。积极的倾听，需要听者的身体语言与讲话者身体语言的配合。

第五种，高级的专业咨询的听，这种倾听需受过专业训练。例如，美国心理治疗师经过3 000个小时的学习才能拿到执照，这种倾听技巧能在对方不愿表达底层意见时，通过技巧询问使对方讲出来，并且解决问题。

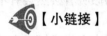【小链接】

三个小金人

古时候，曾经有个小国派人到中国来，进贡了三个一模一样的金人，把皇帝高兴坏了。可是这小国不厚道，同时出了一道题目：这三个金人哪个最有价值？

皇帝想了许多的办法，请来珠宝匠检查，称重量，看做工，都是一模一样的。怎么办？使者还等着回去汇报呢。泱泱大国，不会连这点小事都不懂吧？

最后，有一位退休的老大臣说他有办法。

皇帝将使者请到大殿，老臣胸有成竹地拿着三根稻草，插入第一个金人的耳朵里，稻草从金人另一耳朵出来了。第二个金人的稻草从嘴巴里直接掉出来，而第三个金人，稻草进去后掉进肚子里，什么响动也没有。老臣说：第三个金人最有价值！使者无语，答案正确。

启示：

最有价值的人，不一定是最能说的人。老天给我们两只耳朵、一个嘴巴，本来就是让我们多听少说的。善于倾听，才是成熟的人最基本的素质。

二、排除倾听障碍

1. 倾听障碍

（1）环境障碍。

环境对倾听者的影响是显而易见的，如管理者在会议室向下级征询意见，大家会十分认真地发言，但若换到餐桌上，下级会随心所欲地谈想法，甚至不成熟的想法。同样，过强的噪声会妨碍听众完整地听取发言。

环境之所以影响倾听，是因为环境能产生两个方面的作用：第一，干扰信息的传递过程，使信息信号产生消减或歪曲；第二，影响倾听者的心境。也就是说，环境不仅从客观上，还从主观上影响倾听。

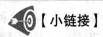【小链接】

不要先入为主

美国知名主持人林克莱特一天访问一名小朋友，问他说："你长大后想要当什么呀？"小朋友天真地回答："我要当飞机的驾驶员！"林克莱特接着问："如果有一天，你的飞机飞到太平洋上空，所有引擎都熄火了，你会怎么办？"小朋友想了想说："我会先告诉坐在飞机上的人绑好安全带，然后我挂上我的降落伞跳出去。"当在现场的观众笑得东倒西歪时，林克莱特继续注视这孩子，想看他是不是自作聪明的家伙。没想到，接着孩子的两行热泪夺眶而出，这使得林克莱特发觉，这孩子的悲悯之情远非笔墨所能形容。于是，林克莱特问他说："为什么要这么做？"小孩的答案透露出一个孩子真挚的想法："我要去拿燃料，我还要回来！"

（2）倾听者障碍。

倾听者本人在整个沟通过程中有举足轻重的作用。倾听者理解信息的能力和态度都直接影响倾听效果。来自倾听者本身的障碍主要归纳为以下两类。

第一类是倾听者的理解能力。倾听者的知识水平、文化素质、职业特征及生活阅历往往与他本身的理解能力和接受能力紧密联系在一起，具有不同理解能力的倾听者必然会有不同的倾听效果。正因为如此，倾听者的理解也构成倾听中的障碍。

第二类是倾听者的态度。除了倾听者的理解能力之外，倾听者的态度也构成倾听中的障碍。这些态度主要有以下几种。

① 拒绝倾听。有些人喜欢和自己意见一致的人讲话，偏心与自己观点相同的人。这种拒绝倾听不同意见的人，不但拒绝了许多可以通过沟通获得信息的机会，而且在倾听的过程中不可能集中精力，也不可能和任何人都愉快地交谈。

② 用心不专。三心二意、心不在焉是这种情况的典型表现。倾听者身在现场，而且表面上似乎在用心地听，但倾听者本人可能心不在焉，所以倾听的信息完全或部分未进入倾听者头脑，这种倾听的效果肯定不好。

③ 急于发言。人们都有喜欢发言的倾向。在这种思维习惯下，人们容易在他人还未说完话的时候，就迫不及待地打断对方，或者心里早已不耐烦了，往往不可能把对方的意思听懂、听全。

④ 心理定势。在每个人的思想中，都有意识或无意识地含有一定程度的偏见。由于人都有根深蒂固的心理定势和成见，很难以冷静客观的态度接受说话者的信息，这也会大

大影响倾听效果。

⑤ 感到厌倦。在倾听的过程中，由于思维的速度和听话的速度的差距，人们就很容易在听话时感到厌倦。思维往往会在空闲时"寻找"一些事做，或者停留在某处，拒绝进一步思考。这是一种不良的倾听习惯。

⑥ 消极的身体语言。在倾听时东张西望，双手交叉抱在胸前，翘起二郎腿，甚至用手不停地敲打桌边，这些动作都会被视为发出这样的信息："你有完没完？我已经听得不耐烦了。"这些消极的身体语言都会大大妨碍倾听的质量。

好的倾听者特性	差的倾听者特性
1. 适当地使用目光接触	1. 打断讲话者（不耐烦）
2. 对讲话者的语言和非语言行为保持注意和警觉	2. 不保持目光接触（眼神迷离）
3. 容忍并且不打断	3. 心烦意乱，不注意讲话者
4. 使用语言和非语言表达来表示回应	4. 对讲话者不感兴趣
5. 用不带威胁的语气来提问	5. 很少给讲话者反馈或根本没有（语言和非语言）反馈
6. 解释、重申和概括讲话者内容	6. 改变主题
7. 提供建设性（语言和非语言）的反馈	7. 做判断
8. 移情（起理解讲话者的作用）	8. 思想封闭
9. 显示出对讲话者外貌的兴趣	9. 谈论太多
10. 表现关心的态度，并愿意倾听	10. 自己抢先发言
11. 不批评、不判断	11. 给不必要的忠告
12. 敞开心扉	12. 忙得顾不上听

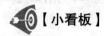 【小看板】

请问你家有蜡烛吗

有一个女孩新搬了家，房间很大，只有她一个人住。

有一天，她发现隔壁住了一户穷人家——一个寡妇与两个小孩子。虽然每次上下班都要经过这家门口，但女孩很少和他们来往，她觉得穷人家的孩子又脏又没礼貌。

有天晚上，那一带忽然停了电，女孩正庆幸家里刚好还有几根蜡烛，刚准备点上，忽然听到有人敲门。

女孩打开门，原来是隔壁邻居的小孩子。

只见他冲女孩羞涩地笑了笑，紧张地问："阿姨，请问你家有蜡烛吗？"

女孩鄙夷地看着男孩，心想："他们家竟穷到连蜡烛都没有吗？千万别借给他们，免得让他们养成这种依赖别人的习惯！"于是，连想都没想，就对孩子冷冷地说："没有！"

正当她准备关上门时，那个小孩竟又一次展开天使般的笑容，充满喜悦地说："我就知道你家一定没有！"说完，竟从怀里拿出两根蜡烛，礼貌地递给女孩："停电了，到处都黑，妈妈和我怕你一个人住又没有蜡烛，所以要我带两根来送给你。"

女子站在那里，愣住了，一时不知该说什么好，又自责，又愧疚，又感动，她一把将那小孩紧紧地拥在怀里，热泪盈眶。

2. 排除倾听障碍的对策

（1）创造良好的倾听环境。

倾听环境对倾听的质量和效果具有重要的影响，沟通双方如果能够选择并营造一个良好的环境，就能够在很大程度上改善倾听效果。一般来说，良好的环境包括适宜的时间、适当的地点和平等的氛围。

（2）提高倾听者的倾听技能。

倾听者是倾听过程的主体，倾听者的知识水平、理解能力、倾听态度以及精神状态等直接影响倾听的效果。因此，克服倾听障碍，关键在于提高倾听者的倾听技能。提高倾听者的倾听技能可从以下方面入手：完整、准确地接受信息、正确地理解信息、适时适度地提问、及时地给予反馈、防止分散注意力。

（3）改善讲话者的讲话技巧。

一切沟通的技巧从本质上来说只为两个目的服务：让别人懂得你，以及让你懂得别人。如果你的谈话方式阻碍了其中任何一个目的的达到，你就步入了危险的沟通雷区。讲话者在讲话过程中，要注意：一是说话速度不要太快；二是不要太注重细节；三是不要紧张；四是要对事不对人。

【技能训练】悄悄告诉他

训练目标：理解倾听的重要性及倾听的障碍。
参加人数：每组 10 人，可有 3～4 组。
准备工具：写着传话内容的纸条。
过程：
1. 每组 10 人排成一列，由第一个人领来纸条，记住上面的话并保留纸条。
2. 第一个人将记住的话低声耳语给第二个人，第二个人将听到的话低声耳语给第三个人，如此重复，直到第十人。
3. 第十个人将听到的话写在另一张纸条上。
4. 比较这两张纸条上的内容，会发现有很大的差别，甚至天壤之别。
问题讨论：
1. 为什么传到最后会和纸条上的内容不一样？
2. 传话游戏的倾听障碍是如何形成的？
3. 如何客服倾听的障碍？

活动 3　我来提问你来答

【活动描述】

1. 每两人一组，一人提问，一人回答，目的是猜物品。开始时，一人会给予提示，由一人向另一人提问题来获得这件物品更多的信息。问题的格式是"是不是……"或者"是……吗？"，只能回答"是"、"不是"或者"不一定"。如果问题需要回答其他内容的，则为无效问题，不予作答，所以请注意提问的技巧。例如，一人提示，这是一款电器，另一人可以问："是不是家庭用的？"或者"是家庭用的吗？"而不能问："是在哪里用的？"

2. 每件物品每个人只能问五个问题，然后根据问的问题猜出这是什么物品。
3. 在规定的时间内猜对物品数目最多的组获胜。

【活动分析】

通过活动，能够深刻理解提问的艺术性，一个会提问的人，可能在很短时间内就可以得到自己想要的信息；相反，不懂得提问技巧的人，可能需要花费很长时间，甚至浪费很多精力却没有得到自己想要的信息。

【活动总结】

注重提问的艺术性，紧紧围绕目标设计相关问题，紧扣主题，不应漫无边际提一些随意而不相关的问题。

技能点3　提问的技巧

在沟通中，发问是引导对方有方向倾听和得到反馈的能力。世界上最会沟通的人，是会问问题的人。会问问题的人问对方感兴趣的话题，让对方喜欢回答你；问对方没有抗拒点的问题，让对方能够回答你；问能够给对方带来好处的问题，让对方愿意回答你。

在沟通中，提问的艺术对于了解对方、获取信息、促进交流有很重要的意义。一个善于提问的人，不但能掌握沟通的进展，控制沟通的方向，而且能开启对方的心扉，拨动对方的心弦。

一、提问的方式

1. 开放式提问和封闭式提问

开放式提问是指提出比较概括、广泛、范围较大的问题，对内容的回答限制不严格，给对方以充分发挥的余地。这样的提问比较宽松，不唐突，也非常得体。开放式提问常用于访谈的开头，可缩短双方心理、感情的距离，但由于松散和自由，难以深挖。

封闭式提问是指提出答案有唯一性、范围较小、有限制的问题，对回答的内容有一定的限制，提问时给对方一个框架，让对方在可选的几个答案中进行选择。这样的提问能让回答者按照指定的思路去回答问题，不至于跑题。

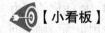【小看板】

封闭式提问

一家豆浆店有两个服务员，一位顾客对第一个服务员说："给我来一碗豆浆。"

第一个服务员说："先生您要一碗豆浆是吧，那您要不要加鸡蛋？"顾客说："不要。"于是他的鸡蛋没有卖出去。

又有顾客喊第二个服务员："给我来一碗豆浆。"第二个服务员跑过来："先生您要一碗豆浆，那您是加一个鸡蛋还是加两个鸡蛋呢？"顾客说："加一个鸡蛋吧。"于是，他卖出了一碗豆浆的同时还卖出了一个鸡蛋。

问题：

1. 两个服务员各自采用了什么样的提问方式？区别在哪里？

2. 在沟通中如何灵活地运用提问方式？

2. 明确性提问、相关性提问和选择性提问

（1）明确性提问。

明确性提问是指所问的问题已经有了明确的答案，被提问者只需要按照事先已经明确规定的内容进行回答即可，如"请你介绍一下开放式提问的优缺点"。由于明确性提问有规定的参考答案，不需要回答者自由发挥，因此回答这类提问相对来说比较简单。因此，当你需要了解对方对某种知识的了解程度时，可用明确性提问。

（2）相关性提问。

相关性提问是指对两件事情间的相互联系性进行提问，如"最近发生的几件事情对学生的思想有什么影响？"目的在于探索事物之间的内在联系，使人们在思考或处理问题时能够从动态、联系的观点出发，避免用静止、孤立的观点看问题。

（3）选择性提问。

选择性提问是指提问者提出一系列相互联系的问题，供回答者有所选择地回答，如"最近班级逃课学生太多，你认为主要原因是什么？听不懂还是老师讲得不好？"回答者可以全部回答，也可以选择某一个问题提出自己的意见或看法，目的在于鼓励被提问者多方面地考虑问题，通过其选择性的回答来获得更多信息。

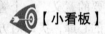 【小看板】

祈祷与抽烟

甲、乙两个人在教堂烟瘾来了。

甲问神父："祈祷的时候可不可以抽烟？"神父回答说："不可以！"

乙问神父："抽烟的时候可不可以祈祷？"神父回答说："当然可以！"。

乙就点上一支烟抽了起来。

问话方式不同，结果不同。

---

3. 激励性提问和证实性提问

激励性提问是指提问者运用激励性的语言来提出问题，其目的在于激励对方或给予对方勇气，有正面激励提问和负面激励提问两种。正面激励提问是通过表扬、鼓励、肯定性的语言来进行提问，例如"领导认为你的工作能力很强，让你负责这项工作绝对没有问题，不知你的意见如何？"负面激励提问是利用批评、惩罚、否定性语言来进行提问，如"就凭你的能力，领导敢把这么重要的工作交给你吗？"在交谈中，要多用正面激励提问，少用负面激励提问。

证实性提问是指提问者对讲话人的一些讲话内容进行的提问，如"你的意思是指我们应该与顾客加强沟通？"运用证实性提问的目的在于向说话者传递这样的信息：一是表明自己在认真倾听，听到了对方提供的信息；二是检验自己获得的信息是否准确、可靠；三是表明自己对说话者提供的信息很感兴趣或非常重视；四是显示自己对说话者的信任。因此，在沟通过程中，恰当地运用证实性提问不仅能够给对方留下良好印象，而且能够使交流进一步深入。

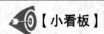 【小看板】

售货员的连续提问

盛夏，电器商场里的产品琳琅满目，一对夫妇正在看冰箱。

售货员上前招呼："先生府上几口人？"

丈夫："五口人。"

售货员又转向太太："夫人，您喜欢几天买一回菜？"

妻子说："三天吧。"

售货员回头看见先生正在察看冰箱放啤酒的地方，说："先生喜欢喝啤酒吧，喝啤酒对健康是有好处的。"

妻子微笑着说："是啊，我不让他多喝时，他也这么说。"

售货员："没关系，您就让他喝点吧。"

丈夫笑着说："就是嘛。"

售货员转向太太："您看这台。可以容纳三天的菜吗？"

妻子："当然。"

售货员："太太您是把冰箱放在客厅还是厨房？"

妻子："厨房太小，不好放。"

售货员："是啊，放在客厅里省事。"

售货员又转向丈夫："先生，府上在哪儿，离这近吗？"

丈夫："不太远，就在附近。"

售货员："您是打算让我们现在就送到府上去呢，还是明天一早给您送过去呢？"

妻子抢过话头说："明天一早送过去吧。"

问题：

1. 这位售货员如何通过提问拉近与顾客的距离？

2. 这位售货员如何提问发现顾客的需求？

3. 以上情景中的提问艺术有哪些？

二、注重提问的艺术性

1. 要因人设问

人有男女老幼之分，有千差万别的个性，有不同的知识水平和生活环境等，因此不可"千人一问"。所谓"因人设问"，主要在于：一是对象不同，提问内容也要不同；二是即使同一个内容，不同对象也有不同的问法。因此，要别人打开话匣子，就要"量体裁衣"，看什么对象提什么问题，即所提的问题要符合被问人的年龄、身份、文化素养、性格特征、语言环境等。被问的人有的热情爽快、有的性格内向、有的大大咧咧、有的审慎多疑、有的傲慢自信、有的狡黠刁钻，性格不同气质迥异，如果不考虑这些特点，仅用一个腔调、一种提问方式，就会碰壁、闹笑话。

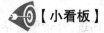【小看板】

推销唇膏给男顾客

商场的唇膏专卖柜，售货员看到一位大约二十五六岁的男士在柜台前犹豫了一下，流露出一点想买又不好意思买的神情。

于是，售货员上前热情地说："先生，我可以帮你做点什么吗？现在有很多男士都给女朋友或太太买唇膏的。"

听售货员小姐讲完，那位男士的神情明显没有那么紧张了。售货员又说："你不妨来看一下，了解一些关于唇膏的知识，下次陪您的女朋友买唇膏的时候就可以给她提点建议了。"

男士笑了一下。

"没关系，这样说明她对你很重要，女孩子是很在乎这个的哦。"

男士被打动了，说："我想买一只唇膏送给女朋友做礼物，可我怕买了之后她不喜欢。"

"那她是属于什么性格类型的人？大概做何种职业？以及平时最喜欢穿什么颜色的衣服？你说一下，我帮你做参考，保证她会喜欢，女人的心只有女人最懂嘛。"

结果，男士高兴地选购了一支唇膏离开了。

2. 要看准时机

亚里士多德说过："思想使人说出当时当地可能说的和应当说的话。"说话的时机，是由说话的时境决定的。说话主体所感知的自然环境、社会环境、心理环境和语言环境，这四个要素即构成说话时境。孔子在《论语·季氏篇》里说："言未及之而言谓之躁，言及之而不言谓之隐，未见颜色而言谓之瞽 。"意思是说不该说这话的时候却说了，叫做急躁；应该说这话时却不说，叫做隐瞒；不看对方脸色便贸然开口，叫做闭着眼睛瞎说。孔子讲的，就是根据时境把握说话时机的问题。一般来说，当对方很忙或正在处理急事时，不宜提与此无关的问题；当对方伤心或失意时，不宜提太复杂、太生硬、会引起对方不快的问题；当对方遇到困难或麻烦，需要单独冷静思考时，则最好不要提任何问题。

因此提问的时机非常重要，交谈中如果遇到某种难题未能解决，应在双方充分表达的基础上再提出问题。过早提问会打断对方思路，而且显得不礼貌；过晚提问会被认为精力不集中或未能理解，也会产生误解。一般情况下，在对方将某个观点阐述完毕后应及时提问，及时提问往往有利于问题的及时解决，但及时提问并不意味着反应越快越好，最佳的时机还需要倾听者灵活地捕捉。如果在不恰当的时机提出问题，可能会带来意想不到的损失。

3. 要讲究得体

所谓得体，一是措辞审慎，二是不唐突，不使人难堪。例如，会议主持人往往会如此发问："不知各位有何高见？"这句话可能把想说的人也"唬"住了。倒不如改为："各位有什么想法呢？"质朴无华，效果反倒好一些。

做到提问不唐突，也是不可忽视的。假如在大庭广众下问对方："你有什么理由可说？""你迟到一个小时，上哪儿混去了？"如此唐突的问法，令人难以下台，对方一定会不高兴。相反，巧妙得体的提问，不但不会使人难堪，反而使人明知其难也乐于回答。

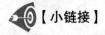 【小链接】

记者的采访

有位年轻记者满怀信心地去采访一位有成就的女科学家，他这样提问道："请问您毕业于哪所大学？"答："对不起，我没有上过大学。我搞科研靠自学。我认为自学也能成才。"她的回答不免使他有些尴尬。为了缓和气氛，他连忙转移话题，想先谈谈生活，于是说道："您的孩子在哪里上学？"不料科学家又十分不悦，答到："我早已经决定把毕生的精力贡献给自己的事业，因此，我一直独身至今。请原谅，这个问题我不愿意多谈，如果您没有其他问题的话，就谈到这儿吧。我还要工作。"

启示：

提问的目的是为了得到对方的回答，因此你的提问必须采取对方乐意接受的方式，而且提问题不宜涉及个人隐私，以免对方对你的提问产生抵触情绪。

4. 要尊重对方

尊重对方，固然不可不注意态度和语气，创造"问者谦谦，言者谆谆"的气氛。然而，更重要的是，提问要体谅对方，考虑怎样提出问题才便于对方愉快地给予答复。一般来说，具体的问题便于回答，抽象的问题难于回答；提出的问题具有先后逻辑顺序的易于回答，逻辑顺序混乱的难以回答。

5. 要讲究提问的语言模式

一般来说，提问的最佳语言模式是陈述句加疑问语缀。我们比较一下下面的两种提问："你根本没有想出一个主意来，你凭什么认为你能提出一个切实可行的方案呢？""我相信你能提出一个切实可行的方案，这很好，你能不能先说一说呢？"显然，前面一个提问会招来被问人的冷眼，而第二个提问则会引起对方回答的积极性。这样，双方才具备了交谈的前提。对于如何提问，美国明尼苏达大学拉尔夫尼科尔博士制定了一套提问技术要点，对我们很有借鉴。

（1）忌提明知对方不能或不愿作答的问题。

（2）用对方比较适应的"交际传媒"提问，切不可故作高深、卖弄学识。

（3）适当运用幽默语，提问一开始，不要限定对方的回答，不要随意打扰对方的思绪。

（4）避免你的问题引起对方的"选择性对抗"，使对方要么避而不答，要么拂袖而去。

【技能训练】

训练目标：锻炼提问的能力

过程：

假如你是卖桌子的售货员，要求你通过问顾客五个问题来把一张桌子卖给顾客。

讨论：

1. 你都问了哪些问题？判断这些问题属于哪种提问方式？

2. 为什么问了五个问题，顾客依然不买桌子？

3. 如何提高自己的提问技能？

活动 4 盲人摸号

【活动描述】

1. 每组选一名项目负责人到教练处领取任务：各组队员在被打乱顺序、蒙住双眼且不可以用嘴发出声音的情况下，找到各自的队友并按照教练给出的号码从大到小（或从小到大）排序，最快找到队友且排序无错的一组为胜；

2. 各组项目负责人回到自己组传达任务，给团队 15 分钟进行讨论，决定行动方案；

3. 讨论结束后，将所有队员按不同组别召集在一起，向其派发眼罩和纸巾以蒙住双眼；

4. 向队员示范保护手势，并提醒队员在活动过程中摸索着行进，不要走得过快，以免撞到同伴或建筑物；

5. 向各组队员派发预先准备好的号码，告知其上面的数字让其牢记，并将各组成员打乱后带入一固定场地；

6. 待所有队员在规定的地点站定，且最终确认所有队员都牢记了自己的号码后，宣布开始；

7. 随时提醒犯规或企图偷看的队员遵守规则；

8. 最先找到同伴且排序无错的一方为胜。

【活动分析】

对于管理人员和销售人员来说，用语言、表情、甚至眼神沟通并传递信息都不是难事，现在这个游戏却要打破常规，制造一些限制条件来训练学员的沟通能力，并让他们体会改变自己已适应环境和条件的限制。

1. 你是怎样与其他成员交流的？在沟通中你们遇到了什么困难？是怎样解决的？

2. 你们用什么方法得知别人的号数和位置？

【活动总结】

1. 作为一个真正出色的管理者或销售者，必须有应付更复杂、更难缠的环境的信心和能力。比如作为向聋哑人销售产品的销售人员，语言的作用非常有限，这就需要他们想出其他办法与顾客沟通。因此，这个活动教会我们当环境有限时，不要只顾着抱怨，而应积极地想办法解决。

2. 学习周密计划，培养应变能力、沟通能力、在特殊情况下应对问题的态度与能力。

3. 在团队中沟通有很多方式，在特殊情况下，要做到有效沟通需要突破思维，需要积极应对。

技能点 4　非语言沟通

人与人的交流中，语言沟通是不可替代的重要方法，主要是指口头和书面的表达方式，前文已对此作了初步探讨。然而，生活中的许多问题提醒我们，非语言沟通方式同样不可缺少，甚至更为重要。

非语言沟通是相对于语言沟通而言，一般指通过肢体动作、面部表情、语气语调、仪表服饰等途径进行信息交流的过程。心理学家艾伯特·梅瑞宾的研究表明，人与人之间的沟通有93%是通过非语言沟通进行的，只有7%是通过语言沟通进行。而在非语言沟通中，有55%是通过面部表情、形体姿态和手势等肢体语言进行的，只有38%是通过音调的高低进行的。可见人与人之间的沟通中高达93%的沟通都不是用嘴和笔进行，而是通过肢体动作、声音和表情进行的，不同的眼神和肢体动作具有不同的含义。

在人际交往中，非语言沟通具有非常重要的地位，人们常常运用一些非语言方式来交流思想，传递感情。比如一个人捶胸顿足，痛哭流涕，以此来表示自己的难过与悲痛；相反，眉开眼笑，手舞足蹈，表示兴奋和快乐；再如宴席上主人频频敬酒是对客人的尊敬与欢迎；久别的朋友相见时紧紧拥抱表示二人之间深厚的情谊。

一、沟通距离

人际距离不仅是人际关系密切程度的一个标志，还是用来进行人际沟通的传达信息的载体。所谓人际距离是指人与人之间的空间距离。当人与人交往时，人们处于不同空间距离中，就会有不同的感觉，从而产生出不同的反应，因为人际距离传递出了不同的信息。彼此关系融洽的朋友总是肩并肩或面对面地交谈，而彼此敌意的人只能是背对背以表示不相往来。恋人之间亲密无间能表明二人关系发展到一定的程度。

这里的"距离"有两层含义：一是指心理距离，二是指空间距离。心理距离和空间距离有相应的关系。"亲则近，疏则远"就表明两者的相互关系。心理距离越近，交际时的空间距离也就越近；反之，心理距离越远，交际时的空间距离也就越远。

社交的四种距离区域。

1. 亲密距离

亲密距离在0～0.5米，用于表示爱情、亲密的友情和儿童抱住父母或儿童相互拉抱，但它也应包括摔跤和打架。在西方文化中，女人之间和有亲密关系的男人与女人之间处于这种状态是可接受的，但在男人之间或没有亲密关系的男人与女人之间处于这种状态则可能是令人尴尬的。然而，在阿拉伯文化中，男人们在大街上边走边相互搂着肩膀则是完全正常的。

因此，除非像拥挤的电梯或地铁车厢这样的场合迫使人们如此以外，以这种距离接触只适合于亲人、爱人或知心朋友之间。在一般的交往当中，如果有人闯入这个空间范围是不礼貌的，会引起对方的反感，也会自讨没趣。

2. 个人距离

个人距离在人际间隔上稍有分寸感，已少有直接的身体接触。近距离在0.5～0.75米，远距离在0.75～1.25米。一般的个人交往都在这个空间内，它有较大的开放性。任何朋友和熟人都可以自由地进入这个空间，同时也可以提醒或者阻隔陌生人进入自己的亲密距离之内。当在交谈中和对方的关系有一定进展时，也能给对方接近自己的机会。

3. 社交距离

社交距离已经超出了亲密或熟人的人际关系，而是体现一种社交性的或礼节上的较正式的关系。近距离在1.25～2米，一般出现在工作环境和社交聚会、洽谈协商场合；远距离在2～4米，表现了一种更加正式的交往关系。有些大公司的董事长或总经理往往有个特大的办公室，这样在与下属谈话时就能保持一定的距离。企业或国家领导人之间的谈判、工作招聘时的面谈、教授和大学生的论文答辩，等等，往往都要隔一张桌子或保持一定距离，这样就增加了一种庄重的气氛。在社交距离范围内，已经没有直接的身体接触，说话时也要适当提高声音，需要更充分的目光接触。如果谈话者得不到对方目光的支持，那么他（或她）会有强烈的被忽视、被拒绝的感受。这时，相互间的目光接触已是交谈中不可或缺的感情交流形式了。

4. 公众距离

在公众距离空间内，人与人之间的直接沟通大大减少了。其近距离在4～8米，远距离则在8米之外。这是几乎能容纳一切人的"门户开放"的空间。人们完全可以对处于这个空间内的其他人"视而不见"，不予交往，因为相互之间未必发生一定的联系。

可以看得出来，空间距离对于交往双方是很重要的。在管理者希望和自己的下属进行有效沟通或者促进自己下属之间进行有效沟通时，缩小两个人之间的空间距离可能会是比较有效的沟通方法。在办公室的布局和摆设方面，有的公司是用方桌子隔开员工的工作区域或隔开上司和下属，这样可以保护沟通双方的隐私，但同时也会减少彼此之间的交流，从而影响有效的沟通。有的公司会采用敞开式的办公室从而增加员工之间的交流，提高工作效率。

两人之间的空间距离如果属亲密场合，由于没有心理防线，则沟通效果非常好；如果空间距离属于个人场合，由于沟通环境好，则沟通效果也比较好；如果空间距离属于社交场合，沟通就有一定难度；但只要掌握一定的沟通原则与沟通技巧，也可以取得良好的沟通效果；如果空间距离属于公共场合，由于没有沟通的必要，就没有交集，也就无所谓沟通效果。

由此可见，在人际交往中距离越近，双方关系越密切。一个人在单位中总是与他人保持一定的距离，如午休时同事们在一个桌上吃饭，他却端着饭盒离得远远的，总不与其他人在一起活动，这个人的"人缘"恐怕成问题，人们会感觉他难以接近，久而久之便疏远他了。

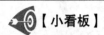【小看板】

惠普的敞开式办公室

美国惠普公司创造了一种独特的"周游式管理办法"，鼓励部门负责人深入基层，直接接触广大职工。

为此目的，惠普公司的办公室布局采用美国少见的"敞开式大房间"，即全体人员都在一间敞厅中办公，各部门之间只有矮屏分隔，除少量会议室、会客室外，无论哪级领导都不设单独的办公室。同时不称头衔，即使对董事长也直呼其名。这样有利于上下左右通气，创造无拘束和合作的气氛。

单打独斗、个人英雄的闭门造车工作方式在现今社会是越来越不可取了；相反，团队的分工合作方式正逐渐被各企业认同。管理中打破各级各部门之间无形的隔阂，创造相互之间融洽、协作的工作氛围是提高工作效率的良方。

不要在工作中人为地设置分隔屏障，敞开办公室的门，制造平等的气氛，同时也敞开了彼此合作与心灵沟通的门。

对一个企业而言，最重要的一点是营造一个快乐、进步的环境：在管理的架构和同事之间，可以公开、自由、诚实地沟通。

二、面部表情

面部表情（又称脸部表情）是身体语言的一种特殊表现。人类具有异常丰富的脸部表情，在人际沟通中，人们的脸部表情起着重要的作用。研究表明，在解释互相矛盾的信息过程中，人们更加注重的是脸部表情而不是言语内容或声调。面部表情非常丰富，许多细微复杂的情感，都能通过面部种种表情来传达，并且能对口语表达起解释和强化作用。脸部的颜色、光泽，肌肉的收缩与舒张，以及脸部纹路的不同组合，便构成喜怒哀乐等各种复杂的表情。同样是笑，微笑、憨笑、苦笑、奸笑，在嘴、唇、眉、眼和脸部肌肉等方面都表现出许多细微而复杂的差别。因此，要善于观察面部表情的各种细微差别，并且要善于灵活地驾驭自己的面部表情，使面部表情能更好地辅助和强化口语表达。

1. 眼

眼睛是心灵的窗户，能够最直接、最完整、最深刻、最丰富地表现人的精神状态和内心活动。它能够冲破习俗的约束，自由地沟通彼此的心灵，能够创造无形的、适宜的情绪气氛，代替词汇贫乏的表达，促成无声的对话，使两颗心相互进行神秘的、直接的窥探。眼睛通常是情感的第一个自发表达者，透过眼睛可以看出一个人是欢乐还是忧伤，是烦恼还是悠闲，是厌恶还是喜欢。从眼神中有时可以判断一个人是坦诚还是心虚，是诚恳还是伪善：正眼视人，显得坦诚；躲避视线，显得心虚；斜着眼，显得轻佻。可以反映人的心理变化：当人看到有趣的或者心中喜爱的东西时，瞳孔就会扩大；而看到不喜欢的或者厌恶的东西，瞳孔就会缩小。目光可以委婉、含蓄、丰富地表达爱抚或推却、允诺或拒绝、央求或强制、讯问或回答、谴责或赞许、讥讽或同情、企盼或焦虑、厌恶或亲昵等复杂的思想和愿望。眼泪能够恰当地表达人的许多情感，如悲痛、欢乐、委屈、思念、温柔、依赖等。

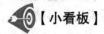【小看板】

用眼睛看，用心体会

在从纽约到波士顿的火车上，我发现我隔壁座位的老先生是位盲人。

我的博士论文指导教授是位盲人，因此我和盲人谈起话来，一点困难也没有，我还弄了杯热腾腾的咖啡给他喝。

当时正值洛杉矶种族暴乱的时期，我们因此就谈到了种族偏见的问题。

老先生告诉我，他是美国南方人，从小就认为黑人低人一等，他家的佣人是黑人，他在南方时从未和黑人一起吃过饭，也从未和黑人一起上过学。到了北方念书，有次他被班上同学指定办一次野餐会，他居然在请帖上注明"我们保留拒绝任何人的权利"。在南方这句话就是"我们不欢迎黑人"的意思，当时举班哗然，他还被系主任抓去骂了一顿。

他说有时碰到黑人店员，付钱的时候，他总将钱放在柜台上，让黑人去拿，不肯和黑人的手有任何接触。

我笑着问他："那你当然不会和黑人结婚了。"

他大笑起来："我不和他们来往，如何会和黑人结婚？说实话，我当时认为任何白人和黑人结婚，都会使父母蒙辱。"

但他在波士顿念研究生的时候，发生了车祸。虽然大难不死，可是眼睛完全失明，什么也看不见了。他进入一家盲人重建院，在那里学习如何用点字技巧，如何靠手杖走路，等等。慢慢地，他终于能够独立生活了。

他说："我最苦恼的是，我弄不清楚对方是不是黑人。我和我的心理辅导员谈这个问题，他也尽量开导我，我非常信赖他，什么都告诉他，将他看成良师益友。

有一天，那位辅导员告诉我，他本人就是黑人。从此以后，我的偏见就完全消失了。我看不出对方是白人还是黑人，对我来讲，我只知道他是好人，不是坏人，至于肤色，对我已毫无意义了。"

车快到波士顿，老先生说："我失去了视力，也失去了偏见，是一件多么幸福的事。"

在月台上，老先生的太太已在等他，两人亲切地拥抱。我猛然发现他太太竟是一位满头银发的黑人。我这才发现，我视力良好，但我的偏见还在，是多么不幸的事。

启示：

眼睛在很多时候误导甚至欺骗了我们，盲者倒是幸运，因为他必须用心眼去打量这个世界，并且"看"得更为真切。所以，看待事物不仅要用眼，还要用心。仅用眼睛去观察世界，多半是不全的；用心则能体悟实际的灵魂。

目光接触是非语言交流的一种特别形式。和其他非语言交流形式一样，目光接触的意义很大，而且也依赖着前后情境关系。在几乎所有的社会互相作用中，目光接触传达着丰富的信息。比如，目光接触常用于调整谈话。一位演讲者开始发言时转移目光，要结束时就抬起目光，转移目光似乎是为了预防反问和打扰，而抬起目光标志着一个问题的结束并允许其他人发言。

目光介入同样也能表明他有无兴趣。电影里经常有互相凝视的两个人，以表达爱情、热情和极大的关心。当然，作为表达吸引的方法，我们肯定都熟悉长时间的目光接触。例如，一次偶然的谈话，如果其中一个谈话者总是保持着目光接触，就会变成一种浪漫的表示。相反，避免或中断目光接触，通常是对一个人不感兴趣的标志。的确，当某人在谈话中目光不接触时，一般就是认为他或她心不在焉，或对所说的内容不感兴趣。然而，这种一般原则也是例外。目光不怎么接触，有时可以说明此人害羞或害怕。另外，正传达坏消息或诉说痛苦事情的人，也是避免目光接触。

【小看板】

王顾左右而言他

孟子对齐宣王说："你有一个臣子把妻室儿女托付给朋友照顾，自己到楚国去游玩。等他回来的时候，他的妻室儿女却在挨饿受冻。对待这样的朋友，应该怎样办呢？"齐王说："和他绝交。"孟子又说："假如管刑罚的长官不能管理他的下级，那应该怎么办呢？""撤掉他。""假如一个国家里政治搞得很不好，那又应该怎么办呢？"齐王回过头来左右张望，把话题扯到别的地方去了。

"王顾左右而言他"，并不是齐宣王在满世界找什么东西，而是齐宣王觉得这个问题不好回答了，国家治理不好，自然国君要负责任，这话在大庭广众之下说出来，将来万一给人抓住把柄，就不好办了，所以只好用眼睛四处看看，表示自己不愿意回答这个问题。如果孟子再紧追不舍，恐怕齐宣王就要恼羞成怒了。

启示：

眼睛可以直接通向心灵，因此，看透人心的第二条捷径就是注意对方的眼神。如果对方的眼睛没看你，那就说明对方对你的话题不感兴趣或者不愿意回答了。

2. 眉

眉间的肌肉、皱纹能够表达人的情感变化。柳眉倒竖表示愤怒，横眉冷对表示敌意，挤眉弄眼表示戏谑，低眉顺眼表示顺从，扬眉吐气表示畅快，眉头舒展表示宽慰，喜上眉梢表示愉悦。

3. 嘴

嘴部表情主要体现在口形变化上。伤心时嘴角下撇，欢快时嘴角提升，委屈时撅起嘴巴，惊讶时张口结舌，忿恨时咬牙切齿，忍耐痛苦时咬住下唇。

4. 鼻

厌恶时耸起鼻子，轻蔑时嗤之以鼻，愤怒时鼻孔张大，鼻翕抖动；紧张时鼻腔收缩，屏息敛气。

5. 脸

面部肌肉松弛表明心情愉快、轻松、舒畅，肌肉紧张表明痛苦、严峻、严肃。

一般来说，面部各个器官是一个有机整体，协调一致地表达出同一种情感。当人感到尴尬、有难言之隐或想有所掩饰时，其五官将出现复杂而不和谐的表情。

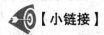【小链接】

麻将后面的政治新闻

我国新闻界的前辈徐铸成先生有次谈到他早年采访中的一段经历。1928 年阎锡山和冯玉祥曾经酝酿联合反蒋介石，可是当冯玉祥到达太原时，阎锡山却把他软禁起来，借此行动向蒋介石要钱要枪。后来冯玉祥的部下做了一番努力，才逐步扭转危局。那天徐铸成到冯玉祥驻太原的办事处采访，看到几个秘书正在打麻将，心里一动，估计冯玉祥已经脱身出走了，因为冯治军甚严，如果他在家的话部下是不敢打牌的。徐铸成赶紧跑到冯玉祥的总参议刘治洲家采访，见面就问："冯玉祥离开太原了？"对方大吃一惊，神色紧张地反问："啊？你怎么知道？"这个简短的对答，完全证实了徐铸成的判断。徐铸成就这样通过一桌麻将和采访对象的神色语气，获得了冯玉祥脱身出走的重要信息。以后他又经过深入的访谈，摸清了冯玉祥和阎锡山将再度联合的政治动向，在当时这是一条极其重要的政治新闻。

三、肢体动作

肢体动作也称体态语言，是以身体动态表示意义的沟通形式。人们见面相互点头、握手或拥抱，就是用体态语言向对方致意、问候和欢迎。人们在交谈时身体略向前倾，不时点头，神情随着停话的内容变化而变化。这些体态特征表示出对说话者的尊敬和礼貌。如果腿不停地乱抖，身体随意摇摆，眼睛不停地左顾右盼，那么说话者一定会感到不高兴。因为这些无声的语言传出的信息是不尊重、不礼貌和不欢迎。所以体态语言与人际沟通成功与否关系很大。

体态语言主要包括头语、手势和身姿三种，它们既可以支持修饰语言，表达口头语言难以表达的情感意味，也可以表达肯定、默许、赞扬、鼓励、否定、批评等意图，收到良好的沟通效果。

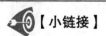【小链接】

表演大师的鼓励

有一位表演大师上场前，他的弟子告诉他鞋带松了。大师点头致谢，蹲下来仔细系好。等到弟子转身后，又蹲下来将鞋带解松。有个旁观者看到了这一切，不解地问："大师，您为什么又要将鞋带解松呢？"大师回答道："因为我饰演的是一位劳累的旅者，长途跋涉让他的鞋带松开，可以通过这个细节表现他的劳累憔悴。""那你为什么不直接告诉你的弟子呢？""他能细心地发现我的鞋带松了，并且热心地告诉我，我一定要保护他这种热情的积极性，及时地给他鼓励，至于为什么要将鞋带解开，将来会有更多的机会教他表演，可以下一次再说啊。"

1. 头语

头部笔直表示中立，侧倾表示感兴趣，垂头表示没兴趣和否定。

2. 手势

手势是会说话的工具，是体态语言的主要形式，使用频率最高，形式变化最多，因而表现力、吸引力和感染力也最强，最能表达丰富多彩的思想感情。

从手势表达思想内容来看，手势动作可分为情意手势、指示手势、象形手势与象征手势。情意手势用来表达感情，使抽象的感情具体化、形象化，如挥拳表义愤，推掌表拒绝等。指示手势用来指明人或事物及其所在位置，从而增强真实感和亲切感。象形手势用以模拟人或事物的形状、体积、高度等，给人以具体明确的印象。这种手势常略带夸张，只求神似，不可过分机械模仿。象形手势用以表现某些抽象概念，以生动具体的手势和有声语言构成一种易于理解的意境。

3. 身姿

身姿是人们经常使用的姿势动作。例如，老师教学生要从小养成好习惯，要站如松、坐如钟、行如风，就可以伴以简洁的身姿作为示范。人们协调各种动作姿势，并与其他无声语言动作，如眼神、面部表情等紧密配合，使各种表达手段协调一致，才能达到良好的沟通效果。

体态语言与自然语言相比有如下作用。

（1）替代作用：代替自然语言进行信息沟通，如点头表示同意，摇头表示反对等。

（2）辅助作用：帮助自然语言加强所表达的意思。比如护士对患者说："我们共同配合，共同努力，一定要战胜疾病。"说的时候握紧拳头，这就大大加强了所表达的决心。

（3）表露作用：表露出一定的感情和思想活动。比如在聆听有奖储蓄中奖时的紧张、关注的神态，表露出一个人盼望中奖的期待；如听到一个不幸的消息时悲愤或难过的表情，显示自己内心痛苦的感情；患者被疾病折磨时所表现的痛苦表情。

（4）适应作用：体语可以帮助人们适应一定的坏境。比如一位青年女子遇到尴尬之事感到不适应时，会卷弄辫梢、抚弄衣角来帮助自己从尴尬中摆脱出来；在路上认错人时不好意思地点头致歉来缓解窘态。

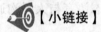【小链接】

通过肢体动作评价人

一个人走进饭店要了酒菜，吃罢摸摸口袋发现忘了带钱，便对店老板说："店家，今日忘了带钱，改日送来。"店老板连声："不碍事，不碍事。"并恭敬地把他送出了门。

这个过程被一个无赖看到了，他也进饭店要了酒菜，吃完后摸了一下口袋，对店老板说："店家，今日忘了带钱，改日送来。"

谁知店老板脸色一变，揪住他，非剥他衣服不可。

无赖不服，说："为什么刚才那人可以赊账，我就不行？"

店家说："人家吃菜，筷子在桌子上摆放整齐，喝酒一盅盅地喝，斯斯文文，吃罢掏出手绢擦嘴，是个有德行的人，岂能赖我这几个钱。你呢？筷子往胸前一抹，狼吞虎咽，吃上瘾来，脚踏上条凳，端起酒壶直往嘴里灌，吃罢用袖子擦嘴，分明是个居无定室、食无定餐的无赖之徒，我岂能饶你！"

一席话说得无赖哑口无言，只得留下外衣，狼狈而去。

启示：

启示之一：动作姿势是一个人思想感情、文化修养的外在体现。一个品行端庄、富有涵养的人，其姿势必然优雅。一个趣味低级、缺乏修养的人，是做不出高雅的姿势来的。

启示之二：在人际交往中，我们必须留意自己的形象，讲究动作与姿势。因为我们的动作姿势，是别人了解我们的一面镜子。

启示之三：在人际交往中，我们可以通过别人的动作、姿势来衡量、了解和理解别人。

任务二　有效沟通技巧

四、服饰

服饰是一种文化，它反映了一个民族的文化水平和物质文明发展的程度。服饰具有极强的表现功能，在社交活动中，人们可以通过服饰来判断一个人的身份地位、涵养；通过服饰可展示个体内心对美的追求、体现自我的审美感受；通过服饰可以突出一个人的仪表、气质，所以服饰是人类的一种内在美和外在美的统一。要想塑造一个真正美的自我，首先就要掌握服饰打扮的礼仪规范，用和谐、得体的穿着来展示自己的才华和美学修养，以获得更高的社交地位。服饰打扮虽说由于每人的喜好不同，打扮方式不同，产生的效果也不同，因此也成就了五彩斑斓的服饰世界，但我们根据人们的审美观及审美心理还是有一些基本的原则可循。

1. 服饰搭配原则

（1）整洁原则。

整洁原则是指整齐干净的原则，这是服饰打扮的一个最基本的原则。一个穿着整洁的人总能给人以积极向上的感觉，并且也表示出对交往对方的尊重和对社交活动的重视。整洁原则并不意味着时髦和高档，只要保持服饰的干净合体、整齐有致即可。

（2）个性原则。

个性原则是指社交场合树立个人形象的要求。不同的人由于年龄、性格、职业、文化素养等各方面的不同，自然就会形成各自不同的气质，我们在选择服装进行服饰打扮时，不仅要符合个人的气质，还要突出自己美好气质的一面，为此，必须深入了解自我，正确认识自我，选择自己合适的服饰，这样可以让服饰尽显自己的风采。要使打扮富有个性，还要注意：首先不要盲目追赶时髦，因为最时髦的东西往往是最没有生命力的；其次要穿出自己的个性，不要盲目模仿别人，如看人家穿水桶裤好看，就马上跟风，而不考虑自己的综合因素。

（3）和谐原则。

和谐原则指协调得体原则，即选择服装时不仅要与自身体型相协调，还要与着装者的年龄、肤色相配。服饰本是一种艺术，能掩盖体形的某些不足。我们借助于服饰能创造出一种美妙身材的效果。不论高矮胖瘦，年轻的还是年长的，只要根据自己的特点，用心地去选择适合自己的服饰，总能创造出服饰的神韵。

（4）着装的 T·P·O 原则。

T·P·O 分别是英语 Time、Place、Occasion 三个词的缩写字头，即着装的时间、地点、场合的原则。一件被认为美的漂亮的服饰不一定适合所有的场合、时间、地点。因此，我们在着装时应该要考虑到这三方面的因素。

着装的时间原则包含每天的早、中、晚时间的变化，春、夏、秋、冬四季的不同和时代的变化。着装的地点原则是指环境原则，即不同的环境需要与之相适应的服饰打扮。着装的场合原则是指场合气氛的原则，即着装应当与当时当地的气氛融洽协调。服饰的 T·P·O 原则的三要素是相互贯通、相辅相成的。人们在社交活动与工作中，总是会处于一个特定的时间、场合和地点中，因此在你着装时，应考虑一下穿什么、怎么穿。这是你踏入社会并取得成功的一个开端。

（5）着装的配色原则。

服饰的美是款式美、质料美和色彩美三者完美统一的体现，形、质、色三者相互衬托、

45

相互依存，构成了服饰美统一的整体。而在生活中，色彩美是最先引人注目的，因为色彩对人的视觉刺激最敏感、最快速，会给他人留下很深的印象。

服饰色彩的相配应遵循一般的美学常识。服装与服装、服装与饰物、饰物与饰物之间的色彩应色调和谐，层次分明。饰物只能起到画龙点睛的作用，而不应喧宾夺主。服饰色彩在统一的基础上应寻求变化，服与服、服与饰、饰与饰之间在变化的基础上应寻求平衡。一般认为，衣服里料的颜色与表料的颜色，衣服中某一色与饰物的颜色均可进行呼应式搭配。

2. 服装色彩搭配的方法

（1）同色搭配。

由色彩相近或相同，明度有层次变化的色彩相互搭配产生一种统一和谐的效果，如墨绿配浅绿、咖啡配米色等。在同色搭配时，宜掌握上淡下深、上明下暗，这样整体上就有一种稳重踏实之感。

（2）相似色搭配。

色彩学把色环上大约九十度以内的邻近色称之为相似色，如蓝与绿、红与橙。相似色搭配时，两个色的明度、纯度要错开，如深一点的蓝色和浅一点的绿色配在一起比较合适。

（3）主色搭配。

指选一种起主导作用的基调和主色，相配于各种颜色，产生一种互相陪衬、相映成趣之效。采用这种配色方法，应首先确定基调服饰的整体，其次选择与基调一致的主色，最后再选出多种辅色。主色调搭配如选色不当，容易造成混乱不堪，有损整体形象，因此使用的时候要慎重。

五、仪态

仪态，又称"体态"，是指人的身体姿态和风度。姿态是身体所表现的样子，风度则是内在气质的外在表现。人的一举手、一投足、一弯腰乃至一颦一笑，并非偶然的、随意的，这些行为举止自成体系，像有声语言那样具有一定的规律，并具有传情达意的功能。人们可以通过自己的仪态向他人传递个人的学识与修养，并能够以其交流思想、表达感情。正如艺术家达·芬奇所说："从仪态了解人的内心世界、把握人的本来面目，往往具有相当的准确性和可靠性。"

每一个讲文明、讲礼貌的人，都应当力求使自己的仪态文明、自然、美观、敬人。仪态文明，是要求仪态要显得有修养、讲礼貌。比如，不宜在他人面前有抓痒痒、掏耳朵、脱鞋子这类粗野动作；不应在异性面前双腿叉开而坐，或双腿叉开而蹲。仪态自然，是要求仪态既要规矩、庄重，又要大方实在；不要虚张声势、装腔作势，也不要脸谱化、戏剧化、言行不一。仪态美观，是高层次的要求，它要求仪态要优雅脱俗，美观耐看。比如，站要有站相，坐要有坐相，手势要文雅，腿位要适当，等等。在必要的时候注意仪态美观，定能给他人留下良好印象。仪态敬人，是要求力戒失敬于人的仪态，同时努力注意使仪态体现敬人之意。例如，在与人交谈时，以手指点对方、跷起二郎腿并以脚尖指向对方乱晃悠，是失敬于人的动作；在同样的情况下，目视对方，面含微笑，不时点头表示理解与支持，则是敬人的仪态。这些都是需要注意的。

注重仪态的美化有四个标准：一是仪态文明，是要求仪态要显得有修养，讲礼貌，不应在异性和他人面前有粗野动作和形体；二是仪态自然，是要求仪态既要规矩庄重，又要大方实在，不要虚张声势、装腔作势；三是仪态美观，这是高层次的要求，它要求仪态要优雅脱俗，美观耐看，能给人留下美好的印象；四是仪态敬人，是要求力戒失敬于人的仪态，要通过良好的仪态来体现敬人之意。

【技能训练】

训练目的：

没有肢体语言的帮助，一个人说话会变得很拘谨，但是过多或不合适的肢体语言也会让人望而生厌，自然、自信的身体语言会帮助我们的沟通更加自如。

团体活动规则和程序：

1. 将学员们分为 2 人一组，让他们进行 2～3 分钟的交流，交谈的内容不限。

2. 当大家停下以后，请学员们彼此说一下对方有什么非语言表现，包括肢体语言或者表情，比如有人老爱眨眼，有人会不时地撩一下自己的头发。问这些做出无意识动作的人是否注意到了这些行为。

3. 让大家继续讨论 2～3 分钟，但这次注意不要有任何肢体语言，看看与前次有什么不同。

问题讨论：

1. 在第一次交谈中，有多少人注意到了自己的肢体语言？

2. 对方有没有什么动作或表情让你觉得极不舒服？你是否告诉了他你的这种情绪？

3. 当你不能用你的动作或表情辅助你的谈话的时候，有什么样的感觉？是否会觉得很不舒服？

【任务总结】

1. 事实与观点的区别

事实指的是事情的真实情况，包括事物、事件、事态，即客观存在的一切物体与现象、社会上发生的不平常的事情和局势及情况的变异态势。观点是观察事物时所处的立场或出发点，具体指一个人对某件事物的认识程度和他（她）自己的"分析结论"，如果这个"结论"和大多数人的结论是相同的或者是相近的，并且也能被大家所接受，那么就可以说是基本正确的观点了。并不是说每个人都认为自己的观点都是正确的，但基本都希望是正确的，否则的话，这个人就会被别人或者是大众认为是在"胡言乱语"了。简而言之，事实是客观存在的，而观点是对某个事的看法或评论。

（1）观点不是事实。

（2）观点不一定是正确的。

2. 注重逻辑性和简洁性

注重逻辑性：（1）养成从多角度认识事物的习惯；（2）发挥想象在逻辑推理中的作用；（3）丰富有关思维的理论知识；（4）保持良好的情绪状态。注重简洁性：（1）重要的是要培养自己分析问题的能力；（2）同时还应尽可能多地掌握一些词汇；（3）"删繁就简"也是培养说话简洁明快的一种有效方法。

3. 倾听的层次

完全漠视的听、假装在听、选择性的听、积极换位思考的听、专业咨询的听五种。

4. 倾听的障碍

（1）环境障碍。

（2）倾听者障碍。

5. 排除倾听障碍的对策

（1）创造良好的倾听环境。

（2）提高倾听者的倾听技能。

（3）改善讲话者的讲话技巧。

6. 提问的方式

提问的方式分为：开放式提问和封闭式提问；明确性提问、相关性提问和选择性提问；激励性提问和证实性提问。

7. 注重提问的艺术性

提问时要注意：要因人设问；要看准时机；要讲究得体；要尊重对方；要讲究提问的语言模式。

8. 沟通距离的内容

沟通距离有亲密距离、个人距离、社交距离、公众距离几种。

9. 熟悉面部表情及肢体动作的运用

面部表情（又称脸部表情）是身体语言的一种特殊表现。人类具有异常丰富的脸部表情，在人际沟通中，人们的脸部表情起着重要的作用，包括眼、眉、嘴、鼻、脸。

10. 肢体动作

肢体动作也称体态语言，是以身体动态表示意义的沟通形式。人们见面相互点头、握手或拥抱，就是用体语向对方致意、问候和欢迎。人们在交谈时身体略向前倾，不时点头，神情随着谈话的内容变化而变化。这些体态特征表示出对说话者的尊敬和礼貌。如果腿不停地乱抖，身体随意摇摆，眼睛左顾右盼，那么一定会使说话者感到不高兴。因为这些无声的语言传出的信息是不尊重、不礼貌和不欢迎。所以体态语言与人际沟通成功与否关系很大。

体语主要包括头语、手势和身姿三种，它们既可以支持、修饰语言，表达口头语言难以表达的情感意味，又可以表达肯定、默许、赞扬、鼓励、否定、批评等意图，从而收到良好的沟通效果。

11. 服饰

服饰是一种文化，它反映着一个民族的文化水平和物质文明发展的程度。服饰具有极强的表现功能，在社交活动中，人们可以通过服饰来判断一个人的身份地位、涵养；通过服饰可展示个体内心对美的追求，体现自我的审美感受；通过服饰可以增进一个人的仪表、气质，所以，服饰是人类的一种内在美和外在美的统一。主要原则有：整洁原则、个性原则、和谐原则、着装的 T·P·O 原则、着装的配色原则、从穿着看人。

12. 仪态

仪态，又称"体态"，是指人的身体姿态和风度。姿态是身体所表现的样子，风度则是内在气质的外在表现。人的一举手、一投足、一弯腰乃至一颦一笑，并非偶然的、随意的，这些行为举止自成体系，像有声语言那样具有一定的规律，并具有传情达意的功能。人们可以通过自己的仪态向他人传递个人的学识与修养，并能够以其交流思想、表达感情。注重仪态的美化有四个标准：一是仪态文明，是要求仪态要显得有修养、讲礼貌，不应在异性和他人面前有粗野动作和形体；二是仪态自然，是要求仪态既要规矩庄重，又要大方实在，不要虚张声势、装腔作势；三是仪态美观，这是高层次的要求，它要求仪态要优雅脱俗，美观耐看，能给人留下美好的印象；四是仪态敬人，是要求力戒失敬于人的仪态，要通过良好的仪态来体现敬人之意。

思考与训练

一、思考题

1. 事实与观点的区别是什么？
2. 表达的技巧有哪些？
3. 举例说明你与他人沟通时候遇到的尴尬谈话，你是怎么解决的？
4. 倾听有几个层次？分别是什么？
5. 倾听的障碍有哪些？
6. 如何排除倾听的障碍？
7. 提问的方式有哪些？
8. 提问的技巧有哪些？如何提高提问的技巧？
9. 非语言沟通的形式有哪些？
10. 非语言沟通的重要性有哪些？
11. 沟通距离的内容。

二、案例分析

1. 在"马歇尔计划"刚开始制定的时候，美国人基本上支持这个第二次世界大战以后促使欧洲复兴的计划。然而马歇尔本人却很担心，锱铢必较的国会是否会同意拿出那么多钱去支援欧洲。

有一天，马歇尔接到通知，国会拨款委员会将举行听证会，研讨马歇尔的欧洲重建计划。

为了使马歇尔计划能顺利被批准，国务院两位专家一起干了一个通宵又一个整天，起草了关于马歇尔计划的发言稿。他们收集了全部事实，提出了一切必需的要求，并列举了令人信服的理由，配之以大量具有权威性的具体细节作为论据，说明这一计划可使欧洲免于浩劫，同时又对美国有利。然后他们兴冲冲地带着自己的苦干成果来到马歇尔处，把他们精心准备的发言稿交给了他。

马歇尔看了一遍，半晌沉吟不语，最后他往椅背上一靠，说："我不想用这个稿子了。"

助手们大吃一惊，以为自己的稿子不符合马歇尔的要求。

马歇尔似乎看透了他们的心思，说："别误会，我看讲稿写得很好嘛。可是，你们想，听证会想要听的是什么？他们想听的是我马歇尔将军对这个计划的看法，而不是你们两位的看法。要是我去那里念这篇发言稿，他们会明白是你们写的。我看不带讲稿去更好些，大家以为我会先发表一篇声明，我就说，先生们，你们要我出席听证会，现在我准备回答你们的问题。于是他们就向我提问，不管到时会提出什么样的问题，我都要用心阅读这篇发言稿。这样才好用你们准备的各种理由来回答他们的问题。这样才会使他们满意，因为委员会真正想知道的，是我本人是否了解这个计划。"

后来的事实证明了马歇尔的这种分析是正确的，计划终于获得拨款委员会的支持，从而也就有了"财神爷"的保证。

问题：

（1）演讲时应该注意哪些问题？
（2）怎样沟通才是有效的沟通？

（3）通过这个案例你得到什么启示？

2. 狮子和老虎之间爆发了一场激烈的冲突，到最后，两败俱伤。狮子快要断气时，对老虎说："如果不是你非要抢我的地盘，我们也不会弄成现在这样。"老虎吃惊地说："我从未想过要抢你的地盘，我一直以为是你要侵略我。"

人不可能孤立地生活在这个世界上，在这个五彩缤纷的世界上，人与人之间要学会沟通，学会理解。狮子和老虎没有沟通，而是一相情愿地按自己的意愿行事，后果是失去了自己的生命，付出了十分惨重的代价。设想，如果之前沟通一下，了解对方的意愿，我想结局会大有改变。记得现在电视上好像有这么一个广告词："50 年前，我们沟通一个城市，如今我们沟通一个世界，2008 我们沟通一个梦想！"沟通的含义是很深刻的，沟通本指开沟以使两水相通，后用以泛指使两方相连通，也指疏通彼此的意见。看来沟通能使事物顺利相连相通，确实如此，我们与每一个人的对话，与家长、朋友、老师、同事、领导的交谈，都是在沟通。为了买什么想要的东西，要与家长要钱沟通；为了出去和朋友游玩，要与朋友沟通；为了解决一道难题，要与老师沟通；为了完成一个项目，要与同事沟通；为了自己的工作，要与领导沟通……如果都不沟通，按照自己的意愿鲁莽地去做事，最后往往只能以失败告终。把自己独立起来去做事，不团结，不与外界接触，成功是不可能的。学会沟通，从客观的角度考虑问题，把沟通放在十分重要的位置，这样成功就会更近一步。

问题：

（1）狮子和老虎为什么会两败俱伤？

（2）导致沟通障碍的原因有哪些？

（3）如何提高沟通的效果？

3. 会问话的小商贩

一位老太太到市场买李子，她遇到 A、B、C 三个小商贩。

小商贩 A："我的李子又大又甜，特别好吃。"

老太太摇了摇头走了。

小贩 B："我这里各种各样的李子都有，您要什么样的李子？"

"我要买酸一点儿的。"

"我这篮李子酸得咬一口就流口水，您尝尝。"

老太太一尝，满口酸水，"来一斤吧。"

小贩 C："别人买李子都要又大又甜的，您为什么要酸的李子呢？"

"我儿媳妇要生孩子了，想吃酸的。"小贩马上赞美老太太对儿媳妇的好，又说自家李子不但新鲜而且特酸，剩下不多了，老太太被小贩说得很高兴，便又买了两斤。

小贩 C 又建议："孕妇特别需要补充维生素，猕猴桃含有多种维生素，特别适合孕妇。"老太太就高兴地买了斤猕猴桃。

最后小贩 C 说："我每天都在这儿摆摊，您媳妇要是吃好了，您再来我给您优惠。"

同样卖水果的三个小贩，小贩 C 的生意最好。

问题：

（1）为什么小贩 C 的生意最好？

（2）发问的技巧有哪些？

4. 好来登酒店的"微笑工程"

微笑是酒店行业讲得最多也是最难又是最急需解决的一个问题。由于我国传统文化习惯等原因，相当一部分服务员动作是规范的，表情却是羞涩型的冷淡。围绕着微笑这个课题，好来登大酒店确定了一条以微笑为主线的理念体系：经营理念——让宾客带走微笑；服务理念——微笑服务+规范服务+个性服务=完美服务；管理理念——微笑管理+制度管理+情感管理=时代管理；行为规范——用心和微笑去服务于你的朋友；座右铭——好微笑、好满意在好来登。宾客与服务员见面，最先得到的不是服务，而是一种感觉，这种感觉来自于员工的外在形象。一张冷漠的面孔，无论说出多么动听的欢迎之辞，任何人都不会有被欢迎的感觉。为了宾客的第一印象，实施了微笑第一期工程，这个工程的项目是微笑"三要素——表情、身形、语言"，核心是让宾客在酒店的任何地方，遇到任何一名员工，都有一个良好的第一印象。

第一个要素是表情。要求员工眼神要专注，面部肌肉要放松，嘴角要上翘，嘴唇要张开，露出八颗牙齿。

第二个要素是身形。要求员工脚跟并拢，两腿伸直，右手握左手置于小腹前，上体30度鞠躬。

第三个要素是语言。要求员工自然、亲切地使用敬语。

为了把微笑"三要素"落到实处，员工进店后，听到的第一句忠告是："不能对宾客微笑的人，不适合在好来登工作。"得到的第一件礼物是：微笑练习镜。接受的第一节培训课是：怎样练习微笑。

酒店在每个部门统一制作并悬挂了四个像框，分别是蒙娜丽莎、明星演员和酒店的两名男女服务员的肖像。同时指出蒙娜丽莎的微笑显得过于含蓄、明星演员的微笑过于开朗，酒店提倡的就是身边优秀服务员的灿烂微笑。

酒店采取观看样板学习微笑、细心琢磨练习微笑、对照镜子定格微笑的练习方法，以及以部门为单位，每天早晨都进行一对一、一对二、一对全部门的练习，并实施了三级奖励、微笑大赛等激励手段，使微笑工程做到了月月都研究，周周有重点，天天在练习。

酒店在2002年实施了对宾客服务做到"四性"为主要内容的微笑第二期工程。酒店把服务过程中的"个性化、主动性、快捷性和细微性"分解到所有部门的所有岗位，不但前厅、楼层、餐厅、保安等一线部门有四性标准，而且工程、厨房、财务等二线部门也有四性标准，把无微不至的功能扩展到酒店的每个岗位。

服务的个性化。

去年7月的一天晚上11点多钟，一位宾客发高烧，酒店值班经理派车送她到医院治疗，但她无论怎样也不愿去医院，在与医院商谈上门就诊未果的情况下，客务部经理把自己当医生的妹妹请到酒店为病人输液。这类特殊的个性化服务既是对星级酒店的一种考验，也是对酒店品牌的一种锤炼。

服务的主动性。

主动服务与被动服务是衡量一个员工是否把宾客当作自己的朋友（当作上帝过于抽象）的一把尺子。对于主动为宾客提箱子、为宾客点烟、为宾客挂衣服等制度性的主动服务，做起来要容易一些。作为管理者，应当把对员工主动性服务培训的重点放到激活员工在制度规定以外的范围内的主动服务意识上。例如，叫出一位宾客孩子的名字要比记住这位宾客的姓名更亲切；气温骤降，为返店的宾客送一碗姜汤，绝对是一个小惊喜；在宾客眼神中发现需求，效果远比宾客招手示意后的服务要好得多。

服务的快捷性。

服务的速度和效率与宾客满意度是成正比的。在常规服务中，为了用最短的时间为宾客办理入住和退房手续，为了用最短的时间为宾客点菜和上菜，为了用最短的时间为宾客送去所要的东西，酒店应当在改进工作程序、简化操作手续上多一些创新意识，少一些呆板陈规。在特殊情况下，酒店还要冲破常规，急宾客所急，帮宾客所需。有一次，酒店送八位宾客到机场，换牌时发现一人身份证过期，需办理临时身份证才能登机。20 分钟内要填表、要照像、要盖章，等等。对于一个外地人几乎是不可能的事情。我们把客人当朋友，发挥本地人的优势，在最短的时间内带着客人楼上楼下办完了所有手续，当我们浑身是汗地把这一行八人送进安检门时，那位七尺多高的汉子哽咽着说了句："太谢谢您们了！"

服务的细微性。

服务的细微性在于员工对宾客潜在需求的认真观察，并做出积极主动的反应。例如，在电梯、楼梯、厅堂等处搀扶老幼，为喜欢靠在床头看电视的宾客竖放一个枕头，在每个电梯口设置一块天气预报牌，为同档次的婚宴准备 AB 两种味型的菜单等。这些服务在星级评定标准中不一定有，但它却能以小见大，在平凡之中孕育着不平凡。

问题：

（1）好来登酒店为什么要实施"微笑工程"？

（2）微笑在服务型行业的重要作用有哪些？

（3）除微笑服务之外，你觉得在与客户沟通中还应该注意哪些问题？

任务三
组织沟通

学习目标

- 掌握赞美部下的沟通技巧
- 了解批评部下的技巧
- 明确向领导请示汇报的程序与要点
- 理解并学会与各种性格的领导的沟通技巧
- 知晓说服领导的技巧
- 掌握平行沟通的基本技巧和原则
- 掌握平行沟通的禁忌
- 掌握与同事融洽相处的技巧
- 掌握向同事求助的技巧
- 掌握接近语言的使用与接近客户的技巧
- 掌握获取客户好感的六大法则
- 掌握拨打与接听电话的技巧及程序

技能目标

- 能够提高与下属沟通的有效性
- 能够掌握与不同性格上级沟通所用的沟通技巧
- 能够运用平行沟通的基本技巧并克服平行沟通的禁忌
- 能够与同事融洽相处
- 能够恰当地向同事求助
- 能够应对不同行为特点的客户
- 能够灵活地处理和应对客户的异议
- 能够掌握应对特殊事件及电话障碍的技巧

案例导入

2006年网络上盛传的"邮件门"事件，曾一度引起轩然大波，被称为当年人力资源界的三大丑闻事件之一。细看事件根源，都是"沟通不当惹的祸"。

事件回顾：

2006年4月7日晚，EMC大中华区总裁陆某（Loke，Soon Choo）回办公室取东西，到门口才发现自己没有带钥匙。此时，他的秘书瑞贝卡已经下班，陆某没有联系到瑞贝卡。数小时后，陆某还是难抑怒火，在 4 月 8 日凌晨 1 点通过内部电子邮件系统用英文给瑞贝卡发了一封措辞严厉且语气生硬的谴责信。原文如下：

Rebecca,

I just told you not to assume or take things for granted on Tuesday and you locked me out of my office this evening when all my things are still in the office because you assume I have my office key on my person.

With immediate effect, you do not leave the office until you have checked with all the managers you support-this is for the lunch hour as well as at the end of day, OK?

这封信翻译成中文如下。

瑞贝卡：

我星期二曾告诉你，想东西、做事情不要想当然！结果今天晚上你就把我锁在门外，我要取的东西都还在办公室里。问题在于你自以为是地认为我随身带了钥匙。

从现在起，无论是午餐时段还是晚上下班后，你要跟你服务的每名经理都确认无事后才能离开办公室，明白了吗？

英文原信的口气比上述译文要激烈得多。当发送这封邮件时，陆某同时还传给了公司几位高管。

面对总裁的责备，两天后，秘书回了封更加咄咄逼人的邮件。她在邮件中用中文回复。原文如下：

第一，我做这件事完全是正确的，我锁门是从安全角度上考虑的，如果一旦丢了东西，则我无法承担这个责任。

第二，你有钥匙，你自己忘了带，还要说别人不对。造成这件事的主要原因都是你自己，不要把自己的错误转移到别人的身上。

第三，你无权干涉和控制我的私人时间，我一天就八小时工作时间，请你记住中午和晚上下班时间都是我的私人时间。

第四，从到 EMC 的第一天到现在为止，我工作尽职尽责，也加过很多次班，我也没有任何怨言，但是如果你们要求我加班是为了工作以外的事情，我无法做到。

第五，虽然咱们是上下级的关系，也请你注意一下你说话的语气，这是做人最基本的礼貌问题。

第六，我要在这强调一下，我并没有猜想或者假定什么，因为我没有这个时间也没有这个必要。

本来，这封咄咄逼人的回信已经够令人吃惊了，但是瑞贝卡选择了更加过火的做法。她回信的对象选择了 EMC（北京）、EMC（成都）、EMC（广州）、EMC（上海）。这样一来，EMC 中国公司的所有人都收到了这封邮件。

在瑞贝卡回邮件后不久，这封"女秘书 PK 老板"的火暴邮件被数千外企白领接收和转发，几乎每个人都不止一次收到过邮件，很多人还在邮件上留下诸如"真牛"、"解气"、"骂得好"之类的点评。其中，流传最广的版本居然署名达一千多个，而这只是无数转发邮件中的一个而已。

作为"邮件门"的直接后果，瑞贝卡很快辞职，在事件的后续跟踪中，陆某也很快调离原任。

活动1 看《功夫熊猫》学上下级沟通

【活动描述】

观看影片《功夫熊猫》的片段：乌龟真人和浣熊师父的对话，以及浣熊师父和熊猫阿宝的对话。影片中的乌龟真人是浣熊师父的师父，很久以前雪豹太郎的作乱，就是乌龟真人化解的。乌龟真人是和平谷里最有智慧、武功最高的人，也是浣熊师父的精神支柱。

场景一

浣熊师父：乌龟真人，你要见我，是出事了吗？

乌龟真人：难道一定得出事才能见见老朋友吗？

浣熊师父：这么说来没事喽？

乌龟真人：呃，我可没那么说。

浣熊师父：你刚才说……

乌龟真人：我有个预感，太郎会重现江湖。

浣熊师父：不可能，他还在牢里。

乌龟真人：没什么不可能。

浣熊师父：老单（信使），火速赶去乔岗大牢，要他们狱卒加倍，武器加倍，把一切都加倍，绝不能让太郎逃出来。

螳螂：是！师父！

乌龟真人：越想躲，就越躲不掉，此乃命运之安排。

浣熊师父：我们得马上行动，不能让太郎回到和平谷村来报仇，百姓，它会，它会……

乌龟真人：老友，你的心境，好似这潭水，一旦受激，便波澜起伏，混沌不清。但如果你让它平静下来，答案便清晰自现。

浣熊师父：《神龙天书》。

乌龟真人：时候到了。

浣熊师父：但有谁才有资格继承这天下无敌的宝典，成为神龙大侠？

乌龟真人：我也不知道。

场景二

浣熊师父：真人，真人，我……我有个……是个……是个很坏的消息！

乌龟真人：哦，浣熊师父，消息是不分好坏的。

浣熊师父：真人，你的预感成真了，太郎从狱里逃出来了，他正朝这儿来。

乌龟真人：这的确是个坏消息……如果你不相信神龙大侠能阻止它的话。

浣熊师父：熊猫，真人，那只熊猫不是神龙大侠，他根本不该在这儿，不过是巧合罢了！

乌龟真人：世上无巧合！

浣熊师父：我知道你说过，两遍，三遍……

乌龟真人：我的老友，除非你放弃"以为自己能操纵命运"的假象，否则那熊猫永远无法完成自己的使命，也无法完成你的使命。像这棵树，我不能要它开花，也不能让它非时节时结果。

浣熊师父：但有些事我们还是可以操控的！我可以随时让果子掉下来，也可以决定何时播种，这不是什么巧合，真人。

乌龟真人：啊，的确，但无论你怎么做，这种子都会长成一颗桃树，你可以寄望结出苹果或橘子，但终究只能得到桃子。

浣熊师父：但是桃子却打不败太郎。

乌龟真人：也许能哦，只要悉心指引、培育、相信它，不，你只需要真心去相信，答应我，你会去相信。

浣熊师父：我……会……去试试。

乌龟真人：很好，我的时辰到了，剩下的路我不能陪你走了。

浣熊师父：什么，什么？等等！真人，你不能离我而去。

乌龟真人：你必须去相信……

场景三

浣熊师父：你就是传说中的神龙大侠啦？

熊猫：大概是吧。

浣熊师父：错，你不是。至少你没有学会神龙天书的密功前，也不可能是！

熊猫：那现在要怎么办？你有梯子吗？还是蹦床？

浣熊师父：哼！你以为我这么简单就把至上的武功秘籍传给你？

熊猫：当然不！我……

浣熊师父：传人首先得有极高的武功造诣，不可能是像你这样的人！

熊猫：像我这样？

浣熊师父：没错，瞧瞧你，肥臀，赘肉……

熊猫：小心，那里是我的麻筋！

浣熊师父：还有这大得不得了的肚子。更要命的是，个人卫生。

熊猫：喂，这也太损了吧。

浣熊师父：别靠这么近，我能闻到你的口臭。

熊猫：乌龟真人说过……无须拈！千万别拈我！

浣熊师父：看来你听说过这招。

熊猫：周朝的"无须"道长发明的，当然听过。

浣熊师父：那你一定知道，当我小指一弯会发生什么事。

场景四

浣熊师父：很好，哼哼，我等不及要教你功夫了。我们开始吧。

熊猫：等等，什么？现在？

浣熊师父：没错，就现在。除非你觉得真人选错了，你不是神龙大侠。

熊猫：哦，好吧。但我不确定这里所有的练套是否都适合我。

浣熊师父：不试试怎知？

熊猫：呃，当然，有更适合我级别的吗？

浣熊师父：是什么级别？

熊猫：呃，这个嘛，我不是大师级，能从初级来吗？

浣熊师父：呃，没有初级这种东西。

熊猫：嘿，我或许……嗯……能够从那个练起。

浣熊师父：那个？那个是给小孩练的。天热时也可以用来抵开门缝。但如果你坚持……

熊猫：哦，忠义五侠！你们比玩偶大多了！只有螳螂你还是一样大。

浣熊师父：来吧，熊猫，让我们见识一下你的本领。

熊猫：它们要在这儿看，还是等它们各自回去练功后再开始？

浣熊师父：出招吧！

熊猫：好！不过我刚吃饱，还没消化完，所以功力可能会打折扣！

浣熊师父：还不快出招！

熊猫：好吧，放马过来，我看你什么本事都没哟，哪像我一肚的功夫，你找我拜把子的麻烦？要你好看。看我的无影脚，没辙了吧？来吧，看不清我的脚步吧？没见识过熊猫拳吧？你大概只看过螳螂拳，……

浣熊师父：还不出手，打啊！

问题：

1. 乌龟真人为什么是个出色的领导？

2. 影片开始时浣熊师父与熊猫阿宝之间沟通的主要问题是什么？

【活动分析】

1. 乌龟真人为什么是个出色的领导？

（1）作为浣熊师父的师父，乌龟真人与浣熊间的沟通是平等的，像老朋友一样；

（2）乌龟真人在选拔人才方面具有真知灼见；

（3）乌龟真人强调对下级员工需要培养和信任，信任是成就好员工的最根本的条件；

（4）"只要你悉心指引、培养、相信它"，在整个沟通过程中，丝毫没有强迫浣熊师父去接纳它选择的熊猫阿宝来作为接班人，而是耐心地与浣熊师父进行沟通，指点它要对熊猫有信心，要培养，要用人不疑。

（5）"消息不分好坏"，作为领导，能够客观并且乐观对待正在发生和将要发生的一切，心态平和，客观对待外部信息。

2. 影片开始时浣熊师父与熊猫阿宝之间沟通的主要问题是什么？

（1）"你以为我这么简单就把至上的武功秘籍传给你？""传人首先得有极高的武功造诣，不可能是像你这样的人！"这是两句非常有打击力的话，对熊猫阿宝产生严重的打击和阻碍，伤害了下级的自尊及自信心；

（2）给熊猫阿宝安排它即使努力也做不到的事情，打击了它的自信；

（3）当熊猫阿宝不再相信自己可以改变，已经放弃时，浣熊师父的沟通无力，无法让阿宝相信。因为这样的沟通无法真正在双方之间建立信任关系，领导自身都不相信，又何以取信于下属？

【活动总结】

1. 良好的沟通可以培养优秀的员工；

2. 跟下级管理者沟通时，不能以权压人，强行让下级官员接受自己的想法和安排，要有理有据，力度恰当，让下属接受得心服口服；

3. 培养下属时要做到悉心指引、培育、相信他；

4. 对下级员工的指导要有针对性，给员工设计有效的激励手段，给员工设立一个通过努力可以实现的目标。

技能点 1　上下级沟通技巧

说到沟通，相信所有的人都再熟悉不过。在工作中，沟通是必不可少的，经常听到公司的领导强调沟通，上下级沟通，同事间沟通。的确，沟通可以大大提升工作效率，但真正能提升企业工作效率的沟通又有多少呢？在高高举起的沟通大旗下有多少企业能真正促进企业沟通呢？

沟通涉及的面很广泛，常用的是上下级沟通。上下级沟通是企业沟通中最重要的沟通，这也是企业沟通中最主要、最能有效提升工作效率，但同时也是最容易产生无效沟通的环节。为什么上下级沟通是企业沟通中最难的环节？

沟通的身份不对等，上级很容易产生"胜者王侯败者寇"的心态，对下属的意见不屑一顾，产生膨胀心理甚至自恋心态，只以身份地位论事。当需要召开会议讨论一件事情时，组织者或上级的耳朵会选择性地听取意见，在他们认为可能有高见的人员中聆听，而其他意见根本没有听到，所以很多真知灼见他们没有选择，并不是经过权衡认为有瑕疵，而是根本没有接收到信息，当然，是主观上不愿意接受信息。长此以往，会让积极发言的人员失去思考的积极性，在会议上出现静默现象。

沟通很容易走过场，成为上级的秀场，成为投机员工的加薪升职平台。

例如，某上级领导召开会议，论论一项议题，其实，上级领导心中，早已有自己的观点，而且认为是绝对正确的，根本没有怀着虚心的态度来准备接受其他人的建议，所谓讨论，不过是走过场而已。就客观情况来说，没有哪一个人的观点或工作成果无懈可击，就像在奥运会上一样，没有哪一个人敢说他是最强，更快、更高、更强才是人间正道。但很多上级领导都充满膨胀心态，根本容不下不同观点、不同意见。最好的办法就是和上级领导保持意见高度一致，大加赞扬。结果上级领导龙颜大悦，因为保持一致证明领导很有才能，于是乎，升职加薪水到渠成，沟通就这样被利用了。

一、赞美部下的技巧

一个人具有某些长处或取得了某些成就时，还需要得到社会的承认。如果你能以诚挚的敬意和真心实意的赞扬满足一个人的自我，那么任何一个人都可能会变得更愉快、更通情达理、更乐于协作。因此，作为领导者，你应该努力去发现你能对部下加以赞扬的小事，寻找他们的优点，形成一种赞美的习惯。

【小看板】

请看下面两个有趣的实验。

实验 1

日本科学家做了一个实验，在两个相同鱼缸里放了相同的水和两条相同的鱼，一边是不断地施以赞美和舒缓的音乐，一边是咒骂和嘈杂的音乐。结果发现，赞美的那边，仪器上显示波纹是舒缓的，水也很清澈；而另一边，波纹很乱，水也变得浑浊。

实验 2

日本有个专家做了一个试验，试验结果证明：人们对水的结晶体用不同方言说"谢谢"、"你很可爱"之类的赞美语时，它会在显微镜下呈现一种像冰花一样的漂亮的形态；而当用不同方言对它说"王八蛋"之类的骂人语时，它则会呈现一塌糊涂的形态，这说明水会随着人的心情和情绪的变化而变化。

可见，赞美不仅对人类有巨大的影响，对自然界中的动植物同样也有着巨大的影响力。

赞扬部下是对部下的行为、举止及进行的工作给予正面的评价，赞扬是发自内心的肯定与欣赏。赞扬的目的是传达一种肯定的信息，激励部下。部下有了激励会更有自信，想要做得更好。

赞美部下作为一种沟通技巧，也不是随意说几句恭维话就可以奏效的。事实上赞扬部下也有一些技巧及注意点。

1. 赞扬的态度要真诚

赞美部下必须真诚。每个人都珍视真心诚意，它是人际沟通中最重要的尺度。英国专门研究社会关系的卡斯利博士曾说过："大多数人选择朋友都是以对方是否出于真诚而决定的"。如果你在与下属交往时不是真心诚意的，那么要与他（或她）建立良好的人际关系是不可能的。所以在赞美下属时，你必须确认你赞美的人的确有此优点，并且要有充分的理由去赞美他（或她）。

2. 赞扬的内容要具体

赞扬要依据具体的事实评价，除了广泛的用语如"你很棒！""你表现得很好！""你不错！"最好加上具体事实的评价。例如，"你的调查报告中关于技术服务人员提升服务品质的建议，是一个能针对目前问题解决的好方法，谢谢你提出对公司这么有用的办法。""你处理这次客户投诉的态度非常好，自始至终婉转、诚恳，并针对问题解决，你的做法正是我们期望员工能做的标准典范。"

3. 注意赞美的场合

在众人面前赞扬部下，对被赞扬的员工而言，受到的鼓励是最大的，这是一个赞扬部下的好方式；但是你采用这种方式时要特别慎重，因为被赞扬的表现若不能得到大家客观的认同，其他部下难免会有不满的情绪。因此，公开赞扬的最好是能被大家认同及公正评价的事项。例如，业务竞赛的前三名、获得社会大众认同的义举、对公司产生重大的贡献、在公司服务 25 年的资深员工等，这些值得公开赞扬的行为都是公平、公开竞争下产生的，或是已被社会大众或公司全体员工认同的。

4. 适当运用间接赞美的技巧

所谓间接赞美就是借第三者的话来赞美对方,这样比直接赞美对方的效果往往要好。比如你见到你下属的业务员,对他说:"前两天我和刘总经理谈起你,他很欣赏你接待客户的方法,你对客户的热心与细致值得大家学习。好好努力,别辜负他对你的期望。"无论事实是否真的如此,他对你的感激肯定会超乎你的想象。

间接赞美的另一种方式就是在当事人不在场的时候赞美,这种方式有时比当面赞美所起的作用更大。一般来说,背后的赞美都能传达到本人,这除了能起到赞美的激励作用外,更能让被赞美者感到你对他的赞美是诚挚的,因而更能加强赞美的效果。所以,作为一名项目主管,你不要吝惜对部下的赞美,尤其是在面对你的领导或者他的同事时,恰如其分地夸奖你的部下,他一旦间接地知道了你的赞美,就会对你心存感激,在感情上也会与你更进一步,你们的沟通也就会更有成效。

总之,赞美是人们的一种心理需要,是对他人敬重的一种表现。恰当地赞美别人,会给人以舒适感,同时也会改善与下属的人际关系。所以,在沟通中,我们必须掌握赞美他人的技巧。

二、批评部下的技巧

俗话说:良药苦口,忠言逆耳。有人认为,批评就是"得罪人"的事。所以有些主管从不当面指责部下,因为他们不知道如何处理指责部下后彼此的人际关系,因而造成部下的不当行为一直无法得到纠正。有些主管指责部下后,不但没有达到改善部下行为的目的,反而使部下产生更多的不平和不满。事实上,之所以会产生这样的后果,恐怕还在于我们在批评他人的时候缺乏技巧的缘故。医药发展至今,许多良药已经包上了糖衣,早已不苦口了;那么我们为什么不能研究一下批评他人的技巧,变成忠言不逆耳?"指责部下"是教育部下的一种方法。因此,管理者指责部下时,要讲究一些技巧,下列是一些指责部下的技巧与注意点。

1. 以真诚的赞美做开头

俗话说:尺有所短,寸有所长。一个人犯了错误,并不等于他一无是处,所以在批评部下时,如果只提他的短处而不提他的长处,他就会感到心理上的不平衡,感到委屈。比如一名员工平时工作颇有成效,偶尔出了一次质量事故,如果批评他的时候只指责他导致的事故,而不肯定他以前的成绩,他就会感到以前"白干了",从而产生抗拒心理。另外,据心理学研究表明,被批评的人最主要的障碍就是担心批评会伤害自己的面子,损害自己的利益,所以在批评前帮他打消这个顾虑,甚至让他觉得你认为他是"功大于过",那么他就会主动放弃心理上的抵抗,对你的批评也就更容易接受。

2. 要尊重客观事实

批评他人通常是比较严肃的事情,所以在批评的时候一定要客观具体,应该就事论事,要记住,我们批评他人,并不是批评对方本人,而是批评他的错误的行为,千万不要把对部下错误行为的批评扩大到了对部下本人的批评上。比如说,你作为一名编辑去校对清样,结果发现版面上有一个标题字错了而校对人员却没有发现,这时你应该对他进行批评,你可以说:"这个字你没有校出来。"你也可以说:"你对工作太不负责任了,这么大的错误都没有校正出来。"很显然,后者是难以被对方接受的,因为你的话语让他很难堪,也许他只是一次无意的过失,你却上升到了责任心的高度去批评他,很可能把他推到你的对立面去,使你们的关系恶化，也很可能导致他在今后的工作中出更多的纰漏。

3．指责时不要伤害部下的自尊与自信

不同的人由于经历、知识、性格等自身素质的不同，接受批评的能力和方式也会有很大的区别。在沟通中，我们应该根据不同的人采取不同的批评技巧。但是这些技巧有一个核心，就是不损对方的面子，不伤对方的自尊。指责是为了让部下更好，若伤害了部下的自尊与自信，部下很难变得更好，因此指责时要运用一些技巧。例如，"我以前也会犯下这种过错……"、"每个人都有低潮的时候，重要的是如何缩短低潮的时间"、"像你这么聪明的人，我实在无法同意你再犯一次同样的错误"、"你以往的表现都优于一般人，希望你不要再犯这样的错误"等。

4．友好的结束批评

正面地批评部下时，对方或多或少会感到有一定的压力。如果一次批评弄得不欢而散，则对方一定会增加精神负担，产生消极情绪，甚至对抗情绪，这会为以后的沟通带来障碍。所以，每次的批评都应尽量在友好的气氛中结束，这样才能彻底解决问题。在会见结束时，你不应该以"今后不许再犯"这样的话作为警告，而应该对对方表示鼓励，提出充满感情的希望，比如说"我想你会做得更好"或者"我相信你"，并报以微笑。让部下把这次见面当成是你对他的鼓励而不是一次意外的打击，这样会帮他打消顾虑，增强改正错误、做好工作的信心。

5．选择适当的场所

不要当着众人面指责，指责时最好选在单独的场合。你的独立的办公室、安静的会议室、午餐后的休息室，或者楼下的咖啡厅都是不错的选择。

每个人都会犯错，你要有宽广的胸襟包容部下的过失，本着爱护部下的心态，同时注意上面的几个要点。当部下需要指责时，不要犹豫，果敢地去做。正确、适时的指责，对部下、对部门都具有正面的功效。

【小链接】

《杜拉拉升职记》中的上下级沟通

拉拉（中层经理）指派海伦（下属员工）取得上海区行政报告（玫瑰曾负责的区域）的格式，经研究确认大致适合广州区使用后，她就直接采用上海区的格式取代了广州区原先的报告格式。

这一举措果然讨得玫瑰（上级领导）的欢心，由于拉拉使用了她惯用的格式，使她在查阅数据的时候，方便了很多，也让她获得被追随的满足感。

对拉拉来说，玫瑰自然不会挑剔一套她本人推崇的格式，因此拉拉也就规避了因报告格式不合玫瑰心意而挨骂的风险。

拉拉一眼瞧出海伦腹诽自己，于是把海伦叫到自己的座位边，问她："如果你是玫瑰，你是愿意几个办事处每个月的报告各有各的格式，还是希望大家用统一的格式呢？"

海伦不假思索地说："那当然是统一的格式方便啦。"

拉拉说："既然得统一，你是喜欢用你自己用熟了的格式呢，还是更愿意用你不熟悉的格式呢？"

海伦说："肯定选自己用熟的格式啦。"

拉拉继续说道："那不结了，玫瑰也会喜欢用自己熟悉的格式嘛。"

海伦无话可说了，憋了半天又不服气道："我们原来的格式没有什么不好。现在这一换，要花好多时间去熟悉表格。"

拉拉憋住笑，摆出循循善诱、诲人不倦的架势说："那你就多努力，早日获得提升，当你更重要时，你的下级就会以你为主，和你建立一致性啦。谁叫现在经理是玫瑰不是你呢？"

三、向领导汇报的技巧

向领导汇报工作是职业人履行好职责的基本功。实践证明，一个成功的职业人必然是一个善于汇报工作的人，因为在汇报工作的过程中，能得到领导及时指导，并能够与领导建立起牢固的信任关系。只要掌握汇报工作的技巧和要求，就能及时让领导全面了解你的工作开展情况，也能充分展示你的聪明才干。

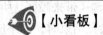【小看板】

割草男孩的故事

一个替人割草打工的男孩打电话给一位陈太太说："您需不需要割草？"陈太太回答说："不需要了，我已有了割草工。"

男孩又说："我会帮您拔掉花丛中的杂草。"

陈太太回答："我的割草工也做了。"

男孩又说："我会帮您把草与走道的四周割齐。"

陈太太说："我请的那人也已做了，谢谢你，我不需要新的割草工人。"男孩便挂了电话，此时男孩的室友问他说："你不是就在陈太太那割草打工吗？为什么还要打这电话？"男孩说："我只是想知道我做得有多好！"

启示：

只有勤与老板或上司沟通，你才有可能知道自己的长处与短处，才能够了解自己的处境，才能改进自己的工作，获得更好的工作效率。

1. 反映情况全面、客观、准确是向领导汇报工作的基本要求

领导只有全面了解工作开展情况，才能在此基础上做出准确判断，形成合理的决策意见。所以向领导汇报工作时，反映情况要尽可能充分翔实。首先是要全面，即要从宏观上汇报推进工作的基础做法、重要进展、存在的问题以及发展趋势，又要从微观上汇报工作开展中一些对整体效果有影响的细节，使领导不但能从总体上把握工作情况，又能从局部上把握工作推进中每一个重要环节的情况。其次是要客观。既要报喜——详细汇报工作所取得的成就和效果，又要报忧——客观汇报工作推进中存在的问题以及主客观原因，特别是对工作中的人为失误要分清责任，力求具体。再次是要准确。汇报工作用事实来说话，用数据来证明，切忌大而化之、模棱两可，说一些如"可能是"、"应该会"、"大概吧"等来描述或推测的话，否则就会误导领导，也给领导留下工作不踏实、作风不严谨的印象。

2. 提出解决问题的方案是向领导汇报工作的核心内容

汇报工作的实质就是要通过对一系列材料进行更清晰、更系统全面地说明和分析，从而让上级领导了解事情的来龙去脉，而且要能够从事实背后找出本质问题，上升到理论高度，得出规律性的结论，形成科学的决策意见，供领导选择。因此，在向领导汇报工作时要准确

多套方案，并将其利弊了然于胸，必要时向领导阐述明白，并提出自己的主张，然后争取领导理解和支持。对领导不太熟悉的领域中需要决断的事项，要尽量把问题的全过程、自己的倾向性意见及理由说清楚。在自己的意见与领导意见发生分歧时，如果没有原则问题，则应主动修改自己的意见，积极向领导的意见靠拢；如果确有原则问题，而且是领导错了，也应该讲究方法，运用自己的才能和智慧，尽自己最大努力协助纠正，尽量减小损失。

3. 因人而异是向领导汇报工作的关键所在

每一个领导都在长期的工作实践中，形成了自己的工作特点。了解领导的个性和特点，汇报工作时因人而异，既有利于争取领导对自己的理解和支持，也有利于与领导建立和谐关系。例如，有的上级领导性格内向，做事沉稳，是"慢性子"，向这样的领导汇报工作，就要有条理有顺序地展开，力求使他对你的工作有一个全面的了解；有的上级性格内向，做事干净利落，是"急性子"，向这样的领导汇报工作，就要选择要点，简明扼要，少说过程，让他一下子抓住问题要害，然后再全面展开。如果弄颠倒了，领导就容易对你不耐烦，听不进你的汇报。

4. 选择时机是向领导汇报工作的必要条件

汇报工作要根据领导工作情况事先约定，按约定好的时间到达。过早到达，会使领导因准备未毕而"尴尬"；迟迟不到，又会让领导等候过久而失礼。到达领导的办公室后，应轻轻敲门，待听到领导招呼后再进门。汇报工作时要注意自己的举止，做到站有站相，坐有坐相，文雅大方，彬彬有礼，还要控制时间。一般情况下，在听取汇报时，领导总是想先了解事情的结果，所以在汇报工作时要先说结果，再谈过程和程序。这样，汇报工作时就可以简明扼要，有效节省时间。切忌在路上、饭桌、家中汇报工作，更不能在公共场合与领导耳语汇报工作。

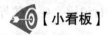【小看板】

麦肯锡电梯 30 秒理论

"麦肯锡 30 秒电梯理论"来源于麦肯锡公司一次沉痛的教训。

麦肯锡公司曾经得到过一次沉痛的教训：该公司曾经为一家重要的大客户做咨询。咨询结束的时候，麦肯锡的项目负责人在电梯间里遇见了对方的董事长，该董事长问麦肯锡的项目负责人："你能不能说一下现在的结果呢？"由于该项目负责人没有准备，而且即使有准备，也无法在电梯从 30 层到 1 层的 300 秒钟内把结果说清楚。最终，麦肯锡失去了这一重要客户。

从此，麦肯锡要求公司员工凡事要在最短的时间内把结果表达清楚，凡事要直奔主题、直奔结果。麦肯锡认为，一般情况下人们最多记得住一二三，记不住四五六，所以凡事要归纳在 3 条以内。这就是如今在商界流传甚广的"30 秒钟电梯理论"或称"电梯演讲"。

四、说服领导的技巧

所谓说服，即用理由充分的话使对方心服。领导工作，主要是做人的工作，是做调动人的积极性、主动性、创造性的工作，是做协调人际关系与群体关系的工作。从这个意义上说，领导工作始终贯穿着说服。随机制宜地运用领导说服方法，掌握领导说服技巧，对于提高领导效能具有重要意义。

【小看板】

说服上司时你要。

1. 能够自始至终保持自信的笑容，并且音量适中；
2. 善于选择上司心情愉悦、精力充沛时的谈话时机；
3. 已经准备好了详细的资料和数据以佐证你的方案；
4. 对上司将会提出的问题胸有成竹；
5. 语言要简明扼要，重点突出；
6. 和上司交谈时亲切友善，能充分尊重上司的权威。

1. 事实充分交流法使你言重如山

"百闻不如一见"，事实胜于雄辩。领导者在说服中，要善于运用事实充分交流法。事实充分交流法是领导者以充分的事实为说服的依据，开诚布公地与对方进行交流的一种领导说服方法。这种说服方法根本的一点就是唯实、唯事，尊重客观事实，用事实说话。运用事实交流法进行说服最能打动人心，最能使人信服。从心理学的角度来看，人们的心理趋向是求真、求实，只有真的东西，才是可信赖的。几年前在南京报纸上刊载了一篇骇人新闻《一台沙松冰箱爆炸》，并配以现场照片。这一突发的意外事件，对沙松冰箱厂来说无疑是一个沉重打击，若处理不好会严重地影响企业的形象和产品的信誉。沙松冰箱厂领导在处理这一事件时，不是靠单纯的辩解，而是针对社会公众急于了解事实真象的心理，采用事实充分交流法，用事实"说话"，即：电冰箱门炸破了而冰箱仍在制冷，是用户将乙烷气瓶放入冰箱而引起爆炸，从而赢得了广大用户的信赖，使企业摆脱了窘境。

领导运用事实充分交流法进行说服，可以打破僵局，增进了解，使说服更加有力。因为事实本身可以使领导者言重如山，取信于公众。采用事实充分交流法进行说服，要求领导者在说服前准确地把握事实，说服中巧妙地运用事实。

2. 角色置换法使你明察秋毫

在领导说服中，运用角色置换法进行说服，是一种常用的有效方法。角色置换法是领导者首先要从社会公众利益出发，站在说服对象的位置上，来看待所涉及的问题和事物，再来进行说服。领导者由于特定的角色身份，与说服对象存在着一定的角色差异，因而不可避免地对一些问题的认识存在着差异和分歧。为此，领导者在说服中进行必要的角色换位，即领导者站在说服对象的角度来观察、思考和分析问题。在说服活动中，当对方说出某一件令你几乎难以接受的观点和要求时，或做出一个你似乎难于理解的举动时，你首先不要指责或埋怨对方，而要问一问自己，对方为什么会提出这种观点和要求？为什么要有这种举动？假如我是他（他们）又会怎样做？领导者只有设身处地与对方站在同一立场上来观察、思考和分析问题，才能与对象在情感上达到相融，在认识上取得一致，从而使说服顺利进行，并能取得比较满意的说服效果。

采用角色置换法进行说服，首先要求领导者要准确地把握说服对象的角色地位及角色特征。其次要清楚说服对象的意图，设身处地站在对方的立场上考虑问题。再次是角色置换恰当，要真诚、谦恭，不要显示自己比对方高明。只有做到这样，才能消除对方的抵触情绪，赢得信任和理解，心悦诚服地接受正确意见。

3. 角色正名法使你言顺意达

领导角色，是指领导者在特定的社会组织中的身份、地位以及由此而决定的言行模式。角色正名法是领导者在说服活动中，以确切的身份进入特定的角色行为模式与对方进行交流。正如俗话说："名不正，则言不顺，言不顺，则意不达"。领导者需运用角色正名法来促使说服顺利进行。领导者的角色模式主要是社会组织的代言人、协调者、决策人、管理者及统帅者等。领导者的这种多维角色是与领导者在社会组织中的职能作用相联系的，这种职能作用要求领导者在说服中，必须使自己的言行符合其行为规范。在领导说服活动中，当一个领导者以一定的角色与对方进行交流时，说服对象就对你所扮演的角色产生一种期望。在说服中，如果你不能以确定的角色与对方进行交谈，那么你的说服就会苍白无力；如果你的言行不能满足对方对你的角色期望，那么你的说服就会苍白无力；如果你的言行不能满足对方对你的角色期望，那么你的说服就不能为对方所接受。因此，领导者必须清晰自己扮演的角色。

4. 借力说服法使你事半功倍

在领导说服中，自己的力量往往单薄，如果巧妙地利用外力即借力说服法，则达到事半功倍效果。借力说服法是指领导者进行说服活动时，为使说服更加有效有力，而借助于外界的力量，来造成一种说服声势或压力，以增强说服力。运用借力说服的方法来进行说服，可以强化说服的力度，起到顺风托势、借势用力的效果。

在说服中，要使对方能被顺利说服，仅靠平平淡淡的语言是不够的，只有借助于一定的典型事例，借助于名人的威望，借助于科学的知识，借助于社会的舆论，借助于对方自身的心理、情感和利益的需求等多种力量，才能增添说服色彩，增强说服气势和效力。几年前上海某报刊出一条新闻："正广和"汽水瓶中，竟有一只死老鼠。这新闻犹如一声炸雷，使"正广和"陷入空前危机中。厂领导非常重视，仔细分析、检查问题出在哪儿。结论是老鼠根本不可能在生产过程中进入汽水瓶。面对这一情况，厂领导认为直接由厂方出面解释可能效果不好，而应该抓住这一新闻事件，吸引新闻媒介了解并报道产品工艺过程，进而变坏事为好事。通过参观、了解，事实令记者们信服，老鼠不可能在生产过程中钻入瓶子，只能是在顾客打开瓶盖后钻入的。各新闻媒介大幅面醒目地报道了记者们的所见所闻，不仅消除了顾客的疑虑，还令人信服地宣传了产品的优良品质，扩大了影响。

五、上下级有效沟通的技巧

1. 上下级沟通中应具备的心态

（1）合作的态度。上下级应该把彼此理解为非管理与被管理关系，相互间是合作的关系，通过合作关系的确立，改写公司的工作氛围。

（2）服务的态度。上下级之间应该互相把对方当成自己的内部客户，只有让内部客户满意才可以更好地服务外部客户。

（3）赏识的态度。上下级应该学会欣赏彼此，而非一味地指责与抱怨。当一个人被赏识的时候，他可以受到极大激励。

（4）分享的态度。分享是最好的学习态度，也是最好的企业文化氛围。上下级在工作当中不断地分享知识、分享经验、分享目标、分享一切值得分享的东西。

2. 如何才能有效地进行上下级沟通

（1）上级要抱着虚心的精神，不要妄自尊大。

孔夫子这样的圣人都说了："三人行必有我师。"就沟通的某个议题来看，从不同的角度看，不同的人的观点必然有值得肯定的地方，不要有膨胀心理，应该认真倾听别人观点，营造良好的的沟通环境，不要拒人于千里之外，更不可藐视任何人。

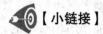【小链接】

可怜的巴顿将军

巴顿将军为了显示他对部下生活的关心，搞了一次参观士兵食堂的突然袭击。在食堂里他看见两个士兵站在一个大汤锅前。

"让我尝尝这汤！"巴顿将军向士兵命令道。

"可是，将军……"士兵正准备解释。

"没什么'可是'，给我勺子！"巴顿将军拿过勺子喝了一大口，怒斥道："太不像话了，怎么能给战士喝这个？这简直就是刷锅水！"

"我正想告诉您这是刷锅水，没想到您已经尝出来了。"士兵答道。

巴顿将军在与士兵的交谈过程中，没有完整、准确地理解士兵的意图，没有倾听出士兵的真正意思，才做出了这样愚蠢的事。

（2）上级领导要有大度的心态，更要有辨别是非的能力。

很多上级领导抱怨员工不与之沟通，试想，当员工满怀信心和激情与你沟通事情时，你却感觉很烦；对你的成绩提出意见或建议，脸上挂不住，还挟私报复，这样员工还怎么愿意与你沟通呢？宰相肚里能撑船，越是谦虚的领导越是水平高的领导，上级领导并不会因为谦虚而失去威信，所以大可不必演一出《皇帝的新装》。

（3）加强和下属的感情交流。

用一些小技巧，比如亲笔写一封感谢便条，让上级给他打个电话，请员工喝茶、吃饭，有小的进步立即表扬，或者进行家访，对员工的生活和家庭表现出一定的兴趣，经常走走，打打招呼，有时候送些神秘的小礼物。通过这些小技巧，能够加强和下属的感情。上级同下级交谈时，不妨先与下级拉几句家常，以消除下级的拘束感。在谈话时，领导者不宜断然做出否定性的表态："你们这是怎么搞的？""有你们这样做工作的吗？"在发表评论时，要注意掌握分寸，因为点个头、摇个头都可能会被人看做是上级的"指示"而贯彻下去。所以，轻率的表态或过于绝对的评价都容易产生失误。例如，一位下级汇报某项改革试验的情况，作为上级领导，只宜提一些原则性的意见或建议，或做一些一般性的鼓励："这种改革试验很好，可以多请一些人发表意见。""你们将来有了结果，希望及时告诉我们。"这种评论不涉及具体问题，留有余地。如上级认为下级的汇报中有什么不妥，表达更要谨慎，尽可能采用劝告或建议性的措辞："对这个问题有人会不会有别的看法？比如……""这是我个人的意见，你们可以参考。""建议你们看看最近的一份材料，看看会不会有什么启发。"这些话，会起到一种启发作用，但主动权仍在下级手中，下级比较容易接受。

总之，沟通就是交流，有收获的交流必然是碰撞出来的，而不是附和和赞美出来的，没有思想碰撞的交流是失败的沟通，某名人说过：没有反对意见时从不做决定；毛主席也曾说过"真理不辨不明"，所以沟通过程中，不要害怕有不同观点存在，要提倡质疑，如此才能促进企业发展。

【技能训练】

训练目的：

1. 体验如何向上级请示、汇报工作。

2. 体会与上级沟通时的方式。

过程：

1. 参与者自由组合，4 人一组。

2. 给出两个题目："下级向上级汇报工作"、"接受上级任务指令"，要求每组由 2 人扮演上级，2 人扮演下级，依次进行 2 个题目。

3. 游戏结束后，小组成员讨论刚才 2 个下级扮演者在向上级请示、汇报工作时，哪个学员的沟通方式较好，好在哪里，同时找出存在的问题。

4. 讨论结束后，角色互换（刚才扮演下级的小组成员扮演上级），重复上面的游戏程序。

5. 小组内部讨论，并选 1 位代表总结心得。

问题讨论：

1. 与上级沟通哪种方式最有效？

2. 与上级沟通需要注意哪些问题？

3. 如何提高与上级沟通的能力？

活动 2   看《亮剑》学平行沟通

案例导入

金小姐在职场上已经打拼了好些年了，各种各样的人和事遇到过不少，但她总是很容易得罪人。她心里总搁不住事，有什么就说什么，从来不会隐瞒自己的观点。

有的同事把茶水倒在纸篓里，弄得一地都是水，她会叫他不要那样做；有的同事在办公室里抽烟，她会请他出去抽；有的同事没完没了地打电话，她就告诉他不要随便浪费公司的资源……她这样做是好心，因为上述情况如果让经理看见了，那么这些同事免不了会受到批评。

可是，好心没好报，她这样做的结果是把同事们都得罪了。每个人都对她有一大堆意见，甚至大伙一起去郊外玩也故意不叫上她。有一次她实在气不过，就向经理反映，没想到经理也不怎么支持她，反倒使她在公司里更加被动。她很想不通：明明我是实话实说，为什么结局是这样呢？

【活动描述】

观看电视剧《亮剑》的片段：李云龙与赵刚刚柔相济的"将相和"，以及"借俘虏"的对话。

骁勇善战的李云龙与稳重儒雅的赵刚堪称是工作上的黄金搭档，但是他们之间的合作也是经过不断磨合，从摩擦不断的一般同事最终发展成为生死之交。

场景一

李云龙和赵刚的对话。

赵刚："老李，前两天政治部的同志来看我，也和我谈起了这次战斗的起因和经过，我想了很久。我在想，如果当时我在，我会不会阻止你的行动？"

李云龙："你肯定会。当时那种情况你要不制止，你就不是赵刚了。"

赵刚："你这话说到点子上了，凭我的性格，我肯定会制止你。可是话又说回来了，如果我制止了你，那也没有后来的大胜仗了，这里面有些值得思考的东西。你知道，我的性格是谨慎有余，魄力不足。这种性格是有缺陷的，虽说不会惹出大祸，却也不能成事。"

李云龙："老赵，要是把咱俩的性格均匀一下，那就能干成大事。"

赵刚："可惜，这是不可能的。性格这东西很怪，你可以有意识地去调整它，却无法根本改变它。我在反思我自己，我常常提出这样的设想，如果我是独立团的团长，我很有可能把独立团带成一个遵守纪律的模范团。这样的团队绝对不会干出圈的事，会坚决地执行上级的命令，这都没有问题。可遗憾的是，这样的团队未必是一支强悍的团队，一支嗷嗷叫的团队，一支拖不垮打不烂的部队。"

李云龙："那倒是，乖孩子往往没出息，淘气的孩子也许能干大事。"

赵刚："嗯，这才是问题的关键。我们现在正进行一场战争，战争有自己的法则。我们的第一目标是要打败敌人，而打败敌人靠的是勇猛顽强的军队。没有这样的军队，民族的独立、国家主权那都是空话。你无法想象，一个由乖孩子组成的团队，能和像狼一样凶狠的对手过招。"

李云龙："老赵啊，你是说这次打县城，咱独立团打对了？"

赵刚："对，打得好，打出了咱独立团的威风。就为了这个，处分、撤职都值。我想我要是在的话会和你一块干的。"

李云龙："哎呀老赵，和你搭档真对脾气。你是我这辈子见到的最好的政委。"

赵刚："说实在的，老李，我该向你学习，培养自己能干大事的性格。我发现了，一支部队也是有气质有性格的，而这种气质和性格是与首任的军事主管有关。他的性格强悍，这支部队就强悍，就嗷嗷叫，这支部队就有了灵魂。从此以后，这支部队不管换了多少茬人，它的灵魂仍在。"

李云龙："有道理。兵熊熊一个，将熊熊一窝。要说魂，只要我在，独立团的兵就嗷嗷叫，遇到敌人就敢拼命。要是哪一天我牺牲了，独立团的兵照样嗷嗷叫。我就不相信，他们从此就变成了棉花包。为什么呢，因为我的魂还在。"

赵刚："是啊！山本一木，他不懂这个道理。他以为凭他几十号特种兵就能打垮独立团，他以为端掉独立团团部，这独立团就不存在了。可事实上，他还没来得及逃回太原，就被独立团追上被干掉了。你李云龙是有仇就报的性格，那独立团当然也是如此。'君子报仇，十年不晚。'这句话不适合独立团。独立团是有仇就报，马上就报。你给我一刀，我反手就是一剑。公平合理，绝不欠债。"

李云龙："还是那句话，一个剑客高手和咱对阵。就是明知是个死，也要亮剑。倒在对手的剑下不丢脸。要是不敢亮剑，那才叫丢脸。"

赵刚："亮剑！亮出的是气势，是胆略，是男子汉的精神！"

李云龙："说得好，老赵。我盼你养好伤快点出院。我李云龙离不开你，交朋友就像找老婆一样，一眼看准了就不管别的了。一句话，这辈子就是你了。"

赵刚："老李，我赵刚也认你这个朋友。一辈子肝胆相照，永不背叛。我们是朋友、兄弟。"

场景二

因为李云龙遇到老对手楚云飞，打了一场硬仗，部队伤亡惨重，老兵活下来的不到五分之一，在万般无奈的情况下，找到老战友赵刚借俘虏。但此时两人已属于不同的作战单位，借俘虏原则上属于违反纪律之事，并且赵刚非常注重纪律，怎么办？此时，李云龙和赵刚摆出严峻的事实，利用与赵刚多年共同战斗的友谊，引发了赵刚的同情心与正义感，最终在担风险的情况下，全力协助李云龙。

李云龙："我这次是来找你老赵帮忙的。"

赵刚："来，坐下说，咱俩谁跟谁啊。"

李云龙："老赵，把你手里的两千俘虏兵都给我，我急等着补充兵员。"

赵刚："这不是让我犯错误吗，再说两忆三查教育才搞了一半。"

李云龙："一半就足够了，说多了都是闲扯淡，还不如拉上去，真刀真枪地干。"

赵刚："这两个单位的事，我个人说了不算。"

李云龙："你老赵才走几天啊，什么两个单位，根本就一个单位。什么你们我们的，还不都是解放军。"

赵刚："你少来这一套，没商量。"

李云龙："我给你写个借条还不行嘛。你这两千有不少杂牌，过两天我的俘虏下来，我还你嫡系，正宗的中央军，你们纵队不会吃亏的。"

赵刚："哎呀，真的不行。"

李云龙："不行也得行。你知道不知道，咱们从晋西北带出来的老兵只活下来五分之一，你老赵还有良心没有，要不是没有办法，谁想要这些国民党兵啊，我不想要那些原来的兵？那些和我们从八年抗战一起滚过来的老兵。"

赵刚："好吧。也就是你老李，我豁出去了，我这个副主任不当了，我好人做到底，送佛上西天。那些政工教育干部全借给你，他们人头熟，也有感情了；太生了，容易出事。"

李云龙："你看看，老赵，你走到哪都是我的政委啊。"

赵刚："咬死了，我只是借给你的。"

李云龙："成成成，我写借条。"

【活动分析】

1. 赵刚是如何缓解李云龙的担心甚至是敌对情绪，同时建立信任和友谊的？

在独立团中，赵刚作为政委，一方面要协助李云龙进行军事行动决策，另一方面要贯彻执行上级的部署，而李云龙是一个很有主意的人，经常先斩后奏，这次攻打县城、消灭本山一木的行动就没有事先得到上级的批准，他也很担心受到赵刚的批评。

赵刚深知李云龙的性格，所以一见面就说："凭我的性格，我肯定会制止你。可是话又说回来了，如果我制止你，那也没有后来的大胜仗了。"既表明了自己的真实想法，又肯定了李云龙的辉煌战果，缓和了他的对立情绪。

然后赵刚对自己做了一番自我批评，赞扬李云龙带出了"一支强悍的团队，一支嗷嗷叫的团队，一支拖不垮打不烂的部队。"这句话说到李云龙的心坎上了，他半信半疑地问道："老赵，你是说这次打县城，咱独立团打对了？"

赵刚旗帜鲜明地表明了和李云龙有难同当的态度，并表示要向李云龙学习有仇必报、敢于"亮剑"的精神，使李云龙由衷高兴地说："哎呀老赵，和你搭档真对脾气。你是我这辈子见到的最好的政委……""……我李云龙离不开你。"

2. 李云龙是如何说服赵刚借给他俘虏用来补充兵员的?

向上沟通谈工作,平级沟通谈感情,向下沟通谈生活。同级同事一方面有自己的工作任务,向同事求助往往需要对方付出额外的时间和资源;另一方面同事不存在隶属关系。所以在日常平行沟通,尤其是跨部门沟通时,在讲道理的同时,一定要动之以情,方能取得奇效。

【活动总结】

1. 不随意批评同事,这是与同事达到友好沟通的首要原则。确实需要指出同事问题的时候,要出于善意,说话要婉转,对其中有错误的地方应该指出,但做的正确的地方也应该加以赞扬,要真诚善意。

2. 严于律己,宽以待人。不斤斤计较个人得失,对人要忠厚、心胸宽广,注意维护同事的自尊。

3. 积极热情,真诚待人,为对方着想。在发现同事有需要帮助或面对同事求助时,积极回应,能从对方的角度出发及时给予支持。

技能点 2 平级沟通技巧

平级关系是一种横向关系,组织机构中具有基本相同组织等级的人之间,无法具有上级对下级的奖惩手段和权限。平级之间的沟通合作,不能强调"应该"和"必须",合作的达成取决于其主观态度。现代组织更强调组织结构扁平化以及组织层级间信息的高效传递,组织中的平级沟通越来越呈现出企业良好运转的润滑剂的角色,一个平滑顺畅的平级沟通将使企业的效率得到极大提高。

一、平级沟通的方法和原则

1. 平级沟通需积极主动

组织中处于同等位置的人的沟通不能用命令、强迫、批评、指派等组织职权所赋予的手段来进行,只能通过建议、劝告、帮助、咨询、辅导等方法进行交流,更加注重平等的关系。因此,在平级沟通时需要更加积极主动,这样才能为各种平行工作协调打好基础。

积极主动的沟通有以下方式:首先要求开朗的问候,在任何环境包括非工作环境,都积极向同事问候。简单的一句问候,能给他人留下良好的印象;在工作中积极主动沟通,牢记对方的名字是很重要的,通常这意味着你对一个人的重视程度;如果要迅速融入职场,需要积极主动融入组织的作风,工作中勤于发问,学会和善于利用请教的机会,在请教的过程中往往会与其他同事建立更加密切的关系,同时要注意多说"谢谢";主动用诚意来促成对方的了解,日常多关怀和了解同事,在工作和生活中做个有心人,留心同事的现状,送上及时的帮助,主动增加交流,在重要时刻和节日等,不妨多主动表达问候和祝福,促进彼此了解,建立良好的关系。

人们在交往之初,往往存有戒心,这是非常正常的,部门之间也是如此。由于各个部门有自身的利益,因此在平级沟通中要充分考虑对方的实际情况,多从善意的角度理解对方的想法，消除不必要的顾虑，相互尊重，和谐共存。

　　小马是一家大公司的职员，平时工作积极主动表现很好，待人也热情大方。但有一天，一个小小的动作却使他的形象在同事眼中一落千丈。那是在会议室内，当时有很多人在等着开会，其中一位同事发现地板有些脏，便主动拖起地来。而小马似乎身体不舒服，一直站在窗台往楼下看。突然，他走过来，一定要拿那位同事手中的拖把。本来地差不多已拖完了，不再需要他的帮忙。可小马却执意要求，那位同事只好把拖把给了他。刚过半分钟，总经理推门而入。他正拿着拖把勤勤恳恳、一丝不苟地拖着。这一切似乎不言而喻了。从此，大家再看小马时，顿觉他假了好多。以前的良好印象被这一个小动作一扫而光。

　　在工作中，往往有很多人在与平级沟通中，掌握不好热忱与刻意表现之间的差异。很多情况下，充满热情的行为由于没有控制好而变成了看上去是故意装出来的，把热忱与刻意表现等同起来，所以在日常工作中，应根据同事实际需要提供切实的关心，避免抓住一切机会表现的冲动。

　　2. 平级沟通需求同存异

　　俗话说，"物以类聚，人以群分。"无论从事哪种工作，如果有共同的话题和兴趣，就可以投缘并发展出交情，虽然同级之间难免有竞争性的关系，但现代组织早已不是靠单打独斗解决问题了，组织已把团队精神和合作意识作为成员的必备素质，求同存异要求平级之间能够包容非原则性的不同观点和做法，把主要资源与精力集中在对双方互利的方面，通过增加共识，建立深入的友谊和广泛的合作。

　　（1）在日常沟通中注意语言表达。

　　俗话说，"说者无心，听者有意。"在日常工作中需要时刻注重自己的措辞，在与平级沟通的过程中尽量用"请"、"谢谢"，尤其注意要多用"我们"而避免或少用"我"，绝不能用"你给我……"等命令式的措辞。

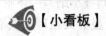【小看板】

职业化沟通的 8 个黄金句型

1. 最婉约地传递坏消息句型：我们似乎碰到一些状况……
2. 上司传唤时责无旁贷的句型：我马上处理……
3. 表现出团队精神的句型：……主意真不错。
4. 说服同事帮忙句型：这个项目没你参与不行……
5. 巧妙闪避你不知道的事情的句型：让我认真想一想，3 点以前给您答复……
6. 恰如其分的句型：我很想知道您对某件事情的看法……
7. 承认疏失但不引起上司不满的句型：是我的疏忽，但好在……
8. 面对批评要冷静的句型：谢谢你告诉我，我会仔细考虑这个建议。

　　（2）高调做事、低调做人。

　　在中国文化中，人们往往较为喜欢谦虚谨慎、热情助人的人；平级之间往往倾向高估自身部门的价值和功劳，而轻视或忽视其他部门或他人的功劳和价值，这种倾向往往妨碍了平级之间的沟通效率与氛围。因此，一方面勇于承认自己的不足，低调做人；另一方面要积极向平级学习、请教成功的经验，善于学习他人的长处，对别人的配合要真诚公开地感谢，运用多种沟通方式，包括身体语言，积极鼓励和帮助他人，高调做事。

小乐是一名踏实肯干的女孩子，能够很好地完成老总交给的任务。所以老总对她很是器重和信任，把一些较为复杂的工作放心地交给她去做。

更让小乐感到自豪的是，只要自己一从老总办公室出来，大伙儿就对自己亲热起来，问长问短。原来，大家总是想从小乐口里套到有关公司的机密。为了和大家打成一片，小乐就把公司的一些事儿告诉了大家。

可是，慢慢地，小乐发现如此的"牺牲"并没换来同事的真心。一天同事在背后说："一个连老板都敢出卖的人，估计不是什么好人，谁敢和她走得近！"听到这种话，小乐欲哭无泪，也很心寒。

小乐其实犯了和同事交往的一个大忌，不能够把公司的秘密泄露出去。有一句话叫做"祸从口出"，在和同事交往中一定要把好口风，什么话能说，什么话不能说，什么话可信，什么话不可信，都要在脑子里多绕几个弯子，心里有个小算盘，这样才能够和旁人搞好关系。

（3）多鼓励赞美他人、少批评苛责。

平级之间多赞美、少苛责是加强与同事关系的润滑剂，平时应做到尽量避免苛责。在日常工作和生活中，赞美运用得当，不仅能改善与同事之间的关系，还可以避免是非，甚至化解是非。喜爱赞扬的话是人的天性，当听到对方的赞扬时，人们难免心中会产生莫大的满足感和优越感，自然也会对对方感觉亲近，很多工作也更容易协作；赞美的要点是避免俗套，赞美要发自内心，赞美要有事实基础和细节，这样显得真实可靠。赞美和鼓励要选择合适的时机，不能滥用，更不能凭空捏造，"一双善于发现美的眼睛"能够捕捉每个人的特长和优点，恰到好处的鼓励和赞美能够自然融洽平级之间的关系。

小张由于业绩出色升任部门主管，他是个心直口快的人，说话从不含蓄委婉，所以经常得罪同事。一次，饮水机没水了，他对同事小刘说："帮忙换桶水吧，就你闲着。"小刘一听不高兴了："什么就我闲着？我在考虑策划方案呢。"小张碰了一鼻子的灰。

有一天，小张跑到销售部，说："吴经理，你给我把这个月的市场调查小结写一下吧。"吴经理头也没抬，冷冷地说道："刚当上部门主管，说话就是不一样。"显然吴经理生气了。小张想，我也没说什么呀。他顺手拿起打印机旁的一份客户拜访表，问："这是谁制的表？"吴经理的助理夺过表格："你什么意思？"

当天，几个同事在一起谈话，让小张说一说对公司管理的看法。于是，小张竹筒倒豆子，噼里啪啦一吐为快，说："我认为目前我们公司的管理非常混乱，有令不行、有禁不止，简直是一个乡下企业。"大家不爱听了，认为小张话里有话，似乎同事们都是坏人，就他一个好人。

一会儿，同事小汪问小张，某项方案能不能拖一天，因为手头有更重要的事情要做。"有这么做事情的吗？"小张声色俱厉地说，"你别找理由了，这可是你分内的事情，反正又不是给我做的，你看着办！"小汪也不甘示弱，说："喂，请你注意你的言辞。你以为你是谁啊？我就是没时间！"小张气得发抖，说道："我怎么了？本来就是这么回事嘛，我不过实话实说。"

不久以后，由于小张与周围同事都相处不好，无法完成上级下达的任务，被调离了现在的工作岗位。小张不能接受这个事实，于是选择了辞职。临走的时候，他还是想不明白，自己到底怎么得罪了这些同事。

3. 多"补台"不"拆台"

俗话说，"宁在人前骂人，不在人后说人。"如果同事有什么缺点或是不恰当的地方，如必须要当面给出建议，千万不要当面不说背后乱说。喜欢背后议论他人、传播小道消息的人通常是不受他人欢迎和信任的。在背后说同事坏话的人很难有较好的人缘，通常别人会认为，那些喜欢背后议论别人的人，也一定会在背后议论自己。"互相补台，好戏连台；互相拆台，一起垮台。"现代组织中，同级之间的合作将越发重要，其合作的收益要远远大于竞争的成本。因此，在组织中要始终避免博弈的思维，建立彼此"补台"的信任关系，展示合作态度，会不断提升组织的战斗力。

（1）避免苛责。

避免苛责同事是建立良好平级关系与平级沟通的首要原则。工作中难免遇到复杂的困境，也会有利益冲突，我们往往注重感受而缺乏理性思考，被情绪左右了看待事情的角度，因此要不断修炼自己，建立良好的平级沟通态度。

汤姆和乔治原来是很好的同事和朋友，可最近却关系紧张，大有"割袍断义"之势。不明真相的人以为他们之间肯定是发生了天大的事情，否则形影相随的两个人绝不至于搞成这个样子。可事实上远没有那么严重，他们只是为了一只纽扣而已，一只最多价值几分钱的纽扣。乔治新近买了一套非常满意的高档西服，却刚穿不到一周就丢了一只关键部位的纽扣，惋惜之余偶然发现整日挂在洗手间的那件不知是哪位清洁工的工作服上的扣子，与自己丢失的纽扣简直如出一辙，遂乘人不备悄悄地扯下了一粒，打算缝到自己的衣服上滥竽充数，并得意地将此"妙计"告诉了汤姆。不料未出数日，多数同事都知道了乔治的这个笑料——汤姆竟然在大庭广众之下拿这件事跟乔治开玩笑，弄得当时在场的人都笑做一团，而乔治也终因太没面子而恼羞成怒，反唇相讥，大揭汤姆的许多很令其丢面子的"底牌"，于是乎后果也就可想而知了。

（2）心胸宽广。

要避免在小问题上过多纠缠，培养自身大的格局、广阔的心胸，这样不仅能获得其他人的好感，还能培养积极融洽的平级沟通环境。

小王和小李大学毕业后分到了同一家单位同一个科室的同一个办公室，两年来一直焦不离孟，孟不离焦，协作搞了许多工作，是一对"黄金搭档"，领导对他二人十分满意。可不久前上边公布的升职名单里只有小李而没有小王。从平起平坐、不相伯仲的同事、搭档，到突然地位转变、一个要服从另一个的上下级的关系，小王心中愤愤难平，仿佛一盆冷水浇了全身。见了小李不但别扭起来，而且越想越不服气，再加上其他同事的同情和"关心"，小王痛苦之极，接着就是对小李的一股明显的敌意。

对此小李并非全无知晓，却并没有在意小王的敌视情绪，甚至一些冷嘲热讽，对同事们的恭贺和夸赞也表现得极为冷淡，到处说"其实小王工作能力比我强，只是不善表现自己，才让我得了这个便宜"。在工作中还像以前那样，该干什么都抢着干了，而且还不时客气地问小王是否需要他帮忙。

所有这一切都令小王十分感动，也终于服气了领导为什么就没看上他，也许就是没有这种度量和胸怀吧！于是满腔的愤慨和不平都渐渐消退，自己也终于得到了平衡。两人的关系又回到了当初的友好、和谐状态，后来才知道竟然有人还曾想借此事无中生有，离间他俩的关系，以达到个人目的，真是好险。

（3）换位思考。

要"补台"就需要具备换位思考的能力，善于发现他人的困境，及时提供关怀与帮助，这样既能建立融洽的同事关系，又能培养良好的团队合作意识。在工作中要将原则性与灵活性结合使用，在组织目标明确的前提下，处处懂得换位思考，不断改善平级关系，在平级沟通中要懂得换位思考，提高情商，善于解决合作中的协调问题。

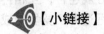【小链接】

善于补位的薛宝钗

在大观园中，薛宝钗不是最有才华的，却是上上下下最处得来的。按贾府的组织结构图，她和王熙凤、林黛玉、贾探春、史湘云，都属于同一级别，但她不像王熙凤那样四处树敌，也不像林黛玉那样孤芳自赏。薛宝钗的法子是善待平级，肯设身处地为他人着想，建设良好的伙伴关系。

海棠诗会后，湘云拍胸脯要设宴，薛宝钗了解她的实际难处，替她分忧，全程帮她策划，并且不惜调动自家所有资源，说："我和哥哥说，要几篓极肥极大的螃蟹来，再往铺子里取上几坛好酒，再备上四五桌果碟"，让湘云的螃蟹宴大获成功。

湘云被贾母夸奖，也不肯掩了宝钗之功，立即说："宝姐姐帮预备的"。这种事情做多了，宝钗自然赢得平级中的好评。

谁要是为难宝钗，湘云会挺身维护。当黛玉打趣湘云"咬舌子"时，她当即道："你敢挑宝姐姐的短处，就算你是好的，我算不及你，她怎么不及你呢？"

有一次，黛玉要拿宝钗在宝玉卧床旁做针线赶蚊子的事取笑，湘云本也笑，但"想起宝钗素日待她厚道"，就不起哄，赶紧拉了黛玉走。

黛玉行酒令时，误引了《牡丹亭》和《西厢记》的句子，这种偷读禁书犯忌的事儿，让人知道了会大失脸面。宝钗发现了，既不打小报告，当众也是若无其事，隔日特意找到黛玉，私下提醒，推心置腹。这件事成为宝黛关系重要转折点之一。

二、与同事融洽相处的禁忌

在平级沟通中要时刻注意一些常见的禁忌，谨慎处理沟通中出现的问题，不断总结经验，因为如果触犯某些禁忌将增加组织沟通成本，恶化沟通环境，则可能需要花多倍的时间与精力来改善。

1. 遇到可以分享的好事不及时通报

如果出现得到奖励、喜事、发福利等好事，要懂得及时与同事分享，培养组织中融洽的气氛。

2. 明知而不说

很多情况下，出于谨慎、竞争等多种原因而在明知的情况下选择沉默也是不明智的。如果在知道的情况下不说，被同事得知将极大地影响彼此沟通的状态。

3. 彼此不照应

同事之间建立良好关系的一个有效途径就是彼此照应，包括工作和生活上，例如分享工作和生活心得，在同事不在的情况下帮助照顾其工作，等等。

4. 完全不分享

平级沟通的一个重要的基础是信任，同事之间的信任关系是从分享一些工作和生活中不需要保密的小事开始的，一方面主动分享便于同事之间加深了解，另一方面过于回避会产生隔膜感，平添了与同事之间不必要的沟通鸿沟。

5. 有事不求助

中国传统文化中强调尊重老师，"三人行必有我师"；在工作和生活中，虚心向同事求助，避免一种怕麻烦的思维模式，小的求助非常有助于建立良好的人际关系。

6. 拒绝善意

融入组织的文化就是要感激他人的善意，无论是物质还是非物质的，都是承载人际沟通的一种媒介，传递的是同事的热情。因此，在遇到同事表达善意时要积极回应。

7. 喜欢争辩

喜欢争辩给人一种争强好胜的感觉，锋芒毕露，难以合作。讲笑话，开玩笑，可以适当让步，同时需要把握玩笑的尺度。

8. 过度敏感

同事相处时过度细腻敏感会加重沟通的负担。一方面，给人留下了过于提防难以接近的感觉，或是对人过于苛责；另一方面，也是一种自我折磨，分散了本该集中于组织目标的精力。

9. 完全不主动

日常与同事相处时缺乏积极主动的态度，过于功利。应从日常打扫、杂务入手，积极融入组织环境。

10. 乱献殷勤

对同事尤其是对领导乱献殷勤容易给他人留下虚伪和缺乏能力的感觉，或者打小报告，这种变相的献殷勤也会招致同事的反感。

美国一家公司的总经理非常重视员工之间的沟通与交流，他曾有过一项"创举"，即把公司餐厅里四人用的小圆桌全部换成长方形的大长桌。这是一项重大的改变，因为用小圆桌时总是那四个互相熟悉的人坐在一起用餐，而改用大长桌情形就不同了，一些彼此陌生的人有机会坐在一起闲谈了。如此一来，研究部的职员就能遇上来自其他部门的行销人员或者是生产制造工程师，他们在相互接触中，可以互相交换意见，获取各自所需的信息，而且可以互相启发，碰撞出"思想的火花"，公司的经营状况得到了大幅度的改善。

三、与同事融洽相处的技巧

如何与同事融洽相处有很多技巧，但都是建立在前文的基础上的，在工作中要善于不断实践与总结如何与他人融洽相处的技巧。

1. 以诚相待，灵活表达

所有的沟通都是以真诚为基础，真诚是被他人内心接纳的前提，有效的沟通必须做到态度真诚。但如果与同事意见不统一，或是同事存在一些错误和缺点，如果没有伤及组织的利益，或是没有原则性的问题，则不需要苛求完美，如果需要给出建议，也必须选择合适的地点、时间和对象情况，沟通中的语言至关重要，一定要注意语言的灵活性，不能用伤害性的语言和方式。

有一个人请四个同事吃饭，临近吃饭的时间了，其中一个迟迟没有来。这个人着急了，一句话顺口而出："该来的怎么还不来？"在座的同事有个不高兴了，就推脱说有急事便告辞了。这个人很后悔自己说错话，忙对还在的同事解释："不该走的怎么走了？"剩下的其中一个心想："原来该走的是我。"于是也推脱说有事走了。这时候，最后一个同事对他说："你真不会说话，把他们都气走了。"那人辩解："我说的又不是他们。"最后的那位同事一听，心想："这里只剩下我一个人，原来说的是我啊！"也生气地走了。

2. 赞美常挂嘴边，务必少争多让

要时常关注同事间值得赞美的事情，"世界上从不缺乏美，而缺乏赞美的眼睛"，善于发现同事身上的优点、小的进步、值得高兴的事情是一项非常重要的职业沟通技能。要时常面带微笑，对他人的微笑本身就是一种无声的赞美，在与同事的相处中营造快乐积极的氛围，注意自己的言谈举止给他人带来的情绪影响。在面对荣誉和利益时能够谦虚退让，将给别人留下良好的印象，增添人格魅力，得到他人发自内心的尊重。

在同一家公司任职的李小姐和苏小姐素来不和。

有一天，李小姐忍无可忍地对另一个同事王先生说："你去告诉苏小姐，我真受不了她，请她改改她的坏脾气，否则没有人会搭理她的！"

王先生说："好！我会处理这件事。"

以后李小姐遇到苏小姐时，苏小姐果然既和气又有礼，与从前相比，简直判若两人。

李小姐向王先生表示谢意，并好奇地问："你是怎么说的，竟有如此的神效？"

王先生笑着说："我跟苏小姐说，'有好多人称赞你，尤其是李小姐，说你又温柔，又善良，脾气好，人缘更佳！'如此而已。"

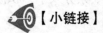【小链接】

赞扬他人的 10 项原则

1. 在赞扬别人时，不要使用模棱两可的表述，像"嗯……有点意思"、"挺好"和"没那么糟"。含糊的赞扬往往比侮辱性的言辞还要糟糕，侮辱至少不会带有怜悯的味道。

2. 一定要知道自己要赞扬什么，并准备好详细描述。

3. 一定要夸对人。

4. 不要仅仅因为想不出其他可说的话而去恭维别人。

5. 不要在某件事显然已经出错时还去赞美。

6. 不要同时夸赞很多人。

7. 不要在你准备请人帮忙前赞扬别人，哪怕你是真心实意的，因为你的赞扬对象会怀疑你不真诚。

8. 不要滔滔不绝地赞扬。赞赏与阿谀之间的界限非常细微。

9. 不要太频繁地夸别人，否则会降低夸奖的效果。

10. 除非你是诚心赞美，否则不要去赞美别人。但如果你非得言不由衷，那么至少要听上去和看上去像是真心的。

3. 有事没事勤沟通，切忌背后打报告

人们之间从认识到了解熟悉以至建立良好的关系需要一个过程，其中重要的一方面就是注重日常的沟通，尤其是面对面沟通，通过与同事协调工作事务与生活琐事不断加深彼此了解。在日常与同事交往中，尤其要注意尊重他人的隐私，绝不能把同事的秘密当作取悦他人或排挤他人的手段，更不能把别人的处境当成饭后的谈资。搬弄是非的人很难在工作中获得同事的认可，人们对他人的判断往往建立在长期相处的基础上，因此绝不能背后非议同事，甚至去上司那里打报告，自己的成功不能通过贬损他人形象来获得。

广告专员小雨：我们是个只有十个人的小公司，有一个同事因为比较受领导赏识，就常到领导那里搬弄是非。领导还觉得这个同事贴心，会把公司的不为人知的情况告诉她。有一天晚上，我上网上到 12 点回去，第二天老板就知道了。还有，她常借上班时间在外面逛街玩，而我有事出去一下，上班迟到半分钟，上班看一会儿报纸，她也立刻告诉老板。成天和这样的人打交道真是如履薄冰啊！有什么好办法让她收敛些呢？

分析：有两种情况，一是无意识小报告，因为原则或站在公司整体角度不得不将事实真相上报，应予以理解并检讨自我；另一种则是恶意小报告，首先要自我反省，工作中是否常出现小漏洞让人有机可乘，从而加以改进，对于此类小报告之人不予理会，让听者明断，久而久之反倒提升了自己。在可化解的情况下要主动侧面沟通，承担自己的过失或解释误会，弄清对方打小报告的真正目的，想办法让她通过正常合理渠道来满足自我需求。

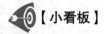【小看板】

平级沟通语录

君子和而不同。

共同点是根本的，分歧是局部的，平级之间应该求同存异。

不谋全局者，不足谋一域；不谋万世者，不足谋一时。

天下非有公是也，而各是其所是。

谣言止于沟通。

只有你欣赏别人，别人才会欣赏你。

让别人进步就是让自己进步；让别人成功，就是让自己成功。

实话实说本身并没有错，心胸坦荡、为人正直也是人们都赞美的美德，但实话实说也要考虑时间、地点以及他人的接受能力。

沟通从心开始，平级之间的沟通要注意考虑对方的情绪。

良言一句三冬暖，恶语伤人六月寒。

由沟通产生的误会，也需要沟通来消除。

世上有三样东西收不回：离弦的箭，泼出的水，说出的话。

平级之间的沟通能够帮助你明确方向。

【技能训练】

穿越雷阵

训练目的：

1. 体验与平级进行积极沟通的重要性；

2. 体会与平级沟通所需要的技巧。

用具：

蒙眼布或眼罩（两人一块）、两根约 10 米长的绳子、一些报纸。

过程：

1. 选一块宽阔平整的游戏场地。

2. 安排不想参加游戏的人做监护员。当参加游戏的人较多时，游戏场会变得非常喧闹。这是一个有利因素，因为这会使穿越"地雷阵"的人无所适从，难以分清听到的指令是来自自己的搭档，还是来自其他人。

3. 让每个队员找一个搭档。

4. 给每对搭档发一块蒙眼布，每队搭档中有一个人要被蒙上眼睛。

5. 眼睛都蒙好后，就可以开始布置"地雷阵"了。把两根绳子平行放在地上，绳距约为

10米。这两根绳子表示"地雷阵"的起点和终点。

6. 在两绳之间尽量多铺上一些报纸（表示地雷）。

7. 被蒙上了眼睛的队员在搭档的牵引下，走到"地雷阵"的起点处，挨着起点站好。他（她）的搭档后退到他（她）身后两米处，并在此处指导蒙眼者穿越"地雷阵"。

8. 游戏开始，赶快开始行动吧！

问题讨论：

1. 哪个小组率先通过了"地雷阵"？

2. 游戏过程中遇到了什么问题？

3. 指挥者能做到指令清晰吗？

背后投球

训练目的：

1. 与他人沟通时传递信息的准确性。

2. 体会好的平级沟通技巧对完成团队目标的重要性。

过程：

1. 每5人一组。每组有一个大垃圾桶和50个网球。把垃圾桶一字排开，使垃圾桶之间的距离约为1.5米。

2. 各组选出一名队员作为投手。投掷手要站在离垃圾桶10米远的地方，背对垃圾桶，然后将网球一个一个地投到垃圾桶中，注意垃圾桶要放到投掷手正后方略微偏出的位置。

3. 在投掷过程中，投球手不可以左顾右盼，小组的其他成员可以对投球手下指令，但是投球手不可以自己去看，如果某个小组抛的球落到了别的小组的垃圾桶里面，要算为别的小组进的球。

4. 可以事先蒙上投球手的眼睛，让他站在侧面，然后在小组成员的指挥下转动身体直到整个人背对垃圾桶，这可以增加项目的趣味性和难度。

问题讨论：

1. 负责下指令的队员在指挥过程中遇到了哪些问题？是如何解决的？

2. 当看到别的小组的进球比自己小组多时，投球手和小组其他成员的心理感受是什么样的？对自己小组后面的表现有什么影响？

3. 总结体会到的沟通技巧。

活动3　看《优势合作》学客户沟通

【活动描述】

观看影片《优势合作》的片段，影片一开始是销售经理丹的一次销售拜访，他要销售的是杂志的广告版面。丹走进客户的办公室，客户正在办公桌前看报纸。

丹：卡尔布先生！

卡尔布：喔，丹，湖人队的票，谢谢你了！

丹：不用客气！

卡尔布：座位简直是好极了。不过，我仍然不会在杂志上刊登广告的。我女婿说，现在的人们没有那么多时间阅读了。目光在传统纸张上从左到右来回移动，太费劲了。所以他们要将预算更多地投放在电视、广播、网络等方面。

丹：好的！

卡尔布：好的？"好的"是什么意思？

丹：我可不会试图推销什么的。

卡尔布：为什么呢？你的工作就是销售呀！

丹：是呀，不过，我可不是一个好的销售员。

卡尔布：喔。这样。

丹：不过，我想请您帮我一个小忙。

卡尔布：你说。

丹：我给您留一本我们的杂志。而且，每周我都将以个人名义给您寄上一本最新出版的杂志。几星期后，我再联系您，那个时候您有什么想法的话，我们再谈可以吗？

卡尔布：杂志中有好文章吗？

丹：那当然，有一篇相当优秀的文章，将现在的四分卫约翰尼·尤尼塔斯做了一个比较。

卡尔布：尤尼塔斯轻松就可以将对手放倒！这就是你的销售展示了？

丹：我在这个杂志工作20年了，这是一本优秀的杂志，我没有任何怀疑，应该说是坚定不移。

卡尔布：那你还是不错的。你听说有关你们上级母公司要被收购的传闻了吗？

丹：没有什么可担心的，应该对我们的工作没有什么具体的影响。

卡尔布：那就好。不过，你要知道收购你们公司的那个大公司的老板，泰迪·凯，性格可是闻名的。他们以前还惦记着收购我的公司呢，我对他说，找地方凉快去吧。我女婿说我是过时的恐龙！

丹：可不要小看恐龙，他们主宰了几百年的世界呢。那一定是有什么道理的！

问题：

销售经理丹在他的一次销售拜访中是如何接近他的准客户卡尔布并成功获得了该客户好感的？

【活动分析】

1. 在拜访客户之前，提前给客户寄送球赛的门票，而且还是位子不错的票，以拉近与客户的关系。

2. 丹在面对客户直接拒绝刊登广告的情况后是这样说的："好的!"然后承认"自己不是一个好的销售人员",结果大大降低了客户心中对销售人员的反感和抵触,为建立初步信任关系奠定了基础。

3. 销售人员丹明确强调自己将要做的事情——坚持寄送杂志,而且突出是以个人名义,在客户心目中加强了建立个人关系的印象。

【活动总结】

1. 在与客户接近的过程中,建立信任关系很重要。

2. 在与客户接近的过程中,首先消除客户的防范心理。有效消除客户防范心理的最佳办法就是顺水推舟,对客户的任何观点和看法表示赞同,表示客户说得很有道理。

3. 许多销售人员在拜访客户的时候,全力推销自己的产品,推销介绍产品的过程也非常娴熟,却忽略了个人关系的建立。也许不谈产品,谈个人喜好、偏好等反而可以获得认可,建立初期的信任关系。

技能点3 与客户沟通技巧

对企业内部而言,人们越来越强调建立学习型的企业,越来越强调团队合作精神,因此有效的企业内部沟通交流是成功的关键;对企业之间而言,为了实现企业之间的强强联合与优势互补,人们需要掌握谈判与合作等沟通技巧;对企业与社会之间的关系而言,为了更好地在现有政策条件允许下,实现企业的发展并服务于社会,也需要处理好企业与政府、企业与公众、企业与媒体等各方面的关系。这些都离不开熟练掌握、应用管理沟通的原理和技巧。

为了能更好服务于客户,本部分主要对如何与客户进行沟通的技巧进行介绍。"接近客户的30秒,决定了推销的成败",这是成功推销者共同的体验,那么接近客户到底是什么含义,接近客户是否有一定的技巧可循,在接近客户时我们应该注意哪些方面的问题,这就是我们要首先探讨的问题。

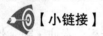【小链接】

两种接近顾客的方法

案例研究(一)

业务代表A:你好,我是大明公司的业务代表周黎明。在百忙中打扰你,想要向你请教有关贵商店目前使用收银机的事情。

商店老板:你认为我店里的收银机有什么毛病吗?

业务代表A:并不是有什么毛病,我是想是否已经到了需要更换的时候。

商店老板:对不起,我们暂时不想考虑换新的。

业务代表A:不会吧!对面李老板已更换了新的收银机。

商店老板:我们目前没有这方面的预算,将来再说吧!

案例研究（二）

业务代表B：刘老板在吗？我是大明公司业务代表周黎明，经常经过贵店，看到贵店生意一直都是那么好，实在不简单。

商店老板：你过奖了，生意并不是那么好。

业务代表B：贵店对客户的态度非常地亲切，刘老板对贵店员工的教育训练一定非常用心，对街的张老板，对你的经营管理也相当钦佩。

商店老板：张老板是这样说的吗？张老板经营的店也是非常得好，事实上，他也是我一直的学习对象。

业务代表B：不瞒你说，张老板昨天换了一台新功能的收银机，非常高兴，才提及刘老板的事情，因此，今天我才来打扰你！

商店老板：喔？他换了一台新的收银机？

业务代表B：是的。刘老板是否也考虑换新的收银机呢？目前你的收银机虽也不错，但是新的收银机有更多的功能，速度也较快，你的客户将不用排队等太久，因而会更喜欢光临你的店。请刘老板一定要考虑这台新的收银机。

启发：

A业务代表在初次接近客户时，直接地询问对方收银机的事情，让人有突兀的感觉，遭到商店老板反问："店里的收银机有什么毛病？"然后该业务代表又不知轻重地抬出对面的李老板已购机这一事实，企图说服刘老板，就更激发了刘老板的逆反心理。

反观业务代表B，却能把握这个原则，和客户以共同对话的方式，在打开客户的"心防"后，才自然地进入推销商品的主题。B业务代表在接近客户前能先做好准备工作，能立刻称呼刘老板，知道刘老板店内的经营状况、清楚对面张老板以他为学习目标等，这些细节令刘老板感觉很愉悦，业务代表和他的对话就能很轻松地继续下去，这都是促使业务代表成功的要件。

一、接近客户的技巧

1. 什么是接近

"接近客户的30秒，决定了推销的成败。"这是成功推销人的法则。在接近客户前首先要明确你的主题是什么，然后再根据你的主题选择适当的接近方法。每次接近客户有不同的主题，例如主题是想和未曾碰过面的准客户约时间见面，那么你可以选用电话约见的方法；想约客户参观展示，可以采用书信的方法；想向客户介绍某种新产品，那么直接拜访客户就比较适合。从接触客户到切入主题的这段时间，需要注意下列两点：

（1）迅速打开准客户的"心防"

任何人碰到从未见过面的第三者，内心深处总是会有一些警戒心，相信你也不例外。当准客户第一次接触业务员时，他是"主观的"，也是带有"防备"心理的。"主观的"含义很多，包括对个人穿着、打扮、头发的长短、品味，甚至高矮胖瘦等主观上的感受，从而产生喜欢或不喜欢的直觉。由于主观的切入点，准客户对于不符合自己价值观或审美观的人有一种自然的抗拒心理。所以无形中就在准客户和业务员之间筑起了一道防卫的墙。

因此，只有在你能迅速地打开准客户的"心防"后，才能敞开客户的心胸，客户才可能用心听你的谈话。打开客户"心防"的基本途径是：①让客户产生信任；②引起客户的注意；

③引起客户的兴趣。

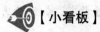【小看板】

乔·吉拉德的沟通体会

美国汽车推销之王乔·吉拉德曾有过一次深刻的体验。一天下午，一位客户西装革履、神采奕奕地走进吉拉德所在的汽车店。

吉拉德凭借自己以往多年的经验判断，这位客户一定会买下车子。于是，他热情地接待了这位客户，并对对方介绍不同型号的车子，还解说车子的性能。客户听着吉拉德的介绍，点头表示赞同，并掏出10000美元现钞，准备办理手续，眼看就要成交了，对方却突然变卦而去。

乔为此事懊恼了一下午，百思不得其解。到了晚上11点他忍不住打电话给那人："您好！我是乔·吉拉德，今天下午我曾经向您介绍一部新车，眼看您就要买下，却突然走了。"

"喂，你知道现在是什么时候吗？"

"非常抱歉，我知道现在已经是晚上11点钟了，但是我检讨了一下午，实在想不出自己错在哪里了，因此特地打电话向您讨教。"

"真的吗？"

"肺腑之言。"

"很好！你用心在听我说话吗？"

"非常用心。"

"可是今天下午你根本没有用心听我说话。就在签字之前，我提到犬子吉米即将进入密歇根大学念医科，我还提到犬子的学科成绩、运动能力以及他将来的抱负，我以他为荣，但是你毫无反应。"

乔不记得对方曾说过这些事，因为他当时根本没有注意。乔认为已经谈妥那笔生意了，他不但无心听对方说什么，而且在听办公室内另一位推销员讲笑话。

这就是乔失败的原因：那人除了买车，还需要得到对于一个优秀儿子的称赞。乔·吉拉德恰恰没有"站在对方立场思考与行动"，他只是想当然地以为"已经成交了"，没有体会客户当时的心境，没有与客户一起分享喜悦的心情，是在聆听上出了问题。

（2）学会推销商品前先销售自己

接近客户的第二个注意点就是在推销商品前先将自己推销出去。

"客户不是购买商品，而是购买推销商品的人"，这句名言流传已久。说服力不是仅靠强而有力的说辞，而是仰仗着推销人举止言谈中散发出来的人性与风格魅力。

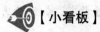【小故事】

TOYOTA的神谷卓一曾说："接近准客户时，不需要一味地向客户低头行礼，也不应该迫不及待地向客户说明商品，这样做反而会引起客户的反感。当我刚进入公司做推销业务时，在接近客户时，我只会向他们介绍我的汽车，因此，在初次接近客户时，往往都无法迅速地与客户进行沟通。在无数次的体验揣摩下，我终于体会到，与其直接说明商品不如谈些有关客户的太太、小孩的话题或谈一些社会新闻之类的事情，让客户喜欢自己才真正关系着销售业绩的好坏，因此接近客户的重点是让客户对一位以推销为职业的业务员抱有好感，从心理上先接受他。"

2. 接近客户的技巧

要推销成功必须突破一些关口，如公司入口柜台的服务人员、秘书及关键人士。由于是突然拜访，因此，要能顺利地达成面谈的目标，需要灵活运用一些技巧，以达成有效推销。

（1）面对接待员的技巧。

去一家公司，你最先面对的人就是这家公司的接待员。你与她进行沟通的效果如何，往往会直接决定你在该公司能否成功地开展工作。

技巧一：你要用坚定清晰的语句告诉接待员你的意图。

例如："你好。我是大明公司的业务代表周黎明，请你通知总务处陈处长，我来拜访他。"
注意点：

① 由于是突然拜访，如何知道总务处处长姓陈呢？你可用下面的一些方法：伺机询问进出公司的员工，如"总务处王处长的办公室是不是在这里？"对方会告诉你总务处处长姓陈不姓王。

② 知道拜访对象的姓及职称后，你最好说出是哪个部门的哪个处长或科长，或是直接讲名字，这样能让接待员认为你和受访对象很熟。

你要找的关键人士可能不在办公室，因此你心里要先准备好几个拜访的对象，如陈处长不在时，你可拜访总务处的李经理或者张科长。

技巧二：适时和接待员打招呼。

和拜访对象完成谈话后，离开公司时，一定要向接待员打招呼，同时请教她的姓名，以便下次见面时能立即叫出她的名字。

（2）面对秘书的技巧。

通过了接待员的第一关，我们通常还会遇到秘书的询问。与秘书交谈，也有一些特定的沟通技巧。

向秘书介绍自己，并说明来意。

例如：我是大明公司的周黎明，我要向陈处长报告有关融资项目可行性计划的提案事项，麻烦你转达。

注意点：向秘书说明来意可用简短、抽象性的字眼或用一些较深奥的技术专有名词，让秘书认为你的拜访是很重要的。

若发现关键人士不在或正在开会，沟通步骤如下。

① 请教秘书的姓名。

② 将名片或资料请秘书转交给拜访对象。此时，业务代表要能让秘书转达一些让老板有兴趣、可引起关键人士好奇心的说辞。例如：我想向××总经理报告有关如何节省税金增加个人保障的事宜。

③ 尽可能从秘书处了解一些关于关键人士的个性、作风、兴趣及工作时间等信息。

④ 向秘书道谢，并请教她的姓名。

（3）会见关键人士的技巧。

技巧一：接近的技巧

会见关键人士时，你可运用接近客户的谈话技巧。

技巧二：结束谈话后的告辞技巧

注意点：

① 谢谢对方在百忙当中抽时间会谈。

② 再次回顾此次会谈，确认彼此可能需要检查、准备的事项，以备下次再会谈。

③ 退出门前，轻轻地向对方点头，面对关键人士将门轻轻扣上，千万不可背对关键人士反手关门。

3. 获取客户好感的六大法则

当你对一个人有好感时，你一定会好意回应他，如此双方的面谈就会如沐春风。那么，哪些因素会影响到第一次会面的印象好坏呢？作为业务代表，我们又该把握哪些方面呢？这正是本节将要讨论的问题。

（1）给客户良好的外观印象。

人的外观会产生暗示的效果，因此，你要尽量使自己的外观给初次会面的客户一个好印象。一个人面部上的眼、鼻、嘴及头发都会给人深刻的印象，虽然每个人的长相是天生的，但是你也能经由自己的注意而进行相当程度的修饰。例如，有些人的眼神冷峻或双目大小不一，会给人较不愉悦的观感，此时，他可以利用眼镜把这些不好的地方修饰好。洁白的牙齿能给人开朗纯净的好感，而头发散乱不整理则会让人感到落魄，不值得委以重任。

其他如穿着打扮也是影响第一印象的主要因素，一个连穿着都不能注意好的人，怎么能获得别人的信任呢？或许有些人认为这些都是小节，觉得自己超强的专业知识能给客户带来最大的利益，客户应该重视的是这一点，不可以貌取人。但事实上，客户在做决定的时候往往是感性的因素左右着理性的因素，否则"推销商品前先推销自己"这句话就不会成为指导推销的金玉良言了。

【小看板】

从前，日本著名企业家松下幸之助不修边幅，也不注重企业形象，因此企业发展缓慢。一天，他去理发时，理发师不客气地批评他不注重仪表，说："你是公司的代表，却这样不注重衣冠，别人会怎么想，连人都这样邋遢，他的公司会好吗？"这些话深深触动了松下幸之助。从此他一改过去的习惯，开始注意自己在公众面前的仪表仪态，生意也随之兴旺起来。现在，松下电器的产品享誉世界，这是由于松下幸之助长期率先垂范，并要求员工懂礼貌、讲礼节，这给客户留下了良好的外观印象，给企业树立了良好的形象。

（2）要记住并常说出客户的名字。

名字的魅力非常奇妙，每个人都希望别人重视自己，重视别人的名字，就如同看重他一样。了解名字的魔力，能让你不劳所费就能获得别人的好感，千万不要疏忽了它，业务代表在面对客户时，若能经常、流利、不断地以尊重的方式称呼客户的名字，客户对你的好感也将越来越浓。专业的业务代表还应该密切注意，准客户的名字有没有被报纸杂志报道，若是你能带着有报道准客户名字的剪报一同拜访你初见面的客户，客户能不被你感动吗？能不对你心怀好感吗？

【小链接】

沟通大师戴尔·卡耐基小的时候，家里养了一群兔子，每天找寻青草喂食兔子，成为他每日固定的工作，有时候却没有办法找到兔子最喜欢吃的青草。因此，卡耐基想了一个方法：

他邀请了邻近的小朋友到家里看兔子，要每位小朋友选出自己最喜欢的兔子，然后就用小朋友的名字给这些兔子命名。每位小朋友有了以自己名字命名的兔子后，每天都会迫不及待地送最好的青草给自己同名的兔子。

（3）让你的客户有优越感。

让人产生优越感最有效的方法是对他自傲的事情加以赞美。若是客户讲究穿着，你可向他请教如何搭配衣服；若客户是知名公司的员工，你可表示羡慕他能在这么好的公司上班。有一位爱普生公司的业务代表，每天约见客户时的第一句话就是："你的公司环境真好，能在这里上班的一定都是很优秀的人才。"一句简单的赞扬，一下就拉近了和客户的距离。客户的优越感被满足，初次见面的警戒心也自然消失了，彼此距离拉近，能让双方的关系向前迈进一大步。

【小链接】

美国的一位前总统有一位漂亮的女秘书，人虽长得不错，但工作中却常因粗心而出错。一天早晨，总统看见秘书走进办公室，便对她说："今天你穿的这身衣服真漂亮，正适合你这样年轻漂亮的小姐。"这几句话出自总统之口，让这位秘书受宠若惊。总统接着说："但你也不要骄傲，我相信你的公文处理也能和你一样漂亮的。"果然从那天起，女秘书在公文上就很少出错了。

（4）替客户解决问题。

十几年前有一则宣传理光复印机的广告，大家对它的广告词一定还记忆犹新："用普通办公用纸就能复印文件。"大家记住了这份便利，也记住了桂林理光这个产品。十几年前机关文书的复印用纸是专用的纸张，对纸质要求非常高，每年政府机关为复印用纸的巨额花销头痛不已。这个问题，各家复印机厂商的业务代表都很清楚，但复印机都是自国外进口的，国外没有复印用纸与普通办公用纸的区别，因此进口的机器根本不能为普通办公用纸提供复印。

理光公司的一位业务代表，知道政府机关在复印上存在这个问题，因此，他在拜访某个政府机关的主管前，先去找理光技术部的人员，询问是否能修改机器，使机器能适应普通办公用纸的复印要求，技术部人员知道了这个问题，仔细研究后，认为可以改进复印机的某些设置，以适应普通办公用纸的纸质。业务代表得到这个信息后，见到该单位的主管，告诉他理光愿意特别替政府机关解决普通办公用纸复印的问题。客户听到后，对理光产生无比的好感，在极短的时间内，理光的这款机器就成为政府机关的主力机种。由此可见，你在与准客户见面前，若是能事先知道客户面临着哪些问题，有哪些因素困扰着他，若能以关切的态度站在客户的立场上表达你对客户的关心，让客户感受到你愿意与他共同解决问题，他必定会对你产生好感。

【小链接】

魏文王问名医扁鹊说："你们家兄弟三人，都精于医术，到底哪一位最好呢？"

扁鹊答说："长兄最好，中兄次之，我最差。"

文王再问："那么为什么你最出名呢？"

扁鹊答说: "我长兄治病, 是治病于病情发作之前。由于一般人不知道他事先能铲除病因, 所以他的名气无法传出去, 只有我们家的人才知道。我二哥治病, 是治病于病情初起之时。一般人以为他只能治轻微的小病, 所以他的名气只及于本乡里。而我扁鹊治病, 是治病于病情严重之时。一般人都看到我在经脉上穿针管来放血、在皮肤上敷药等大手术, 所以以为我的医术高明, 名气因此响遍全国。"

文王说: "你说得好极了。"

启示:

事后控制不如事中控制, 事中控制不如事前控制。对待客户的异议不得马虎, 要从蛛丝马迹中发现问题, 提高信誉度, 降低客户流失率。等到错误的决策造成了重大的损失才寻求弥补, 有时是亡羊补牢, 为时已晚。

(5)自己保持快乐开朗。

快乐是会传染的, 没有一个人会对一位终日愁眉苦脸、深锁眉梢的人产生好感。能以微笑迎人, 能让别人也产生愉快情绪的人, 也是最容易争取别人好感的人。因此, 作为业务代表的每日修炼课程之一, 就是每日出发前, 对着镜子笑上一分钟, 使自己的笑容变得亲切、自然。同时对自己说: 我很自信, 我很快乐, 我要成为 Top Sales。通过这样一种自我沟通、自我暗示的方法, 先让自己愉悦起来, 再用这份愉悦和活力去感染他人, 这样就为你和准客户的沟通奠定了好的基础。

(6)利用小赠品赢得准客户的好感。

你应该让你的客户觉得你不是来签合约的业务代表, 而是来进行业务宣传、沟通彼此关系的使者。事实上, 许多国际性的知名大公司都备有可以配合本公司 CIS 形象策划宣传的小赠品, 如印有公司办公大厦的小台历, 印有公司 Logo 标志的茶杯、签字笔等, 供业务代表初次拜访客户时赠送给客户。小赠品的价值不高, 却能发挥很大的效力, 不管拿到赠品的客户喜欢与否, 相信每个人受到别人尊重时, 内心的好感必然会油然而生。

以上 6 种方式都能使你的准客户对你立即产生好感, 若你能把这六种方法当做你立身处事的方式, 让它成为一种自然的习惯, 相信你在哪里都会成为一位受欢迎的人物。

二、与客户沟通的三个环节

1. 了解客户, 是沟通的前提

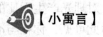 【小寓言】

牛羊怎知猪的苦

一只小猪、一只绵羊和一头奶牛被关在同一个畜栏里。

有一次, 牧人捉住小猪, 小猪大声嚎叫, 猛烈地挣扎着。

绵羊和奶牛讨厌它的嚎叫, 便抗议道: "烦死了! 他也常常捉我们, 我们并不这样大呼小叫。"

小猪听了回答道: "捉你们和捉我完全是两回事。他捉你们, 只是要你们的毛和乳汁, 但是捉住我, 确是要我的命啊!"

营销人员如果只关心自身的利益, 而不了解客户的感受, 那么便无法与客户进行有效沟通。

（1）通过倾听来了解。

学会倾听，不仅仅是听客户说话的内容，更重要的是在和客户的沟通中，体会客户说话的原因（目的），是如何表达的（语音语调），听上去的感觉（词语的选择），说话的实际内容（与接收者的心理活动相关），以及在话被说出来的时候看上去的感觉以及内心的感觉，等等。因此，如果你在和某个潜在客户对话时想要了解谈话的实际内容，你需要调动整个身心来进行谈话，从而透过谈话内容的表面"感知"其实际所表达的内容。

（2）通过提问来了解。

和客户交谈，尤其是在推销自己的产品时，要学会提问。提问是一门非常有趣的学问。首先要善于提问，如果只是一味地向客户推销，就会打击客户的购买欲望，即使再好的产品也会无人问津。其次是问题提得好，提到点子上，不能千篇一律，也不能忽略客户当时的情绪状况。

只有通过提问一步一步地深入客户的内心，你才能了解到客户的真正需求。这样一来，你就一步一步化被动为主动，成功的可能性就越来越大。

【小看板】

尽量用"我"代替"你"，后者常会使人感到有根手指指向自己。

习惯用语：你的名字叫什么？

专业表达：请问，我可以知道你的名字吗？

习惯用语：你必须……

专业表达：我们要请你那样做，这是我们需要的。

习惯用语：你错了，不是那样的！

专业表达：对不起我没说清楚，但我想它运转的方式有些不同。

习惯用语：如果你需要我的帮助，你必须……

专业表达：我愿意帮助你，但首先我需要……

习惯用语：你做的不正确……

专业表达：我得到了不同的结果。让我们一起来看看到底怎么回事。

习惯用语：你没有弄明白，这次听好了。

专业表达：也许我说的不够清楚，请允许我再解释一遍。

---

2. 触动客户

想要客户认同你的公司、你的产品，包括你个人，你就要学会触动客户。

（1）赞美认同与关怀感恩。

赞美顾客一定要诚恳。顾客对真诚的赞美是不会拒绝的。顾客是上帝，在与顾客的沟通中要自始至终表现出热忱的欢迎和诚挚的感谢，要树立"为顾客服务不是给予，而是报答"的思想。

（2）描绘美好未来与唤起眼前危机。

人们做事情最根本的动力是：追求快乐与逃避痛苦。和客户沟通的过程中你要强调买了以后可以带来的好处与利益，以及不买所带来的坏处和损失，尽可能描绘得具体详细，让客户有身临其境的感觉，能促使客户早做决定。

（3）苦练内功推销自己。

有人说，三流的推销员推销产品，二流的推销员推销公司，一流的推销员不仅推销产品，推销公司，更重要的是推销自己。

（4）对症下药，因人而异。

要根据不同的客户的特点、个性采取不同的沟通方法。古人给了我们很好的启示：仁义者动情；明智者说理；好炫耀者夸奖；好言者倾听；好强者激将；好面子者提示；贪婪者送礼；无主见者给借口。因人而异，投其所好，善说者之道也。

3. 维系客户

企业都有这样的感觉，开发一个新客户的成本要远远高于维系一个老客户的成本。维系客户的方法如下。

（1）搜集客户信息，建立客户档案。

从第一次和客户接触时就要有意识地搜集客户基本资料，然后不断地完善。客户档案一般包含这样的信息：客户的姓名、性别、年龄、生日、工作单位、地址、电子邮件地址、兴趣爱好、家庭成员情况、联系电话、体质类型、健康状态；每一次商谈的内容、购买的产品、规格、数量、购买时间、产品消费记录、投诉记录、投诉处理结果等。

（2）采用多种方式，与客户联系。

其实，对客户的售后维系花不了你太多的时间，关键是让客户感觉到你没有忘记他们。有的时候，一张小小的卡片、一个祝福的电话、一个联络的邮件、一个小礼物，都可帮助你维系你的客户关系，使你的客户成为你永续的资源。与客户接触联系的方法主要有以下几种：登门拜访、电话沟通、事件召集、信件沟通、网络沟通等。

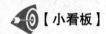 【小看板】

与客户沟通五点注意事项

（1）准时

（2）言而有信

（3）承诺要留有余地

（4）给予客户选择的机会

（5）对客户的想法表示理解

三、处理异议的技巧

1. 忽视法

一个销售人员去拜访服装店的经销商，老板一见到销售人员就开始抱怨说："哎呀！你们这个广告为什么不找某某明星拍呢？如果你们找比较有名的明星的话，我早就向你进货了。"这个销售员只是面带微笑说："您说得对。"然后就接着向经销商介绍自己的产品了，这就是忽视法。因为这个问题的重点不是请某某明星拍广告，重点是要和经销商谈进多少货，而谈拍广告可能是浪费时间。

忽略法，顾名思义就是当顾客提出一些反对意见，并不是真地想要获得解决或讨论时，这些意见和眼前的交易扯不上边儿，你只要面带微笑地同意他所言的枝节性意见就够了；对于一些为反对而反对，或者只是想表现自己看法高人一等的客户的意见，如果你不分主次地认真处理，不但会浪费时间，而且会有节外生枝的可能，因此，你只要让客户满足了表达的欲望，你就采用这种忽视法，迅速地展开你要谈的话题。

2. 补偿法

潜在客户说："你这个皮包设计的颜色都非常棒，令人耳目一新，可惜啊这个皮子品质不是最好的"。销售人员说："某某先生，您眼力真得特别好，这个皮料啊，的确不是最好的，若选最好的皮料的话，价格可能就要比现在这个价格高出好几倍了。"

销售员这时使用的方法叫做补偿法，也就是当客户提出他的一种反对意见或异议时，有事实根据的，你应该承认并且欣然接受，强力地否认事实是不理智的行为。千万不要去否认，你要给客户一个补偿，让他感觉到心理的平衡，也就是让他产生一种感觉，这种感觉就是产品的价格跟销售价值是一致的。给他的第二种感觉是产品的优点对客户是重要的，产品缺点对客户而言是较不重要的。世界上本来就没有十全十美的产品，当然产品的优点越多越好，但这不是真正影响客户购买与否的关键。补偿的方法就是能够有效地弥补产品本身的弱点。

3. 太极法

一个经销店的老板说："你们企业都把太多的钱花在这个广告上，为什么不把这个钱省下来，作为我们进货的折扣，让我们多一点利润多好呀。"销售人员却说："就是因为我们投入了大量的广告费用，客户才被吸引到指定的地方去购买我们的品牌。这不但能够节省您销售时间，而且能够顺便销售您其他商品，您的总利润还是最大的吧？"

销售员这时就是在运用太极法，太极法取自于太极拳中的借力使力，就是你一出招我就顺势接招再返招的办法。太极法的基本做法是，当客户提出一些不购买的异议时，销售人员表示这正是客户要购买的理由，也就是销售人员能立刻把客户的反对意见直接转换成他必须购买的理由。这就是借力使力的太极法。

在保险业里，客户说我收入少，没有钱买保险。保险业务员却说就是因为你收入少才更需要购买保险，以便从中获得更多的保障。

服装业客户会说我这种身材穿什么都不好看。销售人员应说就是因为你身材不好才更需要加以设计，来修饰你身材不好的地方。

卖儿童图书时，客户会说我的小孩连学校的课本都没兴趣，怎么可能会看这种课外读物呢？销售人员就说我们这套读本就是为激发小朋友的学习兴趣而特别编写的。

太极法处理的异议多半是客户不十分坚定的异议，特别是客户的一些借口，太极法最大的目的是让销售人员能够借处理异议而迅速引起客户购买的欲望。

4. 询问法

客户说："我希望你们的价格再下降10%。"销售人员说："我知道你一定希望我们给你百分之百满意的服务，难道你希望我给你的服务打折吗？"客户说："我希望你们所提供的颜色能够让客户选择。"销售人员说："报告某某总经理，我们已经选了五种最容易被客户接受的颜色了，难道你们希望拥有更多颜色的产品来增加你们的库存负担吗？"这就是询问法。

5. 如果……是的法

顾客说："你这个金额太大了，不是我们马上能够支付的。"销售人员说："是的，我想大多数人跟您是一样的，不容易立刻支付。如果我们能够看到您的收入状况，在您发年终奖金时多支付一些，其余配合您每个月的收入，采用分期付款的方式是不是来得一点儿都不费力？"这就是"如果……是的法"方法。

6. 间接反驳法

客户买房子时说："你这个公共设施占总面积太大了吧？"销售人员说："您大概有所误解，这次推出来的花园房公共设施占总面积的 18%，一般大厦占的是 19%以上，我们比那些还要低呢。"客户说："你们企业的售后服务风气不好，电话叫修总是姗姗来迟。"销售人员说："您说的一定是个别现象，有这种情况发生我们感到非常遗憾，我们企业的经营理念就是服务第一，企业在全省各地都有售后服务部，我们都是以最快的速度来为客户服务，以达成电话叫修的承诺。"这就是间接反驳法。

我们已经强调不要直接反驳顾客，否则容易陷入与客户的争辩，而且当时不自觉，往往事后会懊恼。所以，即使有时你必须使用直接反驳法时，也一定注意直接反驳的技巧，态度要诚恳，要对事不对人。千万不要伤了客户的自尊心，要让客户感觉到你是很专业很敬业的。

四、说服成交的技巧

1. 请求成交法

请求成交法又称之为直接成交法，这是销售人员向客户主动地提出成交的要求，直接要求客户购买销售的商品的一种方法。

（1）使用请求成交法的时机。

① 销售人员面对老客户时，销售人员了解顾客的需要，而老客户也曾接受过推销的产品，因此老客户一般不会反感推销人员的直接请求。

② 若顾客对推销的产品有好感，也流露出购买的意向，发出购买信号，可又一时拿不定主意，或不愿主动提出成交的要求，推销人员就可以用请求成交法来促成客户购买。

③ 有时候客户对推销的产品表示兴趣，但思想上还没有意识到成交的问题，这时销售人员在回答了客户的提问，或详细地介绍产品之后，就可以提出请求，让客户意识到该考虑购买的问题了。

（2）使用请求成交法的优点。

① 快速地促成交易。

② 充分地利用了各种成交机会。

③ 可以节省销售的时间，提高工作效率。

④ 可以体现一个销售人员灵活、机动、主动进取的销售精神。

（3）请求成交法的局限性。

请求成交法如果应用的时机不当，可能给客户造成压力，破坏成交的气氛，反而使客户产生一种抵触成交的情绪，有可能使销售人员失去了成交的主动权。

2. 假定成交法

假定成交法也可以称之为假设成交法，是指销售人员在假定客户已经接受销售建议，同意购买的基础上，通过提出一些具体的成交问题，直接要求客户购买销售品的一种方法。

例如，"张总您看，假设有了这样设备以后，你们是不是省了很多电，而且成本也有所降低，效率也提高了，不是很好吗？"就是把好像拥有以后那种视觉现象描述出来。

假定成交法的主要优点是可以节省时间，提高销售效率，可以适当地减轻客户的成交压力。

3. 选择成交法

选择成交法，就是直接向客户提出若干购买的方案，并要求客户选择一种购买方法。如，"豆浆您是加两个蛋呢，还是加一个蛋？"还有"我们礼拜二见还是礼拜三见？"这都是选择成交法。从事销售的人员在销售过程中应该看准顾客的购买信号，先假定成交，后选择成交，并把选择的范围局限在成交的范围。选择成交法的要点就是使客户回避要还是不要的问题。

（1）运用选择成交法的注意事项。

销售人员所提供的选择事项应能让客户从中做出一种肯定的回答，而不要给客户有拒绝的机会。向客户提出选择时，尽量避免向客户提出太多的方案，最好的方案就是两项，最多不要超过三项，否则你不能够达到尽快成交的目的。

（2）选择成交法的优点。

可以减轻客户的心理压力，制造良好的成交气氛。从表面上看来，选择成交法似乎把成交的主动权交给了客户，而事实上就是让客户在一定的范围内进行选择，可以有效地促成交易。

4. 小点成交法

小点成交法又叫做次要问题成交法，或者叫做避重就轻成交法，是销售人员在利用成交的小点来间接地促成交易的方法。

某办公用品推销人员到某办公室去推销碎纸机。办公室主任在听完产品介绍后摆弄起样机，自言自语道："东西倒是挺合适，只是办公室这些小年轻的毛手毛脚，只怕没用两天就坏了。"推销人员一听，马上接着说："这样好了，明天我把货运来的时候，顺便把碎纸机的使用方法和注意事项给大家讲讲，这是我的名片，如果使用中出现故障，请随时与我联系，我们负责维修。主任，如果没有其他问题，我们就这么定了？"

小点成交法的优点是：可以减轻客户成交的心理压力，还有利于销售人员主动地尝试成交，保留一定的成交余地，有利于销售人员合理地利用各种成交信号有效地促成交易。

5. 优惠成交法

优惠成交法又称为让步成交法，指的是销售人员通过提供优惠的条件促使客户立即购买的一种方法。例如，"张总，我们这一段时间有一个促销活动，如果您现在购买我们的产品，我们可以给您提供免费培训，还有三年免费维修。"这就叫附加价值，附加价值是价值的一种提升，所以又称之为让步成交法，也就是提供优惠的政策。

6. 保证成交法

保证成交法是指销售人员直接向客户提出成交保证，使客户立即购买的一种方法。所谓成交保证就是指销售人员对客户允诺的担负交易后某种服务的行为，例如，"您放心，这个机器我们3月4号给您送到，全程的安装由我亲自来监督。等没有问题以后，我再向总经理报告。""您放心，您这个服务完全是由我负责，我在公司已经有5年的时间了。我们有很多客户，他们都是接受我的服务。"让顾客感觉你是直接参与的，这是保证成交法。

（1）使用保证成交法的时机。

产品的单价过高，缴纳的金额比较大，风险比较大，客户对此种产品并不是十分了解，对其特性质量也没有把握，产生心理障碍犹豫不决时，销售人员应该向顾客提出保证，以增强信心。

（2）保证成交法的优点。

可以消除客户成交的心理障碍，增强成交信心，同时可以增强说服力以及感染力，有利于销售人员妥善处理有关成交的异议。

（3）使用保证成交法的注意事项。

应该看准客户的成交心理障碍，针对客户所担心的几个主要问题直接提示有效的成交保证的条件，以解除客户的后顾之忧，增强成交的信心，促使进一步成交。

根据事实、需要和可能，向客户提供可以实现的成交保证，切实地体恤对方，要维护企业的信誉，同时还要不断地去观察客户有没有心理障碍。

7. 从众成交法

从众成交法也叫做排队成交法，利用顾客的从众心理，大家都买了，你买不买？这是一种最简单的方法。从众成交法可以减轻顾客担心的风险，尤其是新顾客，大家都买了，我也买，可以增加顾客的信心。但是从众成交法有一个缺点，可能引起顾客的反从众的心理，"别人要买，别人是别人，跟我无关。"

8. 机会成交法

机会成交法也叫做无选择成交法、唯一成交法、现在成交法、最后机会成交法。例如："我们这个机器只剩下三台了，我们最后的优惠时间只有一个星期了……"这就是机会成交法。

9. 异议成交法

异议成交法就是销售人员利用处理顾客的异议的机会直接要求客户成交的方法，也可称为大点成交法。因为凡是客户提出了异议，大多是购买的主要障碍，异议处理完毕如果立即请求成交，往往收到趁热打铁的效果。

10. 小狗成交法

小狗成交法来源于一个小故事：一位妈妈带着小男孩来到一家宠物商店，小男孩非常喜欢一只小狗，但是妈妈拒绝给他买，小男孩又哭又闹。店主发现后就说："如果你喜欢的话，就把这个小狗带回去吧，相处两三天再决定。如果你不喜欢，就把它带回来吧。"几天之后全家人都喜欢上了这只小狗，妈妈又来到了宠物商店买下了这只小狗。

这就是先使用、后付款的小狗成交法。有统计表明，如果准客户能够在实际承诺购买之前，先行拥有该产品，交易的成功率将会大为增加。

【技能训练】

训练目的：

1. 体验怎样跟客户进行良好的沟通，让他们对公司的产品感到满意；

2. 体会客户异议的处理方法。

过程：

1. 将学员分成2人一组，其中一个是A，扮演销售人员，另一个是B，扮演顾客。

2. 情景：A现在要将公司的某件商品卖给B，而B则想方设法地挑出本商品的各种毛病，A的任务是——回答B的这些问题，即便是一些吹毛求疵的问题也要让B满意，不能伤害B的感情。

3. 交换角色，然后再做一遍。将每个组的问题和解决方案公布于众，选出最好的组给予奖励。

问题讨论：

1. 对于A来说，B的态度让你有什么感觉？在现实的工作中你会怎样对待这些顾客？

2. 对于 B 来说，A 怎样才能让你觉得很受重视，很满意？如果在交谈的过程中，A 使用了 "不"、"你错了" 这样的负面词汇，你会有什么感觉？谈话还会成功吗？

活动 4 情景模拟

案例导入

打印机的电话销售

销售员：您好，请问，李峰先生在吗？

李峰：我就是，您是哪位？

销售员：我是××公司的打印机客户服务部的章程。我这里有您的资料记录，你们去年购买了我们公司的打印机，对吗？

李峰：哦，对呀！

章程：保修期已经过了 7 个月，不知道现在打印机使用的情况如何？

李峰：好像你们来维修一次，后来就没有问题了。

章程：太好了。我给您打电话的目的是想告诉您，这个型号的打印机现在已经不生产了，以后的配件也比较昂贵，提醒您在使用的时候要尽量按照使用手册来操作。您在使用的时候阅读过使用手册吗？

李峰：没有呀！没有那么复杂吧？

章程：其实，还是有必要的。实在不想阅读也是可以的，不过使用寿命会降低。

李峰：我们也没有指望用一辈子。不过，最近业务量还是比较多的，如果坏了怎么办呢？

章程：没有关系，我们还是会上门维修的，虽然会收取一定的维修费用，但是比购买一台新的还是便宜的。

李峰：对了，现在再买一台全新的打印机什么价格了？

章程：那要看您需要什么型号了。您现在使用的是 3330 型，后续的升级产品是 4100 型。不过这完全取决于一个月大约印多少张正常的 A4 纸了。

李峰：最近的量开始大起来了，有的时候超过了 1 万张。

章程：要是这样，我还真是建议您考虑 4100 型，4100 型的建议用纸量是一个月 1.5 万张，而 3330 型的建议用纸量是一个月 1 万张。如果超过了会严重影响打印机的寿命的。

李峰：您能否给我留一个电话号码，也许我可能考虑再买一台，也许就是后续的产品。

章程：我的电话号码是××××。对了，我查看了一下，您是我们的老客户，年底还有一些特殊的照顾呢。不知道您何时可以确定要购买，也许我可以将一些好的政策给您保留一下。

李峰：什么照顾？

章程：4100 型的渠道销售价格是 12 150 元，如果是 3330 型的用户购买的话，可以享受 8 折优惠，或者赠送一些您需要的外设，主要看您的具体需要了。这样吧，您考虑一下然后再联系我。

李峰：等一下，这样我要计算一下，我在另外一个地方的办公室添加一台打印机会方便营销部的人，这样吧，基本上就确定了，是你送货还是我们来取？

章程：都可以，如果您不方便，还是我们过来吧，以前也来过，容易找的。看送到哪里，什么时间好？

……

【活动描述】

实战情景模拟一：如何接听电话

人物：飞黄公司电脑部文员阿美

腾达电脑设备公司业务经理小野

情景介绍：腾达公司业务经理小野打电话找飞黄公司电脑部黄经理，恰好黄经理出差在外，阿美接电话，请模拟阿美接听电话的情景。

讨论：刚才接听电话的过程中有哪些地方做得比较好，哪些地方还可以改进。请划出接听电话的流程，并结合案例说明在各个流程中应注意哪些问题。

实战情景模拟二：如何拨打电话

人物：飞黄公司电脑部文员阿美

腾达电脑设备公司业务经理小野

情景介绍：飞黄公司电脑部黄经理有急事出门，委托文员阿美打电话给腾达电脑公司业务经理小野，说原定于今天下午四点的会面改到明天上午十点，地点不变。

讨论：刚才拨打电话的过程中有哪些地方做得比较好，哪些地方还可以改进，请划出拨打电话的流程，并结合案例说明在各个流程中应注意哪些问题。

【活动分析】

实战情景模拟一

讨论：刚才接听电话的过程中有哪些地方做得比较好，哪些地方还可以改进。请划出接听电话的流程，并结合案例说明在各个流程中应注意哪些问题。

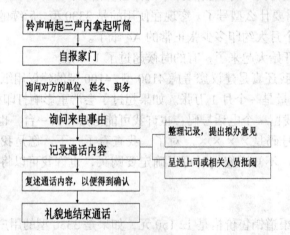

实战情景模拟二

讨论：刚才拨打电话的过程中有哪些地方做得比较好，哪些地方还可以改进，请划出拨打电话的流程，并结合案例说明在各个流程中应注意哪些问题。

提前想好谈话要点，列出提纲

↓

拨打电话并作自我介绍

↓

确定对方及问候

↓

说明去电事由

↓

主动询问是否需要再说一遍

↓

礼貌地结束谈话

【活动总结】

1. 接听和拨打电话要遵循一定的电话流程；

2. 在接听电话的过程中要注意重复重要的信息，例如，对方的电话号码，双方约定的时间、地点，双方谈妥的产品数量、种类，双方确定的解决方案，双方认同的地方，以及仍然存在分歧的地方等；

3. 在拨打电话前要思考的主要内容有：我的电话要打给谁？我打电话的目的是什么？我要说明几件事情？它们之间的联系怎样？我应该选择怎样的表达方式？在电话沟通中可能会出现哪些障碍？面对这些障碍可能的解决方案是什么？

4. 在与客户进行电话沟通过程中要注意的细节：Listen（聆听）、Express（表达）、Write（列出电话清单）、Polite（礼貌）。

技能点 4　电话沟通技巧

现代社会，各种高科技的手段拉近了人与人之间的距离，即使远隔天涯，也可以通过现代通信技术近若比邻。事实上，我们在日常的沟通活动中，借用的最多的工具就是电话。电话使人们的联系更为方便快捷，但另一方面，电话沟通也有其自身的缺陷。

一个人接听拨打电话的沟通技巧是否高明，常常会影响到他是否能顺利达成本次沟通的目标，甚至也会直接影响到企业、公司的对外形象。因此，应多动脑筋，千方百计让对方从声音中感受到你的热情友好。要想给对方留下诚实可信的良好印象，学习和掌握基本的电话沟通技巧和办公室电话礼仪是很有必要的。

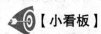【小看板】

在双方面谈时，你的身体姿势、面部表情占谈话效果的 55%，而电话交谈时却只闻其声，不见其人，即只能靠声音、语言沟通。

一、拨打电话的技巧

1. 准备

（1）心理准备。在你拨打每一通电话之前，都必须有这样一种认识，那就是你所拨打的这通电话很可能就是你这一生的转折点或者是你的现状的转折点。有了这种想法之后，你才可能对待你所拨打的每一通电话时，有一个认真、负责和坚持的态度，你的心态才有一种必定成功的积极动力。

（2）内容准备。给别人打电话时，如果想到什么就讲什么，往往会丢三落四，忘却了主要事项还毫无觉察，等对方挂断了电话才恍然大悟。在拨打电话之前，要先把你所要表达的内容准备好，最好是先列出几条在你手边的纸张上，以免对方接电话后，自己由于紧张或者兴奋而忘了自己的讲话内容。另外，和电话另一端的对方沟通时，要表达意思的每一句话该如何说，都应该有所准备，必要的话，提前演练到最佳。

在电话沟通时，注意两点：

① 注意语气变化，态度真诚；

② 言语要富有条理性，不可语无伦次前后重复，让对方产生反感或感觉啰嗦。

2. 时机

打电话时一定要掌握一定的时机，要避免在吃饭的时间里与顾客联系，如果把电话打过去了，也要礼貌地征询顾客是否有时间或方便接听。如"您好，王经理，我是×××公司的×××，这个时候打电话给您，没有打搅您吧？"如果对方有约会恰巧要外出，或刚好有客人在，应该很有礼貌地与其说清再次通话的时间，然后再挂上电话。

如果老板或要找之人不在的话，需向接电话人索要联系方法，"请问×××先生/小姐的手机号是多少？他/她上次打电话/来公司时只留了这个电话，谢谢你的帮助。"

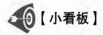【小看板】

如何选择打电话的时间

以一星期为标准，以下时间打电话比较合适。

星期一，这是双休日刚结束上班的第一天，客户肯定会有很多事情要处理，一般公司都在星期一开商务会议或布置这一周的工作，所以大多会很忙碌。所以如果要联系业务的话，尽量避开这一天。如果找客户确有急事，应该避开早上的时间，选择下午会好一些。

星期二到星期四，这三天是最正常的工作时间，也是进行电话业务最合适的时间，电话业务人员应该充分利用这三天。这也是业绩好坏的关键所在。

星期五，一周的工作结尾，如果这时打电话过去，得到的答复多半是，"等下个星期我们再联系吧！"这一天可以进行一些调查或预约的工作。

以一天为标准，以下时间打电话比较合适。

早上 8:30～10:00，这段时间大多客户会紧张地做事，这时接到业务电话也无暇顾及，所以这时，电话业务员不妨先为自己做一些准备工作。

10:00～11:00，这时客户大多不是很忙碌，一些事情也会处理完毕，这段时间应该是电话营销的最佳时段。

11:30～下午 2:00，午饭及休息时间，除非有急事否则不要轻易打电话。

有一种情况可以打，就是你之前被前台和无关的人挡了，你想换个人尝试一下，那么，我的经验最好在 12:30 以后。

下午 2:00～3:00，这段时间人会感觉到烦躁，尤其是夏天，所以，现在和客户谈生意不合适，聊聊与工作无关的事情倒是可行。

下午 3:00～6:00，努力地打电话吧，这段时间是我们创造佳绩的最好时间。在这个时间段，建议你要以比平时多 20% 的工作量来做事情。

按职业来看，以下时间打电话比较合适。

会计师：切勿在月初和月末，最好是月中才接触。

医生：早上 11:00 后和下午 2:00 前，最好的日子是雨天。

销售员：早上 10:00 前或下午 4:00 后，最热、最冷或雨天会更好。

牧师：避免在周末时候。

行政人员：上午 10:30 后到下午 3:00 为止。

股票行业：避开在开市后，最好在收市后。

银行家：早上 10:00 前或下午 4:00 后。

公务员：工作时间内，切勿在午饭前或下班前。

艺术家：早上或中午前。

药房工作者：下午 1:00 到 3:00。

餐饮业从业人员：避免在进餐的时候，最好是下午 3:00 到 4:00。

建筑业从业人员：清早或收工的时候。

3. 接通电话

拨打电话，在电话接通后，拨出者要先问好，并自报家门，确认对方的身份后，再谈正事。例如："您好，我是×××公司，请问××老板/经理在吗？××老板/经理，您好，我是×××公司的×××，关于……"

- 讲话时要简洁明了

由于电话具有收费、容易占线等特性，因此，无论是打出电话或是接听电话，交谈时都要长话短说，简而言之，除了必要的寒暄及客套之外，一定要少说与业务无关的话题，杜绝电话长时间占线的现象存在。

- 挂断前的礼貌

打完电话之后，拨出者一定要记住向顾客致谢，"感谢您用这么长时间听我介绍，希望能给你带来满意，谢谢，再见。"另外，一定要顾客先挂断电话，拨出者才能轻轻挂下电话，以示对顾客的尊重。

- 挂断后

挂断顾客的电话后，有许多的拨出者会立即从嘴里跳出几个对顾客不雅的词汇，来放松自己的压力，其实，这是最要不得的一个坏习惯。

二、接电话的技巧

有时顾客图省力、方便，用电话与服务部门直接联系，有的定货，有的是了解公司或产品，或者是电话投诉，电话接听者在接听时一定要注意，绝对不能一问三不知，或敷衍了事推诿顾客，更不能用不耐烦的口气态度来对待每一位打过电话的顾客。

1. 电话接通后，接电话者要自报家门，如："您好，这里是全程管理公司业务部。"或"您好，我是×××，很高兴为您服务。"绝对禁止抓起话筒就问"喂，喂，你找谁呀？你是谁呀？"这样不仅浪费时间还很不礼貌，让公司的形象在顾客心中大打折扣。接听电话前一般要让电话响一到二个长音，切忌不可让电话一直响而缓慢地接听。

2. 记录电话内容：在电话机旁最好摆放一些纸和笔，这样可以一边听电话一边随手将重点记录下来。电话结束后，接听电话者应该对记录下来的重点妥善处理或上报认真对待。

【小看板】

即使是人们用心去记住的事，经过 9 小时，遗忘率也会高达 70%，日常琐事遗忘得更快。试回忆本周前 4 天晚饭的内容，大概不少人想不起吧！所以不可太相信自己的记忆，重要事项可采取做记录的措施予以弥补。若在电话机旁放置好记录本、铅笔，当他人打来电话时，就可立刻记录主要事项。如不预先备妥纸笔，到时候措手不及、东抓西找，不仅耽误时间，而且会搞得自己狼狈不堪。

---

3. 重点重复：当顾客打来电话说一些重要信息时，这时不仅要记录下来，还应该向对方复述一遍，以确定无误。

4. 让顾客等候的处理方法：如果通话过程中，需要对方等待，接听者必须说："对不起，请您稍等一下。"之后要说出让他等候的理由，以免因等候而焦急。再次接听电话时必须向对方道歉："对不起让您久等了。"如果让对方等待时间较长，接听人应告知理由，并请他先挂掉电话，待处理完后再拨电话过去。

5. 电话对方声音小时的处理方法：如果对方语音太小，接听者可直接说："对不起，请您声音大一点，好吗？我听不太清楚您讲话。"绝不能大声喊："喂喂大声点。"要大声的是对方，不是你。

6. 电话找人时的处理方法：若遇找人的电话，应迅速把电话转给被找者；如果被找者不在，应对对方说："对不起，×××现在出去了，我是×××，如果方便的话，可不可以让我帮你转达呢？"也可以请对方留下电话号码，等被找人回来，立即通知他给对方回电话。

无论是拨打电话，还是接听电话，都可以反映出一个人或公司的形象。电话是公司对外交流的一个窗口。一个好的拨打电话、接听电话过程，传递给对方的是一个好的印象，反之亦然，因此在电话方面，无论是拨打还是接听，都应该特别注意你的言辞与语气，一个电话可能改变你目前的境况，甚至是一生。

三、转接电话的技巧

1. 听清楚关键字句

常有这种情况：顾客打电话找领导，领导却不在办公室。这时，代接电话者态度一定要热情，你可用下面的方法明确告诉对方科长不在。

据你所知，告诉对方领导回公司的时间，并询问对方："要我转达什么吗？"对方可能会说出下列几种愿望：

① 稍后，再打电话；

② 想尽快与领导通话；

③ 请转告领导……

如果领导暂时不能回公司，则可告诉对方："领导出差在外，暂时无法联系，如有要紧事，由我负责与领导联系行吗？"

另外，当对方不便告知具体事项时，要留下他的姓名、电话、公司的名称。

若受顾客委托转告，则应边听顾客讲边复述，并按5W2H内容，认真记录。

给领导打电话联系时，应告诉领导：顾客的姓名、公司名称、电话号码、打来电话的时间，并与领导一一确认。

无论如何，都必须复述对方姓名及所讲事项。通话结束应道别："我叫××，如果领导回来，定会立刻转告。"自报姓名，其目的是让对方感到自己很有责任感，办事踏实可靠，使对方放心。

2. 慎重选择理由

通常，被指定接电话的人不在时，原因很多，如因病休息、出差在外、上厕所，等等。这时，代接电话的你，应学会应付各种情况。

告诉对方，×××不在办公室时，应注意不要让对方产生不必要的联想，特别不能告诉对方×××的出差地点，因其出差所办事情，或许正是不能让对方觉察知晓的商业秘密。

另外，如果我们遇到领导正在参加重要会议，突然接到客户的紧急电话，怎么办？这时应正确判断，妥当处理。

如果领导有约在先："开会期间，不得打扰。"那转告之类的事，当然不能例外。

要想谋求一个两全其美的办法，既不中断会议，又不打扰领导，那么，就活用纸条吧。如在纸条上写到："×××先生电话找您，接电话( )，不接( )，请画勾。"然后悄悄走进会议室，将纸条递给领导看，领导一目了然，瞬间即画好勾。如此这般，既对会议不影响，领导又能当场定论，是一种很合适的方法。

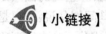【小链接】

错接的电话

小陈是某机关办公室的一位秘书。有一次他正在办公，突然电话铃声响了。此时陈秘书正在整理文件，停了一会儿才拿起话筒问到："请问你找谁？"对方回答说找老刘，陈秘书随即将话筒递给邻桌的刘秘书说："刘秘书，你的电话。"没想到，刘秘书接到电话没讲几句，就和对方争吵起来，最后刘秘书大声说道："你今后要账时，先找对人再发火。这是办公室，没有你要找的那个刘天亮！"说完就挂了电话。

原来，这个电话是打给宣传科刘天亮的，结果错打到了办公室，而对方只是含糊地说找老刘，小陈误以为要找刘秘书，结果造成了这场误会。

四、特殊电话处理技巧

1. 听不清对方的话语

当对方讲话听不清楚时，进行反问并不失礼，但必须方法得当。如果惊奇地反问："咦？"或怀疑地回答："哦？"对方定会觉得无端地招人怀疑、不被信任，从而非常愤怒，连带对你印象不佳。但如果客客气气地反问："对不起，刚才没有听清楚，请再说一遍好吗？"对方定会耐心地重复一遍，丝毫不会责怪。

2. 接到打错了的电话

有一些职员接到打错了的电话时，常常冷冰冰地说："打错了。"最好能这样告诉对方："这是×××公司，你找哪儿？"如果自己知道对方所找公司的电话号码，不妨告诉他，也许对方正是本公司潜在的顾客。即使不是，你热情友好地处理打错的电话，也可使对方对公司抱有初步好感，说不定就会成为本公司的客户，甚至成为公司的忠诚支持者。

3. 遇到自己不知道的事

有时候，对方在电话中一个劲儿地谈自己不知道的事，而且像竹筒倒豆子一样，没完没了。职员碰到这种情况，常常会感到很恐慌，虽然一心期盼着有人能尽快来接电话，将自己救出困境，但往往迷失在对方喋喋不休的陈述中，好长时间都不知对方到底找谁，待电话讲到最后才醒悟过来："关于×××事呀！很抱歉，我不清楚，负责人才知道，请稍等，我让他来接电话。"碰到这种情况，应尽快理清头绪，了解对方真实意图，避免被动。

4. 接到领导亲友的电话

领导对部下的评价常常会受到其亲友印象的影响。打到公司来的电话，并不局限于工作关系。领导及先辈的亲朋好友，常打来与工作无直接关系的电话。他们对接电话的你的印象，会在很大程度上左右领导对你的评价。

例如，当接到领导夫人找领导的电话时，由于你忙着赶制文件，时间十分紧迫，根本顾不上寒暄问候，而是直接将电话转给领导就完了。当晚，领导夫人就会对领导说："今天接电话的人，不懂礼貌，真差劲。"简单一句话，便会使领导对你的印象一落千丈。可见，领导及先辈的亲朋好友对下属职员的一言一行非常敏感，期望值很高，请切记时刻严格要求自己。

5. 接到顾客的索赔电话

索赔的客户也许会牢骚满腹，甚至暴跳如雷，如果作为被索赔方的你缺少理智，像对方一样感情用事，以唇枪舌剑回击客户，不但于事无补，反而会使矛盾升级。正确的做法是：你处之泰然，洗耳恭听，让客户诉说不满，并耐心等待客户心静气消。其间切勿说："但是"、"话虽如此，不过……"之类的话进行申辩，应一边肯定顾客话中的合理成分，一边认真琢磨对方发火的根由，找到正确的解决方法，用肺腑之言感动顾客，从而化干戈为玉帛，取得顾客谅解。

面对顾客提出的索赔事宜，自己不能解决时，应将索赔内容准确及时地告诉负责人，请他出面处理。闻听索赔事宜，绝不是件愉快的事，而要求索赔的一方，心情同样不舒畅。也许要求索赔的顾客还会在电话中说出过激难听的话，但即使这样，到最后道别时，你仍应加上一句："谢谢您打电话来。今后一定加倍注意，那样的事绝不会再发生。"这样，不仅能稳定对方情绪，而且还能让其对公司产生好感。正所谓："精诚所至，金石为开。"对待索赔客户一定要诚恳，用一颗诚挚的心感动客户，以化解怨恨，使之从这次处理得当、令人满意的索赔活动中，理解与支持本公司，甚至成为公司产品的支持者。

【技能训练】

训练目的：
1. 掌握接打电话的技巧；
2. 掌握转接电话的技巧。
训练过程：
根据以下场景分组进行情节设计，并进行表演。

1. 4S 店客服接到客户的抱怨电话，你已经向这位客户耐心做出解释了，但这个客户依旧得理不饶人，数落不停。

2. 领导正在主持会议，但来电对方表示情况非常紧急，一定要与该领导通话。

3. 如果电话是你接的，所找之人是你同事，但他恰巧不在，去上厕所了。

4. 学生经常旷课，违反学校纪律，老师向家长电话反映。

5. 你在单位办公室接到电话询问该单位的具体地址及如何乘车到达该公司。（电话过程中有客人来访）

问题讨论：讨论每组学生在演练过程中表现好的地方和要进行完善的地方，以及总结电话沟通过程中要注意的礼仪细节。

任务总结

一、上下级沟通技巧

作为一名部门领导，你除了要为部门的经营策略、业务数量、客户关系等问题殚精竭虑，还需要关注的就是怎样处理好你与你的部下的关系。能否建立一个关系融洽、积极进取的团队，很大程度上取决于你是否善于与部下进行沟通，取决于你是否善于运用沟通技巧。

1. 赞美部下的技巧：（1）赞扬的态度要真诚；（2）赞扬的内容要具体；（3）注意赞美的场合；（4）适当运用间接赞美的技巧。

2. 批评部下的技巧：（1）以真诚的赞美做开头；（2）要尊重客观事实；（3）指责时不要伤害部下的自尊与自信；（4）友好的结束批评；（5）选择适当的场所。

3. 向领导汇报的技巧：（1）反映情况全面客观准确是向领导汇报工作的基本要求；（2）提出解决问题方案是向领导汇报工作的核心内容；（3）因人而异是向领导汇报工作的关键所在；（4）选择时机是向领导汇报工作的必要条件。

4. 说服领导的技巧：（1）事实充分交流法使你言重如山；（2）角色置换法使你明察秋毫；（3）角色正名法使你言顺意达；（4）借力说服法使你事半功倍。

5. 上下级有效沟通的技巧：（1）上下级沟通中应具备的心态：合作、服务、赏识、分享；（2）如何才能有效进行上下级沟通：上级要抱着虚心的精神，不要妄自尊大；上级领导要有大度的心态，更要有辨别是非的能力；沟通要把生活与工作分开。

二、平级沟通技巧

平级关系是一种横向关系，组织机构中具有基本相同组织等级的人之间，无法具有上级对下级的奖惩手段和权限。平级之间的沟通合作，不能强调"应该"和"必须"，合作的达成取决于其主观态度。现代组织更强调组织结构扁平化以及组织层级间信息的高效传递，组织中的平级沟通越来越呈现出企业良好运转的润滑剂的角色，一个平滑顺畅的平级沟通将使企业的效率得到极大提高。

1. 平行沟通的方法和原则：（1）积极主动；（2）求同存异；（3）多"补台"不"拆台"。

2. 与同事融洽相处的禁忌：（1）遇到可以分享的好事不及时通报；（2）明知而不说；（3）彼此不照应；（4）完全不分享；（5）有事不求助；（6）拒绝善意；（7）喜欢争辩；（8）过度敏感；（9）完全不主动；（10）乱献殷勤。

3. 与同事融洽相处的技巧：（1）以诚相待，灵活表达；（2）赞美常挂嘴边，务必少争多让；（3）有事没事勤沟通，切忌背后打报告。

三、与客户沟通技巧

1. 接近客户的技巧：（1）迅速打开准客户的"心防"；（2）学会推销商品前先销售自己。

2. 获取客户好感的六大法则：（1）给客户良好的外观印象；（2）要记住并常说出客户的名字；（3）让你的客户有优越感；（4）替客户解决问题；（5）自己保持快乐开朗；（6）利用小赠品赢得准客户的好感。

3. 处理异议的技巧：（1）忽视法；（2）补偿法；（3）太极法；（4）询问法；（5）如果……是的法；（6）间接反驳法。

4. 说服成交的技巧：（1）请求成交法；（2）假定成交法；（3）选择成交法；（4）小点成交法；（5）优惠成交法；（6）保证成交法；（7）从众成交法；（8）机会成交法；（9）异议成交法；（10）小狗成交法。

四、电话沟通技巧

1. 拨打电话的技巧：（1）做好心理准备和内容准备；（2）打电话时一定要掌握时机，要避免在吃饭的时间里与顾客联系，如果把电话打过去了，也要礼貌地征询顾客是否有时间或方便接听；（3）接电话时讲话要简洁明了，挂断前和挂断后都要礼貌。

2. 接电话的技巧：（1）电话接通后，接电话者要自报家门；（2）记录电话内容；（3）重点重复。

3. 转接电话的技巧：（1）关键字句听清楚；（2）慎重选择理由。

4. 特殊电话处理技巧：（1）不失礼仪的反问听不清的话语；（2）热情友好地处理打错的电话；（3）尽快理清未知的事；（4）严格谨慎地接听领导亲友电话；（5）理智接听索赔电话。

思考与训练

一、案例讨论

1. 有一企业老板写信骂了他的供应商老板，让秘书把信发出去。没过几天，老板对此事很后悔，不应该写信骂人。于是又写了一封信表示道歉，让秘书发走。这时秘书对老板说："上次见您写的信欠冷静，所以我并未把信发出去，这封道歉信您也不必发了。"

请讨论：秘书这么做对不对？如果是你，你会怎么做？

2. 甲主管：关于在天津地区设分厂的方案，我们已经详细论证了它的可行性，大概3～5年就可以收回成本，然后就可以盈利了，请董事长一定要考虑我们的方案。

乙主管：关于在北京地区设立分厂的方案，我们已经会同财务、销售、后勤部门详细论证了它的可行性。根据财务评价报告显示，该方案在投资后的第28个月财务净现金流由负值转为正值，这预示着该项投资将从第3年开始赢利。经测算，该方案的投资回收期是4年。从社会经济评价报告上显示，该方案还可以拉动与我们相关的下游产业的发展。这有可能为我们将来的企业前向、后向一体化方案提供有益的借鉴。如果在北京的××区，当地政府还有相关的税收优惠和土地政策优惠措施。与该方案有关的可行性分析报告我已经带来了，请董事长审阅。

请讨论：两位主管谁更具有说服力？为什么？

3. 客户：我想查一下我的×××卡在不在电话银行上。

热线服务人员：×××号，没有。

客户：那你帮我查一下，是不是登记到别的卡号上了。

热线服务人员：查不到。肯定是没注册上，你在哪办的？

客户：×××柜台。

热线服务人员：那你要到柜台去一下，重办一下。

客户：你能否帮我查一下，是不是挂错了还是没挂上。

热线服务人员：一定是×××支行做错了，他们经常错，我这里查不到，你到柜台去。

客户：查不到原因我去干什么？

热线服务人员：我们这里的业务必须要到柜台办理的，你知道吧？这样吧，我打电话叫他们来找你。

柜台服务人员：是×××吗？我是×××网点的，我们单位服务人员打电话来，正好我接电话，我不是这里的负责人，你明天下午到这里来一趟好吗？

客户：你能否帮我查一下账卡是否挂到电子银行？还是挂错了？

柜台服务人员：你是哪天挂的？谁帮你挂的？

客户：一周前，左边第一个柜台。

柜台服务人员：你一定记错了，我问过了，左边第一个没有帮你办过。

客户：我就想问一下你能否帮我查一下账卡是否挂到电子银行？还是挂错了？

柜台服务人员：那我查不了，他们都讲没办过，我要到楼上帮你翻，很麻烦的，我也不是这里的负责人，只是正好接到这个电话。

客户：那你给我打这个电话什么意思呢？

柜台服务人员：我也不是这里的负责人，只是正好接到这个电话。我找我们经理给你打电话好了。

客户：我就问个简单的问题，你们搞了这一大圈，什么也没解决，你们怎么回事？

思考题：

（1）在上述沟通中，客户打来电话主要目的是什么？

（2）沟通结束后，客户为什么不满意？

（3）热线服务人员的哪些语言是不恰当的？

（4）如果你是热线服务人员，你如何处理？

4. 小组讨论

从同事到冤家

情景描述：陈正是公司市场部一名员工，为人比较随和，从不与人争执，和同事关系相处得比较好。但是，前一段时间，不知道为什么，与他同一部门的、本来没有任何冲突的张林老是和他过不去，有时候还故意在别人面前说他的不是，甚至还在客户面前说他的缺点，并且还抢了他几个客户。

起初，陈正觉得那是同事，没什么大不了的，忍一忍也就算了。但是，看到张林越来越嚣张，陈正一气之下，告到了经理那儿。结果是，经理把张林批评了一通。从此，两人成了冤家，形同陌路。

讨论：

（1）陈正和张林的关系出现转变后，陈正应采取什么样的沟通方式？

（2）在经理那边告状对两人的关系产生什么样的影响？

（3）如果你是陈正，你应该如何解决这种沟通矛盾？

（4）经理处理问题的方法是否妥当？有更好的方法吗？

二、当你给他人打电话时，你并不确定对方是否具有合适的通话时间，为了向对方表明

尊重他们的时间，你应该如何说？（写出 5 句对白）

三、如果你的上司正在召开重要会议，而对方又是因为紧急事情致电你的上司，这时，你应该怎样处理？

四、如何处理同时打来的几个电话？

五、如果是你接到打错的电话，你怎么说？

六、在一个新的工作环境中应该如何与同事相处？

七、怎样与一个你不喜欢的同事相处？

八、以下是他人总结的"与同事融洽相处的 50 个技巧"，请以小组为单位分析这些技巧是否合理及其适用范围。

（1）不论与同事关系亲疏好歹，都要保持正常合作，不要把个人私情掺和到工作中来。

（2）具备某项工作要求的基本技能，就不会让人看不起。

（3）至少培养一种才能，免得在竞争中遭同事排挤。

（4）适应办公室工作与人文环境才能脱颖而出。

（5）严守规章制度。

（6）受人驱使时也要表现出乐意去做才好。

（7）刚走上工作岗位要学会忍耐、听话、服从，尊重领导。

（8）重视单位部门间横向关系的沟通。

（9）尊重女同事。

（10）把获得名利的机会让给同事一些，可以获得同事的感激之情。

（11）严己宽人，较易赢得同事的友谊。

（12）努力修正自己的嫉妒心，有利于与同事之间的和睦相处。

（13）少说多听，较易在同事中树立老实厚道的印象。

（14）信守诺言，较易树立靠得住的印象。

（15）相逢笑当先，会给同事留下友好的印象。

（16）适度地开开玩笑，可以拉近同事之间的距离。

（17）去做自己能力做得到的事情。

（18）多与前辈打交道，会使你更快地走向成熟。

（19）不谈论别人是非，是说话不得罪人的前提。

（20）向同事倾诉对上司的不满是很危险的。

（21）承认对方的重要性较易产生好感。

（22）把对方的缺点往好的方面想，使你不会与同事产生太大隔阂。

（23）当同事需要时主动出面，日后自己也能得到对方的关照。

（24）学会与浑身都是"刺"的人交往。

（25）在单位里不要随便与人交心。

（26）对同事的私事要装糊涂。

（27）要学会保护自己。

（28）太直率容易招惹麻烦。

（29）同事被上司批评时，你表示同意后要说一些同事的优点。

（30）莫要让别人拿你当"替罪羊"。

（31）在单位里一定要"站好队"、"跟准人"，尽量取得上司对你工作上的肯定与支持。

（32）不与冤家对头结怨，会得到上下多方的欣赏和器重。

（33）一走了之是对饶舌之徒最有力的回击。

（34）自我贬低会招致同事的欺负。

（35）有人传播你的谣言，找机会一定向上司表白自己。

（36）知道什么样的同事最危险，有助于你建立有利的人际关系。

（37）与得理不饶人的同事保持距离，可以使你免惹是非。

（38）对笑里藏刀的同事一定要警惕，严守秘密。

（39）千万不要与溜须拍马的人作对。

（40）检点自己的言行是对付挑拨离间的同事的绝招。

（41）不要对忘恩负义的同事计较得失。

（42）对兢兢业业的同事要多帮助，工作上要一丝不苟。

（43）对好发牢骚的同事只能敷衍。

（44）要学会接纳雄才大略的同事。

（45）巧妙地指出同事的错误，较易被同事信赖。

（46）当你受到同事冷落时，要分析原因。

（47）用行动补救自己的错误，比掩饰错误更能证明你的责任感。

（48）称呼同事时，要符合对方的身份。

（49）记住同事的名字很重要。

（50）处事不惊，控制好你的情绪。

第二部分
团队协作篇

任务一
团队基础

1+1 一定大于等于 2

2004 年 6 月，拥有 NBA 历史上最豪华阵容的湖人队在总决赛中的对手是 14 年来第一次闯入总决赛的东部球队活塞。赛前，很少有人会相信活塞队能够坚持到第七场。从球队的人员结构来看，科比、奥尼尔、马龙、佩顿，湖人队是一个由世界知名球员组成的"超级团队"，每一个位置上的成员几乎都是全联盟最优秀的，再加上由传奇教练菲尔·杰克逊对其的整合，在许多人眼中，这是 20 年来 NBA 历史上最强大的一支球队，要在总决赛中将其战胜只存在理论上的可能性，更何况对手是一支缺乏大牌明星的平民球队。

然而，最终的结果却出乎所有人的意料，湖人几乎没有做多少抵抗便以 1：4 败下阵来。湖人的失败有其原因：OK 组合相互争风吃醋，都觉得自己才是球队的领袖，在比赛中单打独斗，全然没有配合；而马龙和佩顿只是冲着总冠军戒指而来的，根本就无法融入整个团队，也无法完全发挥其作用。缺乏凝聚力的团队如同一盘散沙，其战斗力自然也就会大打折扣。

明星员工的内耗和冲突往往会使整个团队变得平庸，在这种情况下，1+1 不仅不会大于或等于 2，甚至还会小于 2。在工作团队的组建过程中，管理层往往竭力在每一个工作岗位上都安排最优秀的员工，期望能够通过团队的整合使其实现个人能力简单叠加所无法达到的成就。然而，在实际的操作过程中，众多的精英分子共处一个团队之中反而会产生太多的冲突和内耗，最终的效果还不如个人的单打独斗。

在通常情况下，团队工作的绩效往往大于个人的绩效，但也不是那么绝对，这取决于团队工作的性质：如果团队的任务是要搬运一件重物，单凭其中一个成员的力量绝对搬不动，必须要两个以上的成员才能够搬动，这时团队的绩效要大于个人绩效，1+1 的结果会大于或等于 2；但如果换成是体操比赛中的团体项目，最后的成绩往往会因为某位成员的失误而名落孙山，这时，团队的绩效还不如其中优秀成员的个人成绩，1+1 的结果反而会小于 2。

活动 1 破冰

【活动描述】

道具：每小组（5~6 人）一张大白纸（不要太薄），水彩笔一盒。

步骤 1：对学生进行分组。

步骤 2：每组学生在规定的时间内，完成老师布置的任务：设计队名、队呼、队徽和队歌，并且要求在白纸上面画出队徽。

步骤 3：每组同学按照一定顺序上台展示本组的成果，介绍队名和队徽的具体含义，整组同学一起大声地喊出队呼，唱出队歌，要求声音洪亮、整齐，并且每位同学都知道具体的内容。

步骤 4：学生和老师对每组展示过程进行打分，按照每组的分数进行排序，奖励分数前三名的小组。

【活动总结】

问题 1. 什么是团队，团队与群体的区别；

问题 2. 与个人相比，团队的优势；

问题 3. 什么是优秀的团队，怎样打造优秀团队；

问题 4. 团队形成的阶段。

知识链接 团队概述

团队的起源，有人认为早在军队产生时就已出现。它最早的含义是"一起拉"，见于印欧语系的"DEUK 拉"。16 世纪演变为"一起行动的一群人"。

20 世纪 40 年代，英国塔维斯托克研究院研究了工人组成团队时对生产力的影响。

50 年代，通用食品的托皮卡厂以自主管理的团队做实验，获得很大成功，但传统组织不欣赏这种方式。

60 年代，通用汽车公司发现，以团队为基础的装配线能提高产品质量和员工工作满意度，而且制造一辆汽车的时间仍保持不变。

70 年代末，团队概念中开始导入工具箱的观念，团队成员就像工具一样用途各不相同，互相配合才能完成工作。这样的团队就是一些具有不同技能的人的集合，如专案小组，他们在组织中发挥了极大的作用。

80 年代，团队建设在西方进一步推广，并取得了显著成效。

在戴明（W.Edwards Deming）与朱兰（July）等提出全面质量管理（TQM）理论后，他们的追随者将团队理论融于质量管理中，通过诸如质量圈、自我管理团队（Self-managed Team）等形式来实现全面质量管理。

一、团队的优势

1. 什么是团队

关于团队的定义，不同学者从不同的视角进行界定，从而出现了不同的表述。其中，具有代表性的表述列举如下：

（1）Salas, Dickinson, Converse 和 Tannenbaum（1992）把团队定义为"一群可区别的两个或更多的人组成，他们为了一个共同的、重要的目的／目标／任务而动态地、相互依赖地、适应地交互作用，他们每个人都被指派有一个明确的角色或职能，他们有一个有限的生命周期。"

（2）Katzenbach 和 Smith（1993）认为，"团队是由一小群有互补技能的人组成，他们为达到共同的目的和绩效目标，使用相同的方法并且相互承担责任。"

（3）Guzzo 和 Dickson（1996）认为，工作组或团队"是由单个的个体组成，他们把自己而且别人也把他们看成是一个社会统一体，他们相互依赖，因为他们以群体成员的身份执行任务，他们处在一个或多个更大的社会系统中（如团体、组织），他们执行与别人有关的任务（如顾客或工作合伙者）。"

（4）Cohen 和 Bailey（1997）基于 Hackman（1987）的研究，给团队做出了如下定义："团队是一群个体的集合，他们在任务方面互相依赖，他们对结果共担责任，他们把自己看成是而且被人也看成是一个完整的统一体（当处在一个或多个更大的社会系统之中时，如商业单位或企业），他们跨越组织边界管理他们的关系。"

综合上述学者对团队定义的表述，可以统一有关团队概念表述的基本内容，主要内容如下。

第一，团队是由两个或更多的人组成的群体。它是一个不可分割的整体，具有共同的愿景、目标和价值观，在团队内部就有关问题容易达成共识。

第二，团队具有共同的目的和绩效目标，需要全体成员共担责任，共享信息、资源、权力等，充分发挥各自的积极性、主动性和创造性，努力实现团队目标。

第三，团队成员熟悉共同的业务基础知识，同时又具有自己不同的专业特长，在专业知识和技能上可以形成互补性。

第四，团队成员在执行任务的过程中需要使用共同的方法，这个"共同的方法"是指团队成员必须在谁做哪项具体工作、时间表该如何安排如何做到、需要发展哪些技能、怎样才能得到荣誉称号、决定如何修正等一系列问题上达成一致意见，特别是在工作的各个具体方面以及如何把个人的技能与提高团队绩效联系起来拧成一股劲的问题上取得一致意见。"共同的方法"是在工作的过程中磨合的。

第五，团队是具有边界的，能否管理好团队边界直接关系到团队目标的实现与否。

由此可见，团队具有突出的互依性、一致性、自主性和共享性特征。上述分析表明，团队是一个相互依存的群体，其成员必须同心同德、互相合作。有时他们分工明确，有时又平摊风险和责任。然而，无论表面上看似如何，他们都会彼此密切配合以达到既定目标。一旦成员间建立起这种相互依赖的关系，一支极具凝聚力的团队也就随之形成了。在团队里，你的优势弥补了他人的不足，他人的优势又恰好弥补了你的不足。如此一来，每个人的优势都会得到淋漓尽致地发挥。作为一个整体，他们已完美得无懈可击，最终注定会出色地完成每项任务。用团队的标准要求大家相互协作比仅仅要求他们做好本分工作需要花费更多的时间和精力去培养和锻炼。然而，一旦团队成员养成相互协作的精神，进入高效的状态之后，他们便可以创造出远胜于其他类型的工作组的辉煌业绩。

2. 团队与群体的区别

团队和其他群体的区别在于：团队组织者观察到，人们工作时存在潜在的相互依赖性，就有意识地把这些人组织在一起，让每位团队成员互相配合，取长补短，从而更高效快捷地完成一项工作。

表 2-1　　　　　　　　　　　　　　　　团队与群体的区别

群　　体	团　　队
● 承担个人责任	● 承担个人及共同的责任
● 聚会共享信息，交流观点	● 经常聚会讨论，作决策，解决问题，作计划
● 注重个人目标	● 注重团队目标
● 只做好分内工作	● 共同出谋划策做好集体工作
● 分派每个人的职责、任务	● 分派每个人的职责、任务以便互相协作完成团队工作；共同分担任务或者替换角色
● 关注自我成绩和挑战	● 团队每位成员的成绩都会受到关注，成员也会留心团队面临的挑战
● 由管理人员决定工作目标和策略	● 团队领导和成员共同协商确定工作目标和策略

需要特别注意以下几点。

（1）工作组注重个人，而团队注重整体。在团队里，个人工作并没有被淹没，而是为了更大的团队利益进行了整合。团队关注整体利益，而非个人成就。

（2）团队比工作组更经常举行会议。传统工作组依据管理方式的不同，可能会定期召开会议，主要供大家听取、分享某些信息，而团队的会议就不仅仅限于信息交流。团队会议类似于一个自由论坛，大家可以借此机会做工作计划，解决问题，规划决策，总结工作进展等。

（3）团队领导的决策意见不是决定性的，而是供大家参考的。这与工作组中管理人员单独决策恰好形成对比。在团队里，领导经常先听取成员的意见，然后制定目标，作决策，或者直接请员工参与决策，要知道他们才是工作的直接执行者！但是，在其他工作组中，管理人员和员工都是各忙各的。当然，很多情况下，管理人员分派任务、作决策时很少与员工讨论。分派完任务之后，员工只好再自己掂酌工作的要求，考虑怎样把工作做好。

3. 团队的优势

团队优势，顾名思义是团队合作所产生的一种优势，有别于个体优势，从另一个方面说，个体优势不能代表团队优势，只能对团队优势起一定作用。

例如，一项工作需要勇敢、机智、敏捷、冷静等几种因素才能完成，有 ABCD 四人，组成一个团队，A 有勇敢，B 有机智，C 有敏捷，D 有冷静。那么在这项工作的不同阶段，我们可以让 ABCD 分别发扬自己的特长，从而得到最大的成功。这一点在体育运动中的团队比赛中显得尤为重要。值得注意的是，个人的因素在团队中的作用不是绝对的。比如说，这项工作不需要勇敢，但是参与这项工作的人有勇敢这项特长，那么反而对团队形成一种掣肘。所以，在团队合作中一定要知道目标以及个体的优势分配，只有这样团队优势才能发挥出来。

（1）集体的智慧。每个人的智慧的相加，一个思想加一个思想，你一个思想加我的思想，我们两个思想加起来等于什么？等于三个思想。你的思想还在，我的思想也还在，我们两个思想的结合，成了第三个思想，就是智慧的结合。你一个优势，我一个优势，是等于三个优势，不是两个优势。

（2）个人的成长。尤其是对于团队的成员，在冬天我们可以抱团取暖，在夏天和春天，我们可以脱颖而出。另外也有利于团队的成熟。

一个团队是由一个一个的人构成的，没有个人就没有团队。同时，任何一个团队都不可能只要一种人才，正如梁山上不能只有宋江，也不能只有武松、李逵或者王瑛；《西游记》里不能只有孙悟空，或者猪八戒，或者唐僧一样。各个领域，各种能力的人形成互补的优势越强，团队的竞争力也就越强，成功的希望也越大。因此，团队需要每一个个体都能够成长并形成自己的优势，而这种优势最好是团队中其他的个体所不具有的，正好可以弥补团队在某一个领域的不足。

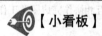 **【小看板】**

盲人提灯的故事

有位盲人在晚上走路时，手里总是提着一个明亮的灯笼，别人见了很好奇，就问他："你自己看不见，为什么还要提灯笼？"那盲人满心喜欢地说："这个道理很简单，我提灯笼并不是为自己照路，而是让别人容易看到我，不会误撞到我，这样就可保护自己的安全，也等于帮助自己。"

二、优秀团队的特征

一个优秀的团队是什么样的？恐怕每个管理者心中都有不同的评判标准，但有些标准是可以通用的。不管是大到全球五百强的跨国公司，还是小到三五十人的药品零售店，不同的是规模，相同的是对优秀团队的期待和对打造优秀团队的渴望。那么，一个优秀的团队，应该具备哪些基本特征呢？

1. 共同的工作愿景

工作愿景是决定事业成败的决定性因素。一个优秀的团队，首先是一个愿景一致、步调一致、方向一致的团队。这里有一个耳熟能详的反面教材："水泊梁山"中一百单八将，可谓都是身怀绝技的孤胆英雄，在被逼上梁山之前每人都有一段不同寻常的英雄传说。梁山聚义后，按理说应干出一番惊天动地的大事业，然而却很快从鼎盛走向了衰亡。其原因就在于团队的"愿景"不同：有人主场"招安"，有人主张"反动"。"招安"与"反动"思维不仅没有促进团队"优势互补"，而且削弱了团队效率。

当然，一个管理者自己建立的企业愿景，不一定能把它变为现实。真正的共同愿景，是所有团队成员对这个愿景有自己感情上的联系，有个人利益的联系。因此，一个共同愿景的建立，是把团队中每个人自己的愿景和企业的共同愿景结合在一起，共生共荣。

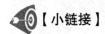【小链接】

向大雁团队学合作

大雁是一种候鸟，春天到北方繁殖，冬天到南方过冬，每一次迁徙都要经过大约 1~2 个月的时间，途中历尽千辛万苦。但它们春天北去，秋天南往，从不失信。不管在何处繁殖，何处过冬，总是非常准时地南来北往。而要完成这种空间上的跨越，自然就免不了长时间的飞行。每当秋季来临，天空中成群结队南飞的大雁就是值得我们借鉴的企业经营的楷模、一支完美的团队。

雁群是由数百只甚至上千只有着共同目标的大雁组成，由有经验的"头雁"带领，加速飞行时，队伍排成"人"字形，一旦减速，队伍又由"人"字形换成"一"字长蛇形，这是为了进行长途迁徙而采取的有效措施。科学研究表明雁群组队齐飞要比单独飞提高 22% 的速度，人字队形可以增加雁群 70% 的飞行范围。当飞在前面的"头雁"的翅膀在空中划过时，翅膀尖上就会产生一股微弱的上升气流，排在它后面的就可以依次利用这股气流，从而节省了体力。但"头雁"因为没有这股微弱的上升气流可资利用，很容易疲劳，所以在长途迁徙的过程中，雁群需要经常地变换队形，更换"头雁"。当领头雁感觉疲倦无力，另外的大雁会及时补上，以此保持飞行的速度。漫长的迁徙过程中总是头雁领航搏击，这是一份承担、一份责任、一种敢于牺牲的精神。

在大雁的组织中，有着明确的分工合作，当队伍中途飞累了停下休息时，它们中有负责觅食、照顾年幼或者老龄的青壮派大雁，有负责群体安全放哨的大雁，有负责安静休息、调整体力的领头雁。在雁群进食的时候，巡视放哨的大雁一旦发现有敌人靠近，便会长鸣一声给出警示信号，群雁便整齐地冲向蓝天、列队远去。而那只放哨的大雁，在别人都进食的时候自己不吃不喝，这也是一种为团队牺牲的精神。而在飞行过程中，领头雁时常会发出"伊啊、伊啊"的叫声带领雁群相互激励，以此鼓励其他大雁不要掉队，通过共同扇动翅膀来形成气流，为后面的队友提供了"向上之风"，如果在雁群中，有受伤或生病的大雁，直至其恢复或死亡，然后它们再加入新的雁群，继续南飞直至目的地。

2. 良好的执行能力

这里需要强调一点的是，团队的执行能力有别于个人的执行力。团队执行力强调的是所有团队成员对于一项集体性工作（如需要全员参与或多人参与）的认知、协作和完成能力，而个人的执行力只体现在个人对个体工作的完成情况。相比之下，团队执行力的提高并非得益于某个人，而是团队成员协作的结果。这就需要团队成员具有强烈的工作责任心和荣辱感，对于企业制定的工作部署要在理解、把握、吃透的基础上把战术不折不扣、坚定不移地贯彻执行下去，对于该过程中的每一个运作细节和每一个项目流程都要落到实处。

团队执行力还体现在团队的"攻坚"能力上。企业经营会遇到各种新情况、新矛盾、新问题，工作中难以预见的各种难题会随时出现，优秀的团队应该是能够攻坚破难、化解各种危机的集体，对于"突发事件"、"危机事件"，能够顺利解决。

3. 能力互补促协作

美国作家及社会学家道格拉斯·史密斯在《团队智慧》中指出："团队是拥有不同技巧的人员的组合，他们致力于共同的目的、共同的工作目标和共同的相互负责的处事方法。"

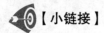【小链接】

项羽和刘邦争霸天下

项羽在推翻秦王朝的战争中起了非常关键的作用,属于实力派人物,其势力远远超出刘邦,而且他"力拔山兮气盖世"。若论单打独斗,别说他能以一当十,就是以一当百也不为过。在与刘邦争夺天下的过程中,一开始,只要他亲临战斗,则每战必克,刘邦则临战必败。但结果却是刘邦势力越来越大,而他的努力却越来越小,最终落得个被围垓下、自刎乌江的结局,他至死也没明白。他到底失败在什么地方,还说:"此天亡我也,飞战之罪也。"

反观刘邦,不仅本领不如张良、萧何、韩信这"兴汉三杰",早在当亭长时,"廷中吏无所不狎侮",简直就是地痞流氓。但在与项羽的战争中,却最终打败项羽,夺得天下,胜利还乡,高唱《大风歌》。为什么?刘邦在建国后的一次庆功会上,曾向群臣解释说:"夫运筹帷幄之中,决胜千里之外,吾不如子房(张良);镇国家,抚百姓,给馈馕,不绝粮道,吾不如萧何;连百万之众,战必胜,攻必取,吾不如韩信。三者皆人杰,吾能用之,词吾所以取天下者也。项羽有一范增而不能用,此所以为吾擒也。"

刘邦的胜利,正是团队的胜利。刘邦建立了一个人才各得其所、才能适得其用的团队;而项羽则仅靠匹夫之勇,没有建立起一个人才得其所用的团队,所以失败是情理之中的事。

商场如战场,四处硝烟弥散,因此团队与团队之间的较量不可避免,而每个员工的能力就好比军队冲锋时拿的手枪、步枪、冲锋枪、高射炮等,有擅长打远处的,有擅长打近处的,有擅长打天空的,只有它们紧密配合才能赢得胜利。一个团队也是这样,团队成员都有自己的性格、特长和经验,只有充分地实现人员能力的互补,形成一个类似球体的结构,而不是长方体或者其他的结构,才能更快地向前滚动。所以说,特长只是"打胜仗"的基础条件,而不是充分条件,只有既有特长,又懂协作,才能成为一支"常胜之师"。

4. 持续的创新能力

团队的创新能力是企业自我完善和发展的重要途径。团队的创新能力是指团队在顺利完成以原有知识经验为基础的创建新事物活动中,表现出来的潜在心理品质。创新能力在一定的知识积累的基础上,可以训练出来、启发出来,甚至可以"逼出来"。只有不断推陈出新,探索出新的赢利点和营销模式,才能抢占先机,获得"风光无限"。因此,一个优秀的团队要有强烈的创新意识,对市场脉搏和走向都有清晰的认知,然后做出远瞻性预测,并积极行动,做到未雨绸缪。

另外,团队的创新要具有持续性。一个好创意的产生并非是一时灵感,而是团队成员在工作积累中厚积薄发的结果。只有持续创新,才能打造出一流的企业。

三、团队发展的阶段

团队的形成和发展以组织目标为参照,可以分为四个阶段:创建期、磨合期、凝聚期、整合期。

1. 创建期

团队成立初期,都会有雄心勃勃的发展目标和发展计划,但随着人员的逐渐增加,目标和计划不可避免地要有相应的微调。这一方面是由于团队组织者的经验与实际运行的差异,另一方面，外部因素的变化也使得团队不得不努力适应这种变化的节奏。

团队创建期的具体表现有以下几个方面。

（1）新的合作，新的团队，每位成员对生活的价值都有了全新的理解，对新的工作也充满激情。

（2）由于互相之间了解得不足，成员之间更容易高估其他人的能力，大家可能对新生的团队寄予了太高的希望。

（3）每一个成员都在小心地试探其他人的一些相关情况，为自己在团队内的重新定位寻求支点。

创建期的团队，经常会表现出很高的士气。但这一时期，新生的团队生产力处于较低水平，队员之间在工作上短期内无法达到配合默契的状态，需要团队成员尽快地适应新的环境。团队创建期的行为表现及领导风格如表 2-2 所示。

表 2-2　　　　　　　　　团队创建期的行为表现及领导风格

感受和想法	可观察到的行为	团队的需要	所需的领导与风格
● 兴奋、期待及乐观 ● 对今后的工作感到怀疑、害怕及担心 ● 因成为团队一员而骄傲 ● 对团队的初步接触 ● 我为什么会在这儿 ● 他们为什么会在这儿 ● 对我有何期望 ● 我会有多大的影响力 ● 我愿意付出多少	● 礼貌 ● 戒备与观望心态 ● 偶尔参与 ● 第一份协议 ● 尝试确定任务并就如何完成任务作出决策 ● 尝试制定可接受的团队行为准则 ● 对相关概念和问题进行深入讨论 ● 讨论与任务无关的问题和症状以及发现相关问题的难度 ● 对组织的抱怨 ● 决定收集什么样的信息 ● 对讨论不耐烦	● 团队使命和目的 ● 团队成员 ● 团队目标 ● 衡量和反馈 ● 确定角色以及责任 ● 团队成员的期望 ● 团队运作导向及过程 ● 行为准则和价值观 ● 有效的会议及协调	指导： ● 告诉 ● 引导 ● 建立 ● 任务重、关系少 ● 经理做决定，告知团队做什么、什么时间做、什么地点去做、如何去做以及和谁去做 ● 清晰的界限 ● 从领导到下属的单向交流

2. 磨合期

动荡的磨合期是每一个团队都要经历的特殊时期。能否进行有效的磨合，并顺利地渡过这段敏感的时期，对团队领导以及团队领袖的综合能力是一个极大的考验。

这一时期，人际关系也变得紧张起来，个别新锐试图挑战领导者的权威，强大的工作压力使人焦虑不安，严重的时候甚至引发内部冲突。

在这种情况下，团队前景更显扑朔迷离，士气陷入低潮，积极的队员都在适应和摸索解决问题的方法。但团队整体的生产力水平却在稳步提高。连续的培训以及对工作的理解，使团队成员在实战中慢慢形成个人的风格。

团队领导在这个敏感的时期，要注意以下几点。

（1）密切注意团队进步情况，每天利用一切机会与每一个队员充分沟通实际工作中遇到的具体问题，帮助大家分析问题并提供解决方案。

（2）建立标准的工作规范，并身体力行，这是统筹团队各项工作的关键。

（3）积极解决问题，抓住一切利好的机会鼓舞团队士气，争取以自己在工作上的突破为团队树立榜样。

（4）善于树立典型，对于取得突出成绩的队员要尽可能地为其争取荣誉，号召大家向优秀者学习。

团队磨合期的行为表现及领导风格如表 2-3 所示。

表 2-3　　　　　　　　　　　　　团队磨合期的行为表现及领导风格

感受和想法	可观察到的行为	团队的需要	所需的领导与风格
• 对任务的反感 • 对团队态度的波动 • 与工作相联系的风险以及分享信息的益处是什么 • 我是否赞同团队的目标 • 我对在团队的影响力和自由度感觉如何	• 团队成员间的争论 • 防备与竞争 • 团队内的极端化及论资排辈等现象 • 权力斗争与冲突 • 缺乏寻求共同点的行为 • 缺乏进步 • 制定不切实际的目标 • 担心工作过多 • 攻击领导 • 迷惑、缺乏兴趣、选择退出 • 违反行为准则 • 出勤情况差 • 对团队其他成员的智慧产生怀疑	• 人际关系 • 确认个人风格不同 • 有效的倾听 • 提供及接受反馈 • 解决冲突 • 明确领导权 • 当成员不合作时，团队采取什么措施 • 团队如何处理违反行为准则的行为 • 如果团队陷入僵局，我们该做什么	培训： • 提供引导 • 澄清 • 说服 • 解释 • 高水平的指导和支持性行为 • 任务重、关系多 • 领导起咨询作用并且是最终的决策者

3. 凝聚期

这个时期会逐渐形成独有的团队特色，成员之间以标准的流程投入工作、分配资源，团队内部无私地分享各种观点和各类信息，团队荣誉感很强。

在凝聚期，团队的士气高涨，即使面对极富挑战性的工作，也会表现出很强的自信心，如果个人不足以独立完成工作，会自然地寻求合适的团队成员配合，甚至在特殊的情况下自我激发潜能，超水平发挥，取得意想不到的成功。在凝聚期，每一个队员都会表现出很强的主观能动性。

这样的状态使生产力水平也进入巅峰时期，大家对于工作中取得的突破已没有了当初的激动，每个人都能以平和的心态面对成败。在紧张有序的工作环境中，处处都表现出一个高绩效团队的成熟魅力。

一个具有强烈凝聚力的团队，也必然会表现出强烈的排他性，团队交流很容易限于一个私密的空间。这个特点也决定了团队规模不宜过大，否则会因为队员之间的隔膜而损害团队的整体战斗力。在一个规模合适的团队里，大家相互了解、彼此信任，如果需要，每一个队员都会全力捍卫团队荣誉。

团队凝聚期的行为表现及领导风格如表 2-4 所示。

表 2-4　　　　　　　　　　　　　团队凝聚期的行为表现及领导风格

感受和想法	可观察到的行为	团队的需要	所需的领导与风格
• 主人翁感 • 个人成就 • 我知道如何有效地为团队作贡献	• 在问题的解决、领导权的分配以及冲突的化解过程中，建立和实施的程序 • 公开、坦诚地交流，锻炼交流技巧	• 作决策 • 解决问题 • 经营管理培训 • 领导技巧	支持： • 承诺 • 参与 • 鼓励 • 倾听

感受和想法	可观察到的行为	团队的需要	所需的领导与风格
• 我感觉无拘无束，能自由地表达自己的观点 • 我可以信任我的组员，他们也能够信任我 • 建设性地提出批评意见的能力 • 被组员接纳的成员感 • 任何事情看上去都能解决，不必担心	• 有效地化解冲突 • 为达成共识而真诚努力 • 自由参与及承担风险 • 工作成果大，不断进步 • 参与决策 • 制定日常规程 • 共同的使命和目标 • 共同关注问题的解决 • 制定并达到完成任务过程中的里程碑 • 成员尊重行为准则 • 极高的团队认知度 • 健康合理的权责分担		• 协作 • 关系多、任务少 • 决策时最大限度地减少自己的影响力 • 鼓励讨论 • 要求下属作出贡献

4. 整合期

团队实现了自己的阶段性目标之后，必然要进行组织整合。整合过程其实就是组织调配力量，为下一个目标进行筹备的前奏。这个时期一般也没有太大的工作压力，团队士气相对平稳。特别要说的是，生产力水平还是一样会高位运行，团队成员继承了前一时期的工作作风，对日常工作显得游刃有余。团队整合期的行为表现及领导风格如表 2-5 所示。

表 2-5　　　　　　　　　　　团队整合期的行为表现及领导风格

感受和想法	可观察到的行为	团队的需要	所需的领导与风格
• 高度承诺 • 信任、友谊 • 有乐趣、兴奋 • 充分的个人发展及创造力的发挥 • 参与团队激发了我最好的表现 • 理解他人的长处和弱点	• 建设性的自我改变 • 灵活，多方面的才能，能在中途及时改正错误 • 尝试做事的新方法 • 很兴奋地参与，兴致高，自学自愿 • 依附于团队，与团队紧密联系，与其融为一体 • 高水平的相互支持 • 幽默 • 为团队的进步而高兴，庆祝成功 • 为团队的特殊成功而感到自豪 • 与团队共患难；遇到问题给予支持 • 做决策的主人 • 决策过程中达成真正的共识 • 管理并创造性地使用团队资源 • 保持动力 • 流畅的任务分配及处理流程 • 基于目标及使命的行动 • 达到目标	• 培训、忠告 • 衡量表现 • 客户关注的焦点	授权： • 观察 • 监督 • 完成 • 任务少、人际关系少 • 只提供少量指导 • 领导确定目标，团队完成 • 极少量的双向交流

四、团队发展的方法

团队建立的方法有四种：人际交往法、角色界定法、价值观法和社会认同法。

人际交往法强调团队成员之间进行交往的方式，目的是确保团队成员以诚实的方式交往。

角色界定法勾勒出了多种角色模式和群体过程，目的是使个人清醒地认识到员工个人所做贡献的类型。

价值观法强调团队拥有价值观念的重要性，所有成员都应拥有这些价值观，在工作中，着力于培养共同的团队价值观，这样就能以一贯的同样的方式指导每个团队成员的行为。

社会认同法是通过有效的交流来提高团队的凝聚力，通过展示团队成就和职业化，鼓励成员为自己的团队感到自豪。

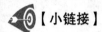 【小链接】

如何保证团队的稳定性

麦肯锡公司在招聘人员时，一位履历和表现都很突出的女性一路过关斩将，在最后一轮小组面试中，她伶牙俐齿，抢着发言，在她咄咄逼人的气势下，小组其他人几乎连说话的机会也没有。然而，她落选了。人力资源经理认为，这个女性尽管个人能力超群，但明显缺乏团队合作精神，招这样的员工对企业的发展有害无益。

【技能训练】

训练目的：

团队的业绩，离不开队员之间的信任度，但往往学员们很难理解信任是如何建立的，这个小游戏就是为了让学员们体会在某一环境下自己怎样建立起对伙伴的信任。

过程：

让学员们二人组成一对，给每对发一个眼罩，而后让其中一位学员戴上眼罩后在另一位学员的言语指导下从课室出门，在外面行走一圈回来，而后对换角色进行体验。

问题讨论：

1. 当你什么都看不见，有什么感觉？

2. 当了解对方感受后，你会怎样进行带领？

任务总结

1. 团队的优势

（1）什么是团队。

团队具有突出的互依性、一致性、自主性和共享性特征。团队是一个相互依存的群体，其成员必须同心同德、互相合作。有时他们分工明确，有时又恰似平摊风险和责任。然而，无论表面上看似如何，他们都会彼此密切配合以达到既定目标。一旦成员间建立起这种相互依赖的关系，一支极具凝聚力的团队也就随之形成了。

（2）团队与群体的区别。

团队和其他群体的区别在于：团队组织者观察到，人们工作时存在潜在的相互依赖性，就有意识地把这些人组织在一起，让每位团队成员互相配合，取长补短，从而更高效快捷地完成一项工作。

（3）团队的优势。

团队合作所产生的一种优势，有别于个体优势，从另一个方面说，个体优势不能代表团队优势，只能对团队优势起一定作用。

2. 优秀团队的特征

（1）共同的工作愿景。

一个优秀的团队，首先是一个愿景一致、步调一致、方向一致的团队。一个共同愿景的建立，是把团队中每个人的愿景和企业的共同愿景结合在一起，共生共荣。

（2）良好的执行能力。

团队执行力的提高并非得益于某个人，而是团队成员协作的结果。这就需要团队成员具有强烈的工作责任心和荣辱感，对于企业的工作部署要在理解、把握、吃透的基础上把战术不折不扣、坚定不移地贯彻执行下去，对于该过程中的每一个运作细节和每一个项目流程都要落到实处。

（3）能力互补促协作。

（4）持续的创新能力。

团队的创新能力是企业自我完善和发展的重要途径。团队的创新能力是指团队在顺利完成以原有知识经验为基础的创建新事物活动中，表现出来的潜在的心理品质。

3. 团队发展的阶段

（1）创建期。

团队成立初期，都会有雄心勃勃的发展目标和发展计划，但随着人员的逐渐增加，目标和计划不可避免地要有相应的微调。这一方面是由于团队组织者的经验与实际运行的差异，另一方面，外部因素的变化也使得团队不得不努力适应这种变化的节奏。

（2）磨合期。

动荡的磨合时期是每一个团队都要经历的特殊时期。能否进行有效的磨合，并顺利地渡过这段敏感的时期，对团队领导以及团队领袖的综合能力是一个极大的考验。

这一时期，人际关系也变得紧张起来，个别新锐试图挑战领导者的权威，强大的工作压力使人焦虑不安，严重的时候甚至引发内部冲突。

（3）凝聚期。

在凝聚期，团队的士气高涨，即使面对极富挑战性的工作，也会表现出很强的自信心，如果个人不足以独立完成工作，会自然地寻求合适的团队成员配合，甚至在特殊的情况下自我激发潜能，超水平发挥，取得意想不到的成功。在凝聚期，每一个队员都会表现出很强的主观能动性。

（4）整合期。

团队实现了自己的阶段性目标之后，必然要进行组织整合。整合过程其实就是组织调配力量，为下一个目标进行筹备的前奏。这个时期一般也没有太大的工作压力，团队士气相对平稳。特别要说的是，生产力水平还是一样会高位运行，团队成员继承了前一时期的工作作风，对日常工作显得游刃有余。

4. 团队发展的方法

人际交往法强调团队成员之间进行交往的方式，目的是确保团队成员以诚实的方式交往。

角色界定法勾勒出了多种角色模式和群体过程，目的是使个人清醒地认识到员工个人所作贡献的类型。

价值观法强调团队拥有价值观念的重要性，所有成员都要应拥有这些价值观，在工作中，着力于培养共同的团队价值观，这样，就能以一贯的同样的方式指导每个团队成员的行为。

社会认同法是通过有效的交流来提高团队的凝聚力，通过展示团队成就和职业化鼓励成员为自己的团队感到自豪。

思考与训练

一、请你分析一下唐僧的团队与刘备的团队各自的特色？你认为哪个团队更好？为什么？

二、团队成员之间良好沟通的具体要求是什么？

三、案例分析

某公司用高薪从人才市场招了一位网络管理员小乔，半年多来，小乔在工作中表现突出，技术能力得到了大家的认可，每次均能够保证质量地完成项目任务。别人手中的难点问题，只要到了小乔那里都能迎刃而解。公司对小乔的专业能力非常满意，有意提升他为项目主管。然而，在考察中公司发现，小乔除了完成自己的项目任务外，从不关心其他事情；且对自己的技术保密，很少为别人答疑；对分配的任务有时也是挑三拣四，若临时额外追加工作，便表露出非常不乐意的态度。另外，他从来都是以各种借口拒不参加公司举办的各种集体活动。如此不具备团队精神的员工，显然不适宜当主管。

讨论：结合案例，如何理解团队精神？

任务二
团队建设

学习目标

- 认知团队成员的角色
- 理解团队冲突的原因和表现
- 掌握团队目标的制定原则
- 掌握团队规章的制定原则

技能目标

- 能够掌握团队冲突的处理方式技巧
- 能够建立团队协作与信赖关系

案例导入

西游记中，唐僧、孙悟空、沙和尚、猪八戒去西天取经的故事，是大家都耳熟能详的，许多人会被这个群体中四位性格各异、兴趣不同的人物所感染。人们不禁会诧异：这么 4 个在各方面差异如此之大的人竟然能容在一个群体中，而且能相处得很融洽，甚至能做出去西天取经这样的大事情来。难道这是神灵、菩萨的旨意，而绝非凡人力所能及的吗？

不是的，这是因为他们分别扮演了不同的角色。唐僧起着凝聚和完善的作用，孙悟空起着创新和推进的作用，猪八戒起着传递信息和监督的作用，沙和尚起着协调和实干的作用。

其实，换个角度来看，"个性"也许并不是那么可怕。作为团队领导人和协调者的唐僧，虽然处事缺乏果断和精明，但对于团队目标抱有坚定信念，以博爱和仁慈之心在取经途中不断地教诲和感化着众位徒弟。队中明星员工孙悟空是一个不稳定因素：虽然能力高超，交际广阔，嫉恶如仇，但桀骜不驯，喜欢单打独斗。最重要的一点是他对团队成员有着难以割舍的深厚感情，同时有一颗不屈不挠的心，为达成取经的目标愿意付出任何代价。也许很少有人会意识到，猪八戒对于团队内部起着多么重要的承上启下作用，他的个性随和健谈，是唐僧和孙悟空这对固执师徒之间最好的"润滑剂"和沟通桥梁，虽然好吃懒做的性格经常使他成为挨骂的对象，但他从不会因此心怀怨恨。至于沙僧，每个团队都不能缺少这类员工，脏活累活全包，并且任劳任怨，还从不争功，是领导的忠实追随者，起着保持团队稳定的基石作用。每个团队成员都会有个性，这是无法也无需改变的，而团队的艺术就在于如何发掘组织成员的优缺点，根据其个性和特长合理安排工作岗位，使其达到互补的效果。

活动1 贝尔宾角色测试

【活动描述】

团队角色理论又叫做贝尔宾团队角色理论（Belbin Team Roles）。贝尔宾（Dr. Raymond Meredith Belbin）是英国的一个教授，他在1981年出版了一本书《团队管理：他们为什么成功或失败》（Management Teams:Why They Succeed or Fail），在这本书中他提出了这套团队角色模型。基本思想是：没有完美的个人，只有完美的团队。人无完人，但团队却可以是完美的团队，只要适当地拥有如下各种角色：实干者、协调者、推进者、创新者、信息者、监督者、凝聚者和完善者。

团队角色自测问卷

说明：对下列问题的回答，可能在不同程度上描绘您的行为。每题有八句话，请将十分分配给这八个句子。分配的原则是：最体现您行为的句子得分最高，依此类推。最极端的情况也可能是十分全部分配给其中的某一句话。请根据您的实际情况把分数填入后面的表中。

一、我认为我能为团队做出的贡献是：

A. 我能很快地发现并把握住新的机遇。

B. 我能与各种类型的人一起合作共事。

C. 我生来就爱出主意。

D. 我的能力在于，一旦发现某些对实现集体目标很有价值的人，我就及时把他们推荐出来。

E. 我能把事情办成，这主要靠我个人的实力。

F. 如果最终能导致有益的结果，我愿面对暂时的冷遇。

G. 我通常能意识到什么是现实的，什么是可能的。

H. 在选择行动方案时，我能不带倾向性，也不带偏见地提出一个合理的替代方案。

二、在团队中，我可能有的弱点是：

A. 如果会议没有得到很好的组织、控制和主持，我会感到不痛快。

B. 我容易对那些有高见而又没有适当地发表出来的人表现得过于宽容。

C. 只要集体在讨论新的观点，我总是说得太多。

D. 我的客观算法，使我很难与同事们打成一片。

E. 在一定要把事情办成的情况下，我有时使人感到特别强硬以致专断。

F. 可能由于我过分重视集体的气氛，我发现自己很难与众不同。

G. 我易于陷入突发的想象之中，而忘了正在进行的事情。

H. 我的同事认为我过分注意细节，总有不必要的担心，怕把事情搞糟。

三、当我与其他人共同进行一项工作时：

A. 我有在不施加任何压力的情况下去影响其他人的能力。

B. 我随时注意防止粗心和工作中的疏忽。

C. 我愿意施加压力以换取行动，确保会议不是在浪费时间或离题太远。

D. 在提出独到见解方面，我是数一数二的。

E. 对于与大家共同利益有关的积极建议，我总是乐于支持的。

F. 我热衷寻求最新的思想和新的发展。

G. 我相信我的判断能力有助于做出正确的决策。

H. 我能使人放心的是，对那些最基本的工作，我都能组织得"井井有条"。

四、我在工作团队中的特征是：

A. 我有兴趣更多地了解我的同事。

B. 我经常对别人的见解进行挑战或坚持自己的意见。

C. 在辩论中，我通常能找到论据去推翻那些不甚有理的主张。

D. 我认为，只要计划开始执行，我有推动工作运转的才能。

E. 我有意避免使自己太突出或出人意料。

F. 对承担的任何工作，我都能做到尽善尽美。

G. 我乐于与工作团队以外的人进行联系。

H. 尽管我对所有的观点都感兴趣，但这并不影响我在必要的时候下决心。

五、在工作中，我得到满足，因为：

A. 我喜欢分析情况，权衡所有可能的选择。

B. 我对寻找解决问题的可行方案感兴趣。

C. 我感到，我在促进良好的工作关系。

D. 我能对决策有强烈的影响。

E. 我能适应那些有新意的人。

F. 我能使人们在某项必要的行动上达成一致意见。

G. 我感到我的身上有一种能使我全身心地投入到工作中去的气质。

H. 我很高兴能找到一块可以发挥我想象力的天地。

六、如果突然给我一件困难的工作，而且时间有限，人员不熟：

A. 在有新方案之前，我宁愿先躲进角落，拟定出一个解脱困境的方案。

B. 我比较愿意与那些表现出积极态度的人一道工作。

C. 我会设法通过用人所长的方法来减轻工作负担。

D. 我天生的紧迫感，将有助于我们不会落在计划后面。

E. 我认为我能保持头脑冷静，富有条理地思考问题。

F. 尽管困难重重，我也能保证目标始终如一。

G. 如果集体工作没有进展，我会采取积极措施去加以推动。

H. 我愿意展开广泛的讨论，意在激发新思想，推动工作。

七、对于那些在团队工作中或与周围人共事时所遇到的问题：

A. 我很容易对那些阻碍前进的人表现出不耐烦。

B. 别人可能批评我太重分析而缺少直觉。

C. 我有做好工作的愿望，能确保工作的持续进展。

D. 我常常容易产生厌烦感，需要一两个有激情的人使我振作起来。

E. 如果目标不明确让我起步是很困难的。

F. 对于我遇到的复杂问题，我有时不善于加以解释和澄清。

G. 对于那些我不能做的事，我有意识地求助于他人。

H. 当我与真正的对立面发生冲突时，我没有把握使对方理解我的观点。

【活动分析】

表2-6　　　　　　　　　　　　　自我评价分析表

大题号	CW	CO	SH	PL	RI	ME	TW	FI
一	G	D	F	C	A	H	B	E
二	A	B	E	G	C	D	F	H
三	H	A	C	D	F	G	E	B
四	D	H	B	E	G	C	A	F
五	B	F	D	H	E	A	C	G
六	F	C	G	A	H	E	B	D
七	E	G	A	F	D	B	H	C
总计								

分数最高的一项就是你表现出来的角色，分数第二高、第三高是你的潜能，如果分数在10分以上有三项，证明你这三样都可以扮演，这个主要看你的兴趣和能力在哪里了。如果你有一项突出，超过18分以上，你就是这类角色了，一般来说5分以下表示你不能去扮演这个角色，15分以上证明你特别适合这个角色。

【活动总结】

1. 角色齐全。唯有角色齐全，才能实现功能齐全。正如贝尔宾博士所说"用我的理论不能断言某个群体一定会成功，但可以预测某个群体一定会失败。"所以，一个成功的团队首先应该是实干家、信息者、协调者、监督者、推动者、凝聚者、创新者和完美主义者这八种角色的综合平衡。

2. 容人短处，用人所长。知人善任是每一个管理者都应具备的基本素质。管理者在组建团队时，应该充分认识到各个角色的基本特征，容人短处，用人所长。在实践中，真正成功的管理者，对下属人员的秉性特征的了解都是很透彻的，而且只有在此基础上组建的团队，才能真正实现气质结构上的优化，成为高绩效的团队。

3. 尊重差异，实现互补。对于一份给定的工作，完全合乎标准的理想人选几乎不存在，没有一个人能满足所有的要求。但是一个由个体组成的团队却可以做到完美无缺，这正是在团队角色上，亦即团队在气质结构上实现了互补。也正是这种在系统上的异质性、多样性，才使整个团队生机勃勃，充满活力。

4. 增强弹性，主动补位。从一般意义上而言，要组建一支成功的团队，必须在团队成员中形成集体决策、相互负责、民主管理、自我督导的氛围，这是团队区别于传统组织及一般群体的关键所在。除此之外，从团队角色理论的角度出发，还应特别注重培养团队成员的主动补位意识——即当一个团队在上述八种团队角色出现欠缺时，其成员能在条件许可的情况下，增强弹性，主动实现团队角色的转换，使团队的气质结构从整体上趋于合理，以便更好地达成团队共同的绩效目标。事实上，多数人在个性、禀赋上存在着双重，甚至多重性，这也使团队角色的转换成为可能，这一点也是为我们测试结果及实践所证实了的。

技能点 1　团队角色安排

加入一个工作团队中，首先要认识团队中的各个角色，掌握他们的特点，才能处理好自己与他们的工作关系，才能有效地开展工作。本部分将带领你认知团队中的各种角色。

一、团队角色类型

公司作为一个团队，是由不同的角色组成的。团队中一般有八种不同的角色，他们是：实干者、协调者、推进者、创新者、信息者、监督者、凝聚者、完善者。

以下分别从角色描述、典型特征、作用几个方面简单分析一下这八种角色。

1. 实干者

角色描述：实干者非常现实、传统甚至有点保守；他们崇尚努力，计划性强，喜欢用系统的方法解决问题；实干者有很好的自控力和纪律性，对团队忠诚度高，为团队整体利益着想而较少考虑个人利益。

典型特征：有责任感、高效率、守纪律，但比较保守。

作用：由于其可靠、高效率及处理具体工作的能力强，因此在团队中作用很大；实干者不会根据个人兴趣而是根据团队需要来完成工作。

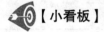【小看板】

实干者特征语言

1. 如果这事不太可能，那我们再花一点儿时间。
2. 实践出真知。
3. 努力工作不会错。
4. 如果这是可行的，我们立即去做。
5. 对于公司而言，宽容不是一个明智的做法。
6. 我们还是认真做好手头的工作。

---

2. 协调者

角色描述：协调者能够引导一群不同技能和个性的人向着共同的目标努力。他们代表成熟、自信和信任，办事客观，不带个人偏见；除权威之外，更有一种个性的感召力。在团队中能很快发现各成员的优势，并在实现目标的过程中能妥善运用。

典型特征：冷静、自信、有控制力。

作用：擅长领导一个具有各种技能和个性特征的群体，善于协调各种错综复杂的关系，喜欢平心静气地解决问题。

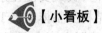【小看板】

协调者特征语言

1. 有人还要补充什么吗?
2. 前进之前我们先要达成一致。
3. 我们的目标在前方,只有朝它努力。
4. 把赞成表现在口头上。
5. 我们应该给某人一个机会。
6. 你的工作有什么需要帮助的?

3. 推进者

角色描述:说干就干,办事效率高,自发性强,目的明确,有高度的工作热情和成就感;遇到困难时,总能找到解决办法;推进者大都性格外向且干劲十足,喜欢挑战别人,而且一心想取胜,缺乏人际间的相互理解,是一个具有竞争意识的角色。

典型特征:挑战性、好交际、富有激情。

作用:是行动的发起者,敢于面对困难,并义无反顾地加速前进;敢于独自做决定而不介意别人的反对。推进者是确保团队快速行动的最有效成员。

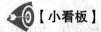【小看板】

推进者(塑造者)特征语言

1. 你的做法很好。
2. 我们完成得还不够好,再加把劲。
3. 说"不",然后磋商。
4. 我的态度也许是生硬了一点,但至少我说到了点子上。
5. 我会让事情有起色的。

4. 创新者

角色描述:创新者拥有高度的创造力,思路开阔,观念新,富有想象力,是"点子型的人才"。他们爱出主意,其想法往往比较偏激和缺乏实际感。创新者不受条条框框约束,不拘小节,难守规则。

典型特征:有创造力、个人主义、非正统。

作用:提出新想法,开拓新思路,通常在项目刚刚启动或陷入困境时,创新者显得非常重要。

【小看板】

创新者(智多星)特征语言

1. 只要有问题,就会有对策。
2. 挑战越大,我们越要付出更多的努力。
3. 总会有办法的。

4. 奇怪了，这算什么好主意？

5. 好主意是从异想中来的。

5. 信息者

角色描述：信息者经常表现出高度热情，是一个反应敏捷、性格外向的人。他们的强项是与人交往，在交往的过程中获取信息。信息者对外界环境十分敏感，一般最早感受到变化。

典型特征：外向、热情、好奇、善于交际。

作用：有与人交往和发现新事物的能力，善于迎接挑战。

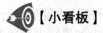 【小看板】

信息者特征语言

1. 我发现了一条新路。

2. 大胆一点才可想出好主意。

3. 这条路走不通，我们再想办法。

4. 机会是从准备中得来的。

5. 我们可以对此加以改进吗？

6. 这个信息对我有用。

7. 不会浪费调查时间的。

6. 监督者

角色描述：监督者严肃、谨慎、理智、冷血质，不会过分热情，也不易情绪化。他们与群体保持一定的距离，在团队中不太受欢迎。监督者有很强的批判能力，善于综合思考、谨慎决策。

典型特征：冷静、不易激动、谨慎、精确判断。

作用：监督者善于分析和评价，善于权衡利弊来选择方案。

【小看板】

监督者特征语言

1. 我们已经没有更好的选择了吗？

2. 我们再对各种选择权衡一下。

3. 我们的决定要经得住时间的考验。

4. 别急着做出决定，再等 10 分钟。

5. 现在看来，这是最好的选择了。

6. 明天再给你一个肯定的答复。

7. 凝聚者

角色描述：是团队中最积极的成员，他们善于与人打交道，善解人意，关心他人，处事灵活，很容易把自己同化到团队中。凝聚者对任何人都没有威胁，是团队中比较受欢迎的人。

典型特征：合作性强、性情温和、敏感。

作用：凝聚者善于调和各种人际关系，在冲突环境中其社交和理解能力会成为资本；凝聚者信奉"和为贵"，有他们在的时候，人们能协作得更好，团队士气更高。

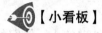【小看板】

凝聚者特征语言

1. 怎样做才最好？
2. 我没问题，你以为呢？
3. 多听听别人在说些什么？
4. 这样的工作氛围好。
5. 我尽力使自己成为一个多面手。

8. 完美者

角色描述：具有持之以恒的毅力，做事注重细节，力求完美；他们不大可能去做那些没有把握的事情；喜欢事必躬亲，不愿授权；他们无法忍受那些做事随随便便的人。

典型特征：埋头苦干，守秩序，尽职尽责，易焦虑。

作用：对于那些重要且要求高度准确性的任务，完美者起着不可估量的作用；在管理方面崇尚高标准严要求，注意准确性，关注细节，坚持不懈。

【小看板】

完美者特征语言

1. 对这件事情我们丝毫不能分心。
2. 预计可能出错，往往会出错。
3. 工作就得力求完美。
4. 小洞不补，大洞吃苦。
5. 全都检查过了吗？

从以上的描述可知：实干者善于行动，团队中如果缺少实干者，则会太乱；协调者善于寻找到合适的人，团队中如果缺少协调者，则领导力不强；推进者善于让想法立即变成行动，团队中如果缺少推进者，则工作效率会不高；创新者善于出主意，团队中如果缺少创新者，则思维会受到局限；信息者善于发掘最新"情报"，团队中如果缺少信息者，则会比较封闭；监督者善于发现问题，团队中如果缺少监督者，则工作绩效不稳定甚至可能大起大落；凝聚者善于化解矛盾，团队中如果缺少凝聚者，则人际关系将会变得紧张；完美者强调细节，团队中如果缺少完美者，则工作会比较粗糙。

二、认知自己的团队角色

1. 每一种角色都很重要

"世间万物各有功用"，人亦如此。团队中的每一个角色都是需要的，也都是非常重要的，"一个都不能少"。当团队中同一角色类型的成员较多而其他类型的成员缺乏时，作为团队管理者应该根据实际需要，进行人员的合理调配或培养。

2. 一个人不可能完美，但团队可以

【小看板】

做人要像沙和尚，当领导要像唐僧，做事要像孙悟空，生活要像猪八戒。我们团队文化的核心是什么？我们都是平凡的人，聚在一起做一件非凡的事。我们不要精英，阿里巴巴不欢迎精英。假如你认为你是精英，请你离开我们，因为我相信，如果有人说"我是精英"，这个人肯定不是精英。一个真正是精英的人，会把自己看得很低；当他以平凡的心态加入团队的时候，才有可能做出成就。

人无完人，一个人不可能什么都懂，什么都能干。但具有不同性格和能力特征的成员一旦组成了一个团队，这样的团队就可能完美，就可能创造出"奇迹"。

——马云

3. 尊重团队角色的差异

"世界上没有完全相同的两片树叶"，人亦如此。我们特别是管理者，需要尊重团队角色的差异，千万不能只认可与自己性格和能力相同或相似的成员，而排斥甚至打击与自己性格和能力相异的成员。

4. 通过合作弥补不足

"没有人十全十美，也没有人一无是处"。只有合作才能弥补个体的不足，才可能创造出"完美"。迷失在大森林中瞎子和瘸子的故事告诉我们，只有瞎子和瘸子合作（瞎子背瘸子；瘸子指路，瞎子走路）才有可能都走出森林，单独行动都只能是死路一条。

"生活不是缺少美，而是缺少对美的发现"。同样，不同的团队角色，不是他们缺少优点，而是缺少对优点的发现和利用。

人性的弱点是"容易看到自己的优点，不容易发现自己的缺点；容易看到别人的缺点，不容易发现别人的优点"。作为团队的管理者，一定要克服这个弱点，并善于根据团队成员的特点合理安排工作，否则高绩效团队的建设将举步维艰，甚至是缘木求鱼。

作为团队成员，我们在学会尊重其他成员的同时，需要善于和他们合作；同时要善于扬长避短，学会把自己的缺点（或弱点）限制在可以接受的水平，不要让它们太影响工作。

【小链接】

盲从的小敏

小敏几年前在一家中型企业做人力资源方面事务性的工作。虽然每天处理的各种人力资源流程和人事手续有些烦琐，但是她确实处理得很不错，发展也比较稳定。

但是小敏心有不甘，她的一些同学在这几年的房地产浪潮中做销售都掘了不少金。她认为那些同学当初在学校的成绩远不如自己，但是现在经济条件却好过她很多，不免有些失落。基于这种心态，她毅然辞职，开始考虑做房地产中介业务。折腾了不少时日，她终于加入了一家房地产中介公司。

但等她加入房地产行业之后，这个行业已进入了稳定期，而且人才供给也远比之前充足。更何况，她个性文静，优点就在于做事仔细，擅长处理各种文案工作。结果，忙碌了一番，却陷入了进退维谷的境地：在这个行业继续干下去，觉得自己能力不足；回原来的岗位，她又有点沮丧，因为原本不离开的话，她可做到经理了，而现在只能重新做起。

小敏的失意在于她没有认清自己的优缺点，也没有认清自己在团队中的角色。只有认清自己，结合自己的实际情况，才能在团队中找准自己的位置，才能使自己的努力获得最大的回报。

【技能训练】

训练目的：
体验并分析角色在团队中的作用。
过程：

1. 参与者自由组合，8 人一组，选定一人为团队中的观察员。

2. 教师首先给大家讲述下面这样一个场景。

有七个和尚曾经住在一起，每天分一大碗粥。要命的是，粥每天都是不够的。一开始，他们抓阄决定谁来分粥，每天轮一个。于是几乎每周下来，他们只有一天是饱的，就是自己分粥的那一天。后来他们开始推选出一个道德高尚的人出来分粥。强权就会产生腐败，大家开始挖空心思去讨好他，贿赂他，搞得整个小团体乌烟瘴气。然后大家开始组成三人的分粥委员会及四人的评选委员会，互相攻击扯皮下来，粥吃到嘴里全是凉的。

3. 直到现在，那七个笨和尚还在为吃粥的事情头疼不已，在座的诸位有什么办法吗？
问题讨论：

1. 你有什么好办法能让大家都满意，从此不会争吵下去？

2. 这个游戏对我们有什么启示？

活动 2　鼓动人心

【活动描述】

项目时间：1.5 ~ 2 小时
每组人数：10 ~ 15 人
项目性质：团队合作、PK
场地要求：空旷、无安全隐患
项目器材：鼓、绳子、排球、打气筒、手套
项目任务：用所给器材制作成一个颠球的工具，完成一定数量的颠球任务
项目规则：

1. 所有人必须参加，人手一根绳子，人距离鼓的距离要大于 1 米；

2. 用鼓面颠球，颠球高度要大于 30 厘米才可计数；

3. 每个人的绳子不能直接系在鼓环上，使鼓环受力；
项目流程：

1. 介绍项目名称及性质；

2. 重点介绍项目任务及项目规则；

3. 说明比赛步骤及计分规则：（1）30 分钟的练习时间，完成颠球 30 个的基本任务；

（2）进行正式比赛，每组两次机会，以最高分计分，不累加；（3）在比赛的过程中要注意安全。

　　4. 指定区域进行练习。

　　安全指导及控制要点：注意提醒安全问题，跑动时由助教监控安全情况。

【活动分析】

　　1. 大家是如何看待我们所获得的结果的？从开始的操作上来看，实现100次的目标，是很困难的。我们有没有相应的阶段性目标呢？当完成阶段性目标的时候，我们怎么利用这些鼓动人心，激励士气，保持斗志呢？

　　2. 面对这样的任务，你有明确的分工吗？是否觉得大家都一样，只是拉绳颠球而已？有时候出错的就是特定的几个人，到底是他们的错还是团队的错呢？从角色分工上，有喊开始令的，之后大家一起喊口令，还有在中间提醒调整动向的，避免多人发令，让执行者无所适从。有时候总是其中几个人进入不了状态，他们不知道最好的调整办法是什么，没人告诉他们该如何与其他人配合。

　　3. 如果说我们在不断摸索中寻找方法，那么我们又是如何使摸索出来的方法产生预期的效果？每个团队都会说自己的方法其实很好，那么是不是我们的执行出现问题了呢？如何保证执行力？执行力仅仅是把事情做出来吗？

　　4. 在比赛过程中大家曾经想过放弃吗？看到别的队伍已经领先我们许多了，这个时候我们是否想放弃？一开始只能颠几次，很多队员会抱怨，会说不可能完成。发现别的队伍颠得比自己队好太多了的时候，是否就此泄气，不再努力，或者只是做做样子呢？不要轻易尝试放弃，也不要轻易地放弃尝试。千里之堤，溃于蚁穴。

【活动总结】

　　1. 执行力。任务下来之后要去尝试，而不是怀疑。只有在实践中不断总结才能找到正确的方法，取得成功。（比赛开始是否积极思考、行动）

　　2. 用正确的方法做事。分享"工欲善其事，必先利其器"的道理，准备工作做好了，会取得事半功倍的效果。二八定律：80%准备，20%执行。（是否改善工具）

　　3. 激励。观察有没有人积极鼓励大家。（是否一起喊颠球个数，鼓舞士气）

　　4. 配合、协调。观察有无中心人物（领导），其指示是否很好贯彻；人员高矮是否调整合理（各队员是否团结合作）。

　　5. 沟通。要有个良好的沟通习惯，首先要学会倾听，合理意见要采纳，意见是否合理要在实践中检验；其次团队沟通要有次序，一个一个地说；最后领导做出行动指示，决策。

　　6. 领导。领导的任务是带领大家完成任务，做出有利于目标实现的决策。（是否自行形成领导，是否意识到团队要有一个领导）

技能点2　团队内部建设

　　一旦团队目标得以确立，领导最重要的工作就是要创造一个可以畅所欲言的组织氛围，并与成员探讨如何实现目标。这时促进合作与提升凝聚力的工作就显得非常重要。

一、培养成员间的融洽关系

1. 设计促进合作的途径

团队的合作氛围需要由全体成员的个体行为以及他们对合作氛围的期望程度来决定。团队领导希望团队能够彼此帮助，合作共事的明确态度可以提高团队合作的期望值，促进团队成员的合作。

（1）经常性地组织成员开展团队会议。领导者可以安排团队成员轮流主持会议，并使所有团队成员都能了解会议的主题和议程，并畅所欲言，自由地开展讨论。

（2）褒奖合作行为。如果团队内部的全部行为未能得到适当的褒奖，那么合作就不可能长久。为了促进团队合作、提高团队绩效，团队领导就应该讲明合作的成本—收益率，这非常重要。无论奖励的方式与考核目标如何不同，奖励的对象都应是众望所归，应是团队工作中的先进人物，否则，会传递错误信息，在团队中产生消极的效应。

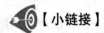【小链接】

四颗糖果的故事

大教育家陶行知在育才小学任校长时，见到一个学生用泥块砸同学，陶先生令其放学到校长室见他。放学后陶先生来到校长室，见那个孩子已在门口守候。陶先生便从口袋掏出一颗糖果："这是奖给你的，因为你比我按时到了。"当学生刚接过糖果，陶行知又掏出一颗糖果："这也是奖给你的，因为我让你住手时，你就立即不再打同学了。"孩子正不知所措，陶行知掏出了第三颗糖果："我调查过了，你砸他们是因为他们欺负女同学，这说明你很正直，有跟坏人做斗争的勇气。"当陶行知说到这儿，孩子就哭了："先生，我错了，我砸的不是坏人，是我的同学呀……"陶行知满意地笑了，随即掏出第四颗糖果说："你能认错，我再奖给你一块糖果。我的糖分完了，我们的谈话也结束了。"

陶行知老先生用发掘优点并予以奖励的方式轻松地改变了学生的行为。这种方式在团队内部经常是一种非常有效的方式，对培养团队成员的合作精神具有良好的效果。

（3）在团队内部经常开展各类文体活动。组织团队成员通过聚餐、体育比赛、文艺汇演等活动，加强彼此间的了解，建立友谊，能促进成员在开展工作时紧密合作，互相支持。

（4）引导团队解决问题。团队为了生存与发展，必须能够发现存在于自身内部的各种隐患，并有效地消除这些可能妨碍到团队发展的障碍。因此，领导应首先确保团队始终关注目标，不允许任何理由分散团队的注意力。

2. 提升凝聚力

团队凝聚力是团队对每一个成员的吸引力和向心力，是维持团队存在的必要条件，团队凝聚力还是衡量一个团队是否具有战斗力的重要标志。

团队领导对提升团队凝聚力具有最重要的责任，提升凝聚力是一个系统化的工作。团队是由不同经验背景、知识和技能的个体组成，有着共同的使命，相互协同工作以实现共同目标的正式群体。团队建设必须遵循六大原则：塑造共同的愿景、建立团队的规范、加强信任与领导、组织专业的分工、卓越沟通与协调、提升团队凝聚力。团队运作中的共识与规范是需要被建立与实践的，唯有遵循着共同的方向原则与目标，大家才能共同作出理想的决策，并愿意为决策与执行的结果共同承担责任。

凝聚力高的团队有如下特征。

（1）团队内部沟通渠道畅通，信息交流频繁，无沟通障碍。

（2）团队成员有强烈的归属感，愿意成为团队的一份子，并以此为骄傲。

（3）团队成员具有较强的参与意识、强烈的事业心和责任感，并以主人翁的角色出现。

（4）团队成员具有很强的协作能力，互助风气明显，信息共享氛围浓厚。

（5）团队成员个人有很多的发展机会，愿意将自己的前途与团队的前途绑定在一起，并愿意将个人的目标与团队的目标融合为一体。

 【小链接】

林格尔曼效应

法国农业工程师迈克西米连·林格尔曼（1861～1931）在他著名的拔河实验中注意到，当拔河的人数从 1 个人逐渐增加到一群人时，集体的力量并不等于个体力量的总和：当增加到 3 个人时，力量仅仅相当于两个半人的总和，也就是说，在集合的过程中损失了半个人的力量（1+1+1=2.5）；当增加到 8 个人时，集体的力量竟然仅仅相当于大约 4 个人的总和（1+1+1+1+1+1+1+1=4）。林格尔曼的实验结果显然违背了加法的基本定律，个体的力量在集合的过程中流失，而且是人数越多流失越大！

林格尔曼著名的"拉绳子"实验——经常称之为"林格尔曼效应"——分析了在拉绳过程中，单个人在群体中的表现。然后林格尔曼测量拉力大小。当他让越来越多的人参与拉绳时，林格尔曼发现尽管总体拉力增加，但每个成员施加的平均拉力减少，这与团队合作时成员更卖力的传统理论相悖。林格尔曼将其归因于当时所谓的"社会惰性"，即一个群体或团队往往会"隐藏着"缺少个人努力的现象。

临时组成的一个群体不可能是一个团队，团队精神的培育极为重要，一个团队应该让所有成员发挥自己最大的力量，要让每个成员都具有向目标进发的团队精神，创造出一个高绩效团队。

二、团队问题的产生

在团队合作过程中，冲突不可避免。如何定义团队冲突、其特征及原因是本模块中将着重学习的。

1. 冲突的定义

冲突是一方感到另一方损害了或打算损害自己利益时所开始的一个过程，是双方之间公开与直接的互动，每一方都是旨在阻止对方达到目标。

从总体上来看，冲突是指个人或团队对于同一个事物持有不同的态度与处理方法而产生的矛盾。冲突常表现为由于观点不一致而引起的激烈争斗。美国学者刘易斯·克赛在《社会冲突的职能》中指出，没有任何团体是能够完全和谐的，否则它就会无过程与结构。在团体中，个人之间的冲突在一定程度上总是存在的，因为人与人之间存在各种差异，如价值观、信仰、态度以及行为上的差异。差异必然会导致分歧，分歧发展到一定程度就会导致冲突。因此，冲突是客观存在的，是无法逃避的，是不以人的意志为转移的。应该说，冲突是团队生活中无法避免的特色之一。

2．冲突的表现

就团队而言，冲突的表现有以下几种。

（1）个人、团队、组织及其组成部分之间缺少沟通。

（2）团队间不是在相互合作与相互尊重的基础上建立关系，而是基于对他人地位的羡慕、嫉妒和愤怒而产生不良的关系。

（3）团队成员之间的关系恶化，个性抵触增多。

（4）规章制度，尤其是牵涉生产当中细微领域的规章制度增多。

（5）各种秘密和传闻不胫而走，小事情成了大事情，小问题成了大危机，很小的异议成了严重的争议。

（6）组织、部门、团队和团队成员的成绩下降。

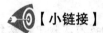【小链接】

拔掉帽缨

春秋时期，有一次楚庄王打了胜仗，在宫中举行盛大宴会，招待文武百官。

天黑时分，酒兴方酣，忽然刮进一阵疾风，将蜡烛吹熄了，顿时宫中漆黑一团。在慌乱之中，庄王最宠爱的妃子忽然觉得有人在她身上乱摸，经过一番挣扎，她拔下那人头上的帽缨，气急败坏地跑到庄王面前说："有人趁黑想污辱我，我已拔下了他的帽缨，等灯再亮的时候，看谁的帽上没有缨络，请把他抓起来。"

被拔下帽缨的那位大臣心想："这下可算玩完了，她在大王面前这么一告状，我还不得让大王给处死？越想越害怕，甚至两条腿都开始发抖了。"

其他的一些大臣听到王妃跟庄王告状，心想："那个对王妃无礼的人这次肯定满门抄斩，这可是欺君之罪。大家都在等着看好戏，看庄王怎么处置那位大臣，更想看的是，究竟是谁这么色胆包天，敢冒着满门抄斩的风险去调戏王妃。"

可是没想到庄王却说："今日寡人请众臣喝酒，酒醉了有所失礼，也不能责怪他们。寡人怎么能为了显示你的贞节而辱没我的部下呢？"

说罢，便举杯喊道："今天寡人请众位爱卿喝酒，是为了庆祝咱们打了一场大胜仗，今天众位爱卿一定要不醉不归，大家都把帽缨拔掉，不拔掉帽缨就是欺君。"

于是，宫中一百多位大臣都拔掉了自己的帽缨，然后再点燃通明的灯火，尽欢而散。

三年以后，晋国侵犯楚境。庄王率军迎战，发现有一位军官总是奋不顾身，冲锋在前。在他的带领下，兵士们人人勇猛冲杀，把晋军打得节节败退。

庄王很奇怪，把那个军官召到马前，问道："寡人平日待你并不特殊，你为何这样舍生忘死呢？"

军官回答："三年前，臣下酒醉失礼，大王宽容而不加罪，我就一直想用自己的生命来报答大王的恩典，虽肝脑涂地，也在所不惜。臣下就是帽缨被王妃拔去的人。"

说罢，他又冲进阵中，奋死拼杀，终于大败晋军。这一战役的胜利，楚国强盛，成为春秋五霸之一。

从大处着眼，不以眼前的小事来干扰我们的心智。楚庄王处理冲突的高超技巧和胸襟值得效仿。冲突处理得好，能是一个极好的契机，为团队的成功打下良好的基础。

3. 冲突的原因

冲突的起因就是信息不对称。个人与个人的观点肯定会有差异，观点不一致，就容易相互不理解。怎么会造成信息不对称呢？

（1）客观上来说是由于资源的有限性所造成。对于团队成员来说，团队所拥有的资源与每个成员的资源是有限的，而每个成员为了获得利益最大化或者说为了对团队贡献更大利益，都会在为占有更多资源而努力。

（2）主观上来说是由于每个人的知识、精力、经验、性格、习惯、级别、价值观、目标、性别差异所致。

同事之间会由于理念、目标一致可以合作，但不一致可以使人成长，可以相互学习。同时，我们要树立一个重要的观念：有冲突不一定都是坏事，我们要做的事情是求同存异。

三、解决问题的方法

"团队"（team）这一词汇的英文字母分解开，其意思分别为：T-target，即目标；E-education，即教育、培育；A-ability，即能力；M-moral，即士气。由此，解释就是：根据团队的目标对团队成员进行适当的训练，提升他们的能力，从而提高他们的士气。团队建设的重点是培养团队的核心成员。俗话说"一个好汉三个帮"，领导人是团队的建设者，应通过组建智囊团或执行团，形成团队的核心层，充分发挥核心成员的作用，使团队的目标变成行动计划，使团队的业绩得以快速增长。

1. 制定目标

核心层在制定团队目标时，需要明确本团队目前的实际情况，例如，团队处在哪个发展阶段，组建阶段、上升阶段、还是稳固阶段；团队成员存在哪些不足，需要什么帮助，斗志如何，等等。制定目标时，要遵循目标的 SMART 原则如下。

（1）S——Specific 目标必须是具体的。

（2）M——Measurable 目标必须是可衡量的。

（3）A——Achievable 目标必须是可以达到的。

（4）R——Realistic 目标必须是和其他目标具有相关性的。

（5）T——Time-based 目标必须具有明确的截止期限。

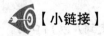 【小链接】

猎狗与兔子

一条猎狗将兔子赶出了窝，一直追赶他，追了很久仍没有捉到。牧羊人看到此种情景，讥笑猎狗说你们两个之间小的反而跑得快得多。猎狗回答说："你不知道，我们两个跑的目的是完全不同的！我仅仅为了一顿饭而跑，他却是为了性命而跑呀！"

兔子与猎狗做一样的事情，都在拼命地跑，然而，他们的目标是不一致的，其目标不一致，导致其动力也会不一样。

有人做过一个调查，问团队成员最需要团队领导做什么，70%以上的人回答：希望团队领导指明目标或方向；而问团队领导最需要团队成员什么，几乎80%的人回答：希望团队成员朝着目标前进。从这里可以看出，目标在团队建设中的重要性，它是团队所有人都非常关心的事情，有人说："没有行动的远见只能是一种梦想，没有远见的行动只能是一种苦役，远

见和行动才是世界的希望。"

团队目标是一个有意识地选择并能表达出来的方向。它运用团队成员的才能和能力，促进组织的发展，使团队成员有一种成就感。因此，团队目标表明了团队存在的理由，能够为团队运行过程中的决策提供参照物，同时能成为判断团队进步的可行标准，而且为团队成员提供一个合作和共担责任的焦点。

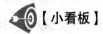【小看板】

制定目标应该满足 5 个条件

1. 针对性：我们要达到什么样目标？
2. 归属性：为这种责任努力，我们能得到什么？
3. 明确性：我们如何评估和衡量我们的进展？
4. 能动性：这个目标是否可实现且具有挑战性？
5. 资源性：我们是否明确可供我们完成任务的资源？

2. 制定团队规章

在现实中，很多团队的制度成为一种摆设。制度制定得不科学，难以执行，也削弱了制度的效力。团队要致力于建立成员共同认可的价值体系和制度体系，建立一个在制度基础上规范化管理的团队，以制度和文化凝聚人心。要培养团队成员的合作意识，就需要制定团队合作的规则。管理专家们指出，最有价值的团队规章应有如下 7 项原则。

（1）支持原则，即团队成员之间寻求和提供协助与支持。

（2）沟通原则，即团队成员准确、及时的信息交换。

（3）协调原则，即团队成员根据团队绩效要求的个人行动的整合。

（4）反馈原则，即团队成员之间对他人的绩效提供、寻求并接受建议和信息。

（5）监控原则，即团队成员观察他人的规则，在必要时提供反馈和支持。

（6）团队领导原则，即对团队成员的组织、指导和支持。

（7）团队导向原则，即团队成员对团队规则、默契、凝聚力、文化等的认同和支持。

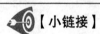【小链接】

IBM 的识别牌

有一天，美国 IBM 公司老板汤姆斯·华森带着客人去参观厂房，走到厂房门口时，警卫挡着他："对不起先生，不能进去，识别牌不对。"原来美国 IBM 有个规定，进厂区的时候，识别牌必须是浅蓝色的，在行政大楼，公司本部统统是粉红色的，汤姆斯·华森和他的一些随从们挂的都是粉红色的，没有换识别牌，不能进去。董事长的助理就马上对警卫叫起来了，说这是大老板，但是警卫说公司教育不是这样，必须按规矩办事。结果汤姆斯·华森笑笑说，他讲得对，快把识别牌换一下，结果所有的人统统换成浅蓝色的。

一家企业如果真得像一个团队，从领导开始就要严格地遵守这家企业的规章。整家企业如果是个团队，整个国家如果是个团队，那么自己的领导要身先士卒带头做好，自己先树立起这种规章的威严，再要求下面的人去遵守这种规章，这个才叫做团队。

规章是给别人定的，也是给自己定的。如果一个团队的领导自己都不遵守规章，如何要求团队的其他成员呢？我们的企业中，最容易破坏制度的往往就是制定制度的人。大厅中明明写着"请勿吸烟"，可是烟瘾上来了，老板抽一支，别人也不敢讲什么。很多领导口口声声说要搞团队建设，自己却没有照团队精神去做。规章就是规章，确定下来的规章就要坚决执行。我们不缺乏规章，缺乏的是不折不扣地贯彻规章的决心和行动。

现实中，到处存在这样的人，在不断地研究规章，找规章的漏洞，钻规章的空子。于是，就有了"上有政策、下有对策"的现象。每个人似乎都要防备人，造成了我们合作意识弱，我们的组织竞争力差。一个人没有规章意识会被认为素质低，一个领导没有规章意识也绝不是一个优秀的领导。

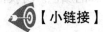【小链接】

虎大王选守卫

虎大王的府邸需要一名守卫，虎大王决定采取公开招聘的办法确定守卫由谁来当。

有关招聘的通知发出以后，动物们纷纷报名。经过层层筛选，黄牛、狐狸、老鼠胜出，进入最后的选拔程序。这三名动物各有所长，都身手不凡。黄牛力大无穷，且忠心耿耿；狐狸聪明绝顶，行动敏捷；老鼠十分机警，并善于打洞。总之，三位都是动物中的佼佼者，谁都有能力胜任守卫一职。然而，守卫的名额只有一个，只能采取公平竞争的方式进行淘汰。

最后的选拔采取现场比赛的办法。比赛的内容是：三名竞聘者从山脚出发奔向山顶那棵老松树，要求沿着山间那条羊肠小道奔向目标。这条羊肠小道弯弯曲曲，是老弱病残者常走的道。

比赛开始了。狐狸沿着羊肠小道飞奔一阵后，心想，我能找到一百条通向山顶老松树的路，那条路都比那条羊肠小道近。它向四周望了望，没有看到其他动物，于是，它迅速离开羊肠小道，沿着一条捷径奔向山顶。老鼠沿着羊肠小道跑了一阵后，心想傻瓜才按规定的路线跑呢。它很熟练地钻进路旁的一个地洞，这洞直通山顶。黄牛则不然，黄牛也能找到通往山顶的捷径，但它想比赛规定是沿羊肠小道奔向山顶，如果走捷径那就是欺诈行为，而黄牛的处世原则是不欺诈。这个原则，黄牛在任何时候都不会放弃。老鼠第一个到达老松树下，它的脸上露出得意的微笑，好像是在说，瞧，我赢了。狐狸第二个到达目的地，它看到老鼠先到了，脸上露出不服气的神情。黄牛最后一个到达山顶，它看了看先到的老鼠和狐狸，心里很平静，它早已料到了这一结果。

虎大王早已等候在山顶。三名动物到达山顶后，它宣布比赛结果：黄牛胜利了，守卫一职由黄牛担当。

大家对此结果感到莫名其妙。

明明是黄牛落在后面，怎么能认定它赢了呢？

老鼠、狐狸都表示不服，要在虎大王面前讨个说法。

只见虎大王不紧不慢地说，"这次比赛是规则测试，考的是谁能遵守规则。规则比速度更重要，你们懂吗？"

闻听此言，大家如梦方醒。

启示：

循规蹈矩、遵守规则的人会给人忠诚可靠的印象；而常常投机取巧、喜欢耍小聪明的人则会给人滑头、靠不住的感觉。所以相比之下，前者在人们心目中的地位要明显高于后者。

【技能训练】

训练目的：

体验在团队的协作中，本着双赢的理念，才能得到最后的胜利。

过程：

1. 将学生分成 4 组或者 6 组，每两个小组为竞争伙伴，每个小组应该多余 4 人少于 8 人。

2. 小组两两对局，每组各有红色、黑色牌，各组经过商讨，决定出牌的颜色。所获得的分数，取决于对方出牌的颜色。注意得分的原则，每次出牌都要公布分数。

3. 得分标准

第一组	得分	第二组	得分
红	+5	黑	−5
红	−3	红	−3
黑	−5	红	+5
黑	+3	黑	+3

4. 请每组成员在充分考虑积分标准之后，讨论决定本组选择什么颜色，并写在积分表上，交给助教。

5. 教师宣布双方的选择结果，并根据计分标准为双方打分，计分标准参见上表。

6. 游戏可以持续数轮，期间双方只有一次机会可以互相交流，但是也只有在双方都提出这个要求时才行，其他时间双方不能进行任何接触，中间始终要保持一定的空间。

7. 最后，总分为正的小组为赢家，为负的小组为输家，两方都为正值就达到了双赢的状态。

问题讨论：

1. 计分标准有什么特点？这一特点决定了在比赛的过程中，双方都应该采取什么策略？

2. 当积分表上的分数并不是很理想的时候，你是否想过原因？是否想过要与对方沟通一下？

任务总结

一、团队角色安排

1. 团队角色类型：公司作为一个团队，通常由实干者、协调者、推进者、创新者、信息者、监督者、凝聚者、完美者八种角色组成。

2. 认知自己的团队角色：每一种角色都很重要；一个人不可能完美，但团队可以；尊重团队角色的差异；通过合作弥补不足。

二、团队内部建设

1. 培养成员间融洽关系：设计促进合作的途径、提升凝聚力；

2. 团队问题的产生：在团队合作过程中冲突不可避免，团队冲突的定义、特征及其原因；

3. 解决问题的方法：制定目标、制定团队规章。

思考与训练

一、课堂讨论

请列出你所在的团队中成员构成的特点和角色定位，并说明你在你所在的团队中的角色及其重要性。另外，说出你所扮演的5种角色（如在学校你是学生，在企业你是职员，在家里你是孩子，等等）。他们各自要求什么样的行为？这些角色之间存在角色冲突吗？如果有的话，它们是怎样相互冲突的？你又是如何解决这些冲突的？

二、自测题

目标实现的信心指数测评

请根据实际情况对下列题目作出"是"或"否"的回答：

1. 规定的目标一定要实现
2. 成就是我的主要目标
3. 心中思考的事往往立即付诸于行动
4. 对我来说，做一个谦和宽容的胜利者与取胜同样重要
5. 不管经历多少失败也毫不动摇
6. 谦虚常常比吹嘘会获得更多的益处
7. 我的成就是不言自明的
8. 我实现目标的愿望比一般人更强烈
9. 充满只要做必然能成功的自信
10. 他人的成功不会诋毁我的成功
11. 我所做的工作本身蕴涵着价值，我并不是为了奖赏而工作
12. 我有自己独特的其他任何人不具备的优点
13. 认准的事情坚持到底
14. 对工作集中力高，持久性长
15. 往往马上实现大脑的闪念
16. 失败不能影响我的真正价值
17. 对自己的评价不受别人观点的左右
18. 信赖他人一起合作
19. 一件一件地实现我要做的事情
20. 为了实现目标往往会全力以赴
21. 相信自己有应付困难的能力
22. 常常盼望良机来临
23. 很少对自己有消极想法
24. 与专心思考相比，更多的是身体力行
25. 目标一旦确定马上实现
26. 一直得到许多人的帮助
27. 尽可能地充分利用自己的才干与能力

评分标准及结果分析：

每题"是"计1分，"否"计0分，各题得分相加，统计总分：0～5分为一类，说明你

实现目标的信心很低；6～11 分为二类，说明你实现目标的信心较低；12～17 分为三类，说明你实现目标的信心一般；18～23 分为四类，说明你实现目标的信心较高；24～27 分为五类，说明你实现目标的信心很高。

三、讨论

每个团队都有自己的规章，有的规章具有很强的可操作性，有的则不然。请同学们凭自己的记忆回忆见过的各种奇特的规章制度。然后小组讨论，那些奇特的规章为什么会存在？

任务三
团队维护

学习目标

- 了解团队具有共同意识的优势
- 了解不利于团队建立共同意识的障碍
- 掌握维护团队共同意识的方法
- 掌握团队进行决策的常见模式及要点
- 掌握团队建设性冲突与破坏性冲突的差别

技能目标

- 能够有效进行团队维护，实现创造性决策，并达成协议
- 能够根据不同情境需要，采取适宜的解决团队冲突的策略

案例导入

三个和尚在破落的庙里相遇。

甲和尚触景生情，随口说："这个庙为什么一片荒废凄凉呢？"

乙和尚说："一定是和尚不虔诚，所以诸神不灵。"

丙和尚说："一定是和尚不勤劳，所以庙破不修。"甲和尚又说："一定是和尚不敬业，所以信徒不多。"

三人你一言我一语，最后三人决定留下来各尽所能看看能不能拯救庙宇。

于是，甲和尚恭敬化缘，乙和尚诵经礼佛，丙和尚殷勤打扫。不久，庙宇果然香火渐旺，朝拜的信徒日益增多，庙宇恢复了原来的鼎盛状态。

这时，三个和尚开始争抢功劳了。

甲和尚说："都是因为我四处化缘，所以信徒大增。"

乙和尚说："都是因为我虚心礼佛，所以菩萨才显灵。"

丙和尚说："都是因为我勤加整理，所以庙宇才焕然一新。"

三人为此日夜争吵不休，以至于庙里的盛况又一落千丈。分道扬镳那天，他们终于悟出了一致的结论：庙宇之所以荒废不是因为和尚不虔诚，也不是因为和尚不勤劳，更不是因为和尚不敬业，而是因为和尚不和睦。

活动 1 沙漠求生

【活动描述】

遭遇：

八月中旬某日大约上午十点，你所乘坐的飞机在美国西南部萨那拉沙漠不幸坠落，轻型双引擎飞机与驾驶员和副驾驶员的尸体一同焚毁，只剩下飞机残骸，你们其余人员均未受伤。

在飞机坠毁前，驾驶员未能通知任何人你们的所在地。但是，在事故发生前他指出，你们位于一个采矿区西南方向 114 公里的地方，采矿区是最近的一个有人烟的地点，而且你们偏离飞行计划航线大约 105 公里。你们所处地方空旷无垠，是个不毛之地，只有一些破桶和树状的仙人掌。最后的天气预报显示今天的气温将高达 43℃，也就是说地面温度将达到 54℃。你身穿轻质服装——短袖衬衫、长裤、袜子和旅行鞋。每个人都有一个手绢。总计，在你的口袋中有$2.83 的零钱，$85.00 钞票，一包香烟和一支圆珠笔。

挑战：

在飞机起火前，你们全体人员抢救出下列的 15 件物品。

你的任务是根据求生的重要性，排列这 15 件物品，"1"表示最重要，"15"表示最不重要。你可以假定：

- 生还人数就是你目前整个队员人数；
- 你是此境遇中的真实人物；
- 全体队员同意共求生存；
- 所有物品状况良好。

第一部分：

阅读你们全队拥有物品的一览表。在未与其他队员商讨的情况下，根据对你全队救生的重要性，按顺序排列这些物品。在标有"第一步"一栏中写下你个人的排列。

第二部分：

现在，作为一个整体队伍，重新考虑这 15 件物品，在意见一致的基础上再次排列。你的目标是找出，能让你全体队员"共同生存"并且愿意支持的生存方法。在标有"第二步"一栏中写下你们全体的排列。全体任务开始后，不要再更改你以前的个人答案。

表 2-7

抢救出的物品	第1步 个人排序	第2步 全队排序	第3步 专家排序	第4步 第1步和第3步 之差值	第5步 第2步和第3步 之差值
电筒（可装 4 节电池）					
折叠刀					
部分所在区域航行图					
塑料雨衣（大号）					
磁性指南针					
小型纱布包					

续表

抢救出的物品	第1步 个人排序	第2步 全队排序	第3步 专家排序	第4步 第1步和第3步 之差值	第5步 第2步和第3步 之差值
点四五口径手枪（已上膛）					
降落伞（红和白）					
一瓶盐片（1000片）					
一本《沙漠可食动物》书					
每人一副太阳镜					
2升180°伏特加酒					
每人一件上装					
化妆镜					
每人1升的饮用水					
总计				个人分值	全队分值

表2-8

请完成下列步骤，将分数填入你所属的组队号码下的空格中	队号				
	1	2	3	4	5
第6步 平均个人分数：把你所有队员的分数（第4步）相加，再除以全队人数					
第7步 全队分数：抄下第5步底下的总分					
第8步 得失分：从平均个人分数（第6步）中减去全队分数（第7步）。如果全队分数比平均个人分数高，所得负值，表示失分					
第9步 百分比换算：用得分或失分（第8步）除以平均个人分数（第6步）					
第10步 最佳个人分数：抄写全队中最低的个人分数					
第11步 超过全队的队员数：记录个人分数低于全队分数的					

15件物品的专家排序如下。

（1）化妆镜；（2）每人一件上装；（3）每人1升的饮用水；（4）电筒（可装4节电池）；（5）降落伞（红和白）；（6）折叠刀；（7）塑料雨衣（大号）；（8）点四五口径手枪（已上膛）；（9）每人一副太阳镜；（10）小型纱布包；（11）磁性指南针；（12）部分所在区域航行图；（13）一本《沙漠可食动物》书；（14）2升180度伏特加酒；（15）一瓶盐片（1000片）。

【活动总结】

问题1：个人与小组的差值，数值最大的人是谁，说明个人的意见和小组相差很大，为什么个人接受别人的观点？个人与小组的差值，数值最小的人是谁，说明个人的意见和小组最相近，个人是怎么说服别人的？

问题2：专家与个人的差值小于专家与小组的差值，本来个人判断接近专家的，是正确的，但后来没有被接受，在小组讨论时改变了自己的判断。为什么可以改变自己的观点？

问题3：为什么小组成员能接受别人的观点？

技能点1　维护团队的共同意识

在现实的工作中，团队成员往往忙于自己的工作，互相之间交流的时间和机会非常少。因此，维护团队共同意识是一件十分困难的事情。尽管团队领导在思想上都重视与团队成员进行交流的机会，但实际做起来困难重重。当今工作多样性及复杂化使维护团队共同意识更加困难。然而，尽管面临诸多的困难，维护团队的共同意识仍是发挥团队优势的关键。

维护团队的共同意识往往是团队赢得竞争之道。很多团队管理专家都将狼性法则视为维护团队意识的有效方法。海尔集团董事局主席张瑞敏就曾说过："读了《狼图腾》，觉得狼的许多令人难以置信的做法也值得借鉴。其一，不打无准备之仗，踩点、埋伏、攻击、打围、堵截，组织严密，很有章法，好像在实践孙子兵法，'多算胜，少算不胜'。其二，最佳时机出击，保存实力，麻痹对方，并在其最不易跑动时，突然出击，置对方于死地。其三，最值得称道的是战斗中的团队精神，协同作战，甚至不惜为了胜利粉身碎骨、以身殉职。"

一、明确目标是维护团队共同意识的有效方法

维护团队共同的意识首先要做的就是确立一个目标。明确的目标是调动团队成员积极性、发扬团队精神的有效手段。团队成员越了解团队目标，其归属感就越强，团队就越有向心力、凝聚力。

有一年，一支英国探险队进入了撒哈拉沙漠，在茫茫的沙海里负重跋涉。阳光下，漫天飞舞的风沙像炒红的铁砂一般，扑打着探险队员的面孔。众人口渴似炙，心急如焚，更糟糕的事情发生了，大家的水都没有了。

这时，探险队长拿出一只水壶，说："这里还有一壶水。但穿越沙漠前，谁也不能喝。"

这样一壶水，成了穿越沙漠的信念源泉，成了求生的寄托。

水壶在队员之间传递，那沉甸甸的感觉使队员们濒临绝望的脸上又显露出坚定的神色。

终于，探险队顽强地走出了沙漠，挣脱了死神之手。大家喜极而泣，用颤抖的手拧开了那壶支撑他们精神和信念的水——缓缓流出来的，却是满满的一壶沙子！

团队在制定目标时应明确团队目前的实际情况，例如：团队所处的阶段——初始阶段、上升阶段，还是成熟阶段？团队成员存在哪些不足？需要什么措施帮助团队成员协调一致，进一步提升团队士气？

团队成员通常都需要团队领导指明目标或方向，团队领导通常都希望团队成员朝团队目标努力。因此，明确的团队目标是团队建设与维护的关键环节，是团队存在和发展的基础。"没有行动的远见只能是一种梦想，没有远见的行动只能是一种苦役，远见和行动才是世界的

希望。"团队目标是一个有意识地选择并能表达出来的方向。它运用团队成员的才能和能力，促进团队的发展，使团队成员按照实现团队目标的方向前进，为团队发展过程中解决所遇到的问题提供参照物。

团队确定目标需要以团队成员形成共识为基础，大多数情况下这并不容易，因此团队目标并不是要团队每个成员都完全同意目标，而是尽管团队成员存在不同观点，但是能够寻找到在追求团队目标同时实现自身的目标，各个成员求同存异并能对团队目标取得一致性理解，在这个基础上就能够实现团队的维护。

1. 了解不同团队成员的需求

组建团队就是团队成员与团队目标相互匹配的过程，团队成员应考虑实现自身目标与实现团队目标的关系，如何将实现自身目标融入团队整体目标，要通过咨询了解团队成员对团队整体目标的建议。一方面，团队成员只有将自己的需求即个人目标的实现，与团队目标的实现统一起来才能融入到团队中；另一方面，只有团队目标获得所有团队成员的认可后，团队成员才有可能在实现团队目标的过程中有效发挥个人特长融入团队。

2. 确定团队目标

确定团队目标存在多种情况，有的是获得所有团队成员认的目标，有的是与所有团队成员个人目标相一致的团队整体目标，有的是经过团队成员反复探索并逐渐认可与接受的目标。总之，要通过不断努力使得团队成员都认可接受并自愿朝团队目标努力，如果成员不认可，团队目标就需要进行修正和取舍。

兄弟二人因为跑得特别快而闻名乡里。但是，他俩跑得差不多快，很难分出胜负，于是两个人互相不服气，总想找个机会比试比试。

有一次，他们家被窃了。窃贼还没有跑太远，家里人叫他们赶快去追。不一会儿，他们就望见了贼的影子。哥哥心想："千万不能让弟弟先追上"。弟弟心想："一定要跑到哥哥前面"。于是，两个人都暗暗较劲，速度越来越快。

哥哥一看弟弟也在和自己一样加快速度，发火了："你还想和我比赛吗？好吧，我今天要让你瞧瞧，看谁跑得快！"于是，他的速度更加快了。

弟弟没有说话，他也憋着一肚子的怒气："你不是觉得自己快吗？今天我一定要和你分个高下！"

不一会儿，他们同时撵上了窃贼。兄弟俩一看，没有分出胜负，这可不行，一咬牙，继续跑了下去。很快窃贼就被他们甩到了后面。

正当兄弟俩往前跑得起劲时，迎面来了一个朋友，问他们为什么这么拼命地跑。俩人边跑边说："我们在比赛谁先撵上窃贼。"

"贼呢？"朋友问道。

俩人猛然醒悟，贼早就被他们超过了，等到再回头寻找，贼早已经没有了踪影。

3. 团队目标的分解

团队在实现其目标的过程中会遇到种种障碍，团队的信任状况也在不断变化波动，成员难免会动摇团队目标实现的信心，因此在团队目标确定后，需要不断分解团队整体目标为阶段性目标，这样在每个阶段性目标实现后，会提升团队成员对实现团队整体目标的信心，增强团队成员的集体荣誉感和自豪感，有利于最终实现整体性目标。

1912 年，美国钢铁大王卡耐基以 100 万年薪聘请斯瓦伯为该公司第一任总裁时，全美企业界为之议论纷纷。斯瓦伯不仅是现代企业管理中第一位高级职业经理人，而且百万年薪在当时开全美之先河。更令人不解的是，斯瓦伯对钢铁并不内行，卡耐基为何要付那么高的薪水呢？原来，卡耐基看中了他善于激励下属的特殊才干。

斯瓦伯上任不久，他管辖下的一家钢铁厂产量落后。厂长面对软硬不吃、懒懒散散的工人无计可施。

一天，正是日班快下班、即将要由夜班接班之时，斯瓦伯向厂长要了一支粉笔，问日班的领班："你们今天炼了几吨钢？"

领班回答："6吨。"

斯瓦伯用粉笔在车间的地上写了一个很大的"6"字，默不作声地离去。夜班工人接班后，看到地上的"6"字，好奇地问是什么意思。日班工人说："总裁听说我们今天炼了6吨钢，就在地上写了一个6字。"

次日早上，斯瓦伯又来到车间，他看到昨天地上的"6"字已经被夜班工人改写为"7"字了。

日班工人看到地上的"7"字，知道输给了夜班工人，内心很不是滋味，他们决心超过夜班工人，大伙儿加倍努力，结果那一天炼出了10吨钢。在日夜班工人不断的竞赛之下，这家工厂的情况逐渐改善。不久之后，其产量竟然跃居公司所有钢铁厂之冠。

斯瓦伯只用一只粉笔在地上写了几个数字，就激励了炼钢工人奋发向上的热情，这就是他获得全美最高薪资的主要原因。斯瓦伯利用了人皆不甘落后和维护集体荣誉的本性，造成竞赛之势，这种因势利导正如中国古代兵法上所讲的"遣将不如激将"，引而不发却取得了万马奔腾争向前的好效果。在影响改变别人时，没有比鼓励、奖赏更好的方式了。

二、维护团队共同意识需要营造责任感

团队成员勇于负责，是团队成功的第一要素。齐格勒说："如果你能够尽到自己的本分，尽力完成自己应该做的事情，那么，你总有一天能够随心所欲地做自己想要做的任何事情。"一个团队对待错误的态度可以直接反映出团队的敬业精神和道德品质，因此，营造责任感是维护团队合作精神、实现团队目标的必由之路。团队有了协调统一的目标，队员相互督促来实现团队的整体成功。现代组织强调培育责任团队体系，因其本属的强制性约束了团队成员的自主独立性加上成员本性的自私，"责任"自然成为维护团队共同意识的核心，打造责任团队体系应强调"责任"，体现集体意识。

作为团队，责任体现为以效益和效率为中心，创新发展；爱护团队成员，促使其健康成长；相互尊重，平等关心，合作共赢，实现共同成长；作为团队成员，要对自己负责，修身致知，健康成长；要对团队负责，尽心尽力，尽职尽责。

责任是成就事业的可靠途径；责任可以带给团队成员勇气、智慧和力量。工作中总会碰到各种各样的困难、危险和抉择，团队成员拥有责任心就可以克服实现团队目标过程中的困难和风险，团队成员通过责任联结，通过履行责任来推动团队目标的实现，维护团队的共同利益；同时，在履行责任的过程中，充分挖掘和发挥团队成员各自的潜能，"天地生人，有一人当有一人之业；人生在世，生一日当尽一日之勤。"人，只有承担自己在团队中的责任，才能体现出自身作为团队成员的价值；一个团队，只有建设好自己的团队文化，培养协作和团队精神，才能维护好团队共同意识。

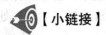【小链接】

责任分散效应

责任分散效应（Decentralized responsibility effect）也称为旁观者效应，是指对某一件事来说，如果是单个个体被要求单独完成任务，责任感就会很强，会作出积极的反应。但如果是要求一个群体共同完成任务，群体中的每个个体的责任感就会很弱，面对困难或承担责任时往往会退缩。因为前者独立承担责任，后者期望别人多承担点儿责任。"责任分散"的实质就是人多不负责，责任不落实。

两位年轻的心理学家约翰·巴利和比博·拉塔内对旁观者的无动于衷、见死不救作出了新的解释。为了验证自己的解释和说明，他们进行了下面的实验。他们让72名不知真相的参与者分别以一对一和四对一的方式与一假扮癫痫病的患者保持距离，并利用对讲机通话。他们要研究的是：在交谈过程中，当那个假病人大呼救命时，72名不知真相的参与者所作出的选择。事后的统计显示：在一对一通话的那些组，有85%的人冲出工作间去报告有人发病；而在有4个人同时听到假病人呼救的那些组，只有31%的人采取了行动！因此，两位心理学家对克尤公园的杀人案中没有人见义勇为的现象得出了令人信服的社会心理学解释，并概括为"旁观者效应"。

1964年3月13日夜3时20分，在美国纽约郊外某公寓前，一位叫朱诺比白的年轻女子在结束酒吧工作回家的路上遇刺。她绝望地喊叫："有人要杀人啦！救命！救命！"。听到喊叫声，附近住户亮起了灯，打开了窗户，凶手吓跑了。当一切恢复平静后，凶手又返回作案。当她又喊叫时，附近的住户又打开了电灯，凶手又逃跑了。当她认为已经无事，回到自己家上楼时，凶手又一次出现在她面前，将她杀死在楼梯上。在这个过程中，尽管她大声呼救，她的邻居中至少有38位到窗前观看，但无一人来救她，甚至无一人打电话报警。这件事引起纽约社会的轰动，也引起了社会心理学工作者的重视和思考。人们把这种众多的旁观者见死不救的现象称为责任分散效应。

责任具有主观性和客观性。客观上，团队成员获得了来自团队的物质利益和非物质的支撑，这些回报是个人对团队所负责任的利益；主观上，成员应负有正确与积极的对团队及其目标的责任，而不能损害团队及其他成员的利益。因此，树立"集体信任"、"团队荣誉"，鼓励重用具有团队精神的成员。责任团队体系可能包括团队文化、竞争机制、激励机制、学习机制等，数字化的工作成果有助于实现责任团队内部的良性互动。营造责任感是维护团队意识的核心，极力打造责任团队体系将有助于推动团队责任精神，形成和谐的团队氛围。

野田圣子曾经是日本内阁最年轻的，也是唯一的女性大臣——邮政大臣。这位前日本运输大臣野田卯一的孙女并没有凭祖父的名气在仕途上走捷径，相反她事业的起点是从喝马桶里的水开始的。

野田圣子的第一份工作是在帝国酒店当白领丽人，其中有一项清洁工的训练课程，自出娘胎以来她从未做过如此粗重的工作，因此第一天伸手触及马桶的那一刻，她几乎呕吐。但有一天，一名与圣子一起工作的前辈在抹完马桶后，居然伸手盛了满满一杯厕所水，在她面前一饮而尽，目的是向她证明经她清洁过的马桶干净得连水都可以饮。

此时，野田圣子方发现自己的工作态度有问题，根本没资格在社会上肩负起任何责任，于是她对自己说："就算一生要洗厕所，也要做个洗厕所最出色的人。"结果，在训练课程的最后一天，当她抹完马桶之后，毅然盛了一杯厕所水喝，而这次经历也成为她日后做人处事的精神源泉。

三、维护团队共同意识需要高效沟通

维护团队共同意识的最大障碍往往来自于缺乏高效沟通。根据麦肯锡的观点，团队中往往只有极少部分的沟通是有效的，调查结果显示，七成左右的团队产生合作意识问题是由于缺乏有效的沟通。通常团队成员每小时有 16~46 分钟用于沟通。

1990 年 1 月 25 日 19:40，阿维安卡 52 航班飞行在美国新泽西海岸上空 37000 英尺的高空。机上的油量可以维持近两个小时的航程，在正常情况下飞机降落至纽约肯尼迪机场仅需不到半小时的时间，这一缓冲保护措施可以说十分安全。然而，此后发生了一系列耽搁。20:00，由于严重的交通问题，肯尼迪机场航空交通管理员通知 52 航班的飞行员，要求他们的航班必须在机场上空盘旋待命。20:45，52 航班的副驾驶员向肯尼迪机场报告他们的"燃料快用完了"。虽然机场航空交通管理员收到了这一信息，但在 21:24 之前，飞机没有被批准降落。在此之前，阿维安卡机组成员再没有向肯尼迪机场传递任何情况十分危急的信息，而在飞机座舱中的机组成员却相互紧张地告知彼此他们的燃料供给出现了危机。

21:24，52 航班第一次试降，由于飞行高度太低且能见度太差，无法保证安全着陆，试降失败。当肯尼迪机场指示 52 航班进行第二次试降时，机组乘员再次提到他们的燃料将要用尽，但飞行员却告诉航空交通管理员新分配的飞行跑道"可行"。21:32，飞机的两个引擎失灵，1 分钟后，另外两个引擎也停止了工作，耗尽燃料的 52 航班于 21:34 坠毁于长岛，机上 73 名人员全部遇难。当调查人员调查了飞机座舱中的磁带并与当事的航空交通管理员讨论之后，他们发现导致这场悲剧的原因正是沟通的障碍。为什么一个简单的信息既未被清楚地传递，又未被充分地接受呢？下面就是管理当局对这一事件进行的深入分析。

首先，飞行员一直说他们"油量不足"，航空交通管理员告诉调查者这是飞行员们经常使用的一句话。当航班被延误时，航空交通管理员认为每架飞机都存在燃料问题。但是，如果飞行员发出"燃料危急"的呼声，则航空交通管理员有义务优先为其导航，并尽可能迅速地允许其着陆。一位航空交通管理员指出，"如果飞行员表明情况十分危急，那么我们会尽可能以最快的速度引导其降落的。"遗憾的是，52 航班的飞行员从未说过"情况紧急"，所以肯尼迪机场的航空交通管理员一直未能理解到飞行员所面对的真正困难。

其次，52 航班飞行员的语调也并未向航空交通管理员传递有关燃料紧急的重要信息。许多航空交通管理员接受过专门训练，可以在这种情境下捕捉到飞行员声音中极细微的语调变化。尽管 52 航班的机组成员之间表现出对燃料问题的极大忧虑，但是他们向肯尼迪机场传达信息的语调却是冷静而职业化的。

最后，飞行员的文化和传统以及机场的职权也使得 52 航班的飞行员不愿意声明情况紧急。当对紧急情况正式报告之后，飞行员需要写出大量的书面汇报。另外，如果发现飞行员在计算飞行中需要多少油量方面疏忽大意，美国联邦飞行管理局就会吊销其驾驶执照。这些消极的强化因素极大阻碍了飞行员发出紧急呼救。

正是这次航空史上惨痛的教训，使得美国航空业开始关注沟通，并把沟通列为美国商学院的一门课程进行学习和研究。研究不仅包括组织内部应该如何进行有效沟通，而且包括关注员工的"道德底线"沟通，即员工在什么情况下，会向管理者准确报告"情况有多糟"。研究者发现，员工都有"大事化小，小事化了"之心，希望尽可能地掩盖自己的过失。然而，这样的掩盖最终造成的后果就是，未能在问题发生的初期引起管理层的重视，偏差越来越大，最终给企业造成不可估量的损失。

1. 有效沟通应遵循以下原则

（1）确保沟通是双向的。

有效的沟通必然是双向的，是一个互动和不断反馈的过程。

（2）提供具有准确事实的观点。

如果需要给别人你所持的观点，需要以支撑观点的事实为基础。

（3）营造和谐的团队有效沟通氛围。

有效的沟通一定是建设性、包容性的。

（4）得到相应一致的观点和行动。

沟通需要最终达成一致，并不是指完全一样，是包含分歧的一致。

2. 平行沟通

很多组织中的沟通模式往往缺乏横向联系，缺乏水平沟通；有些沟通模式不断随着组织形态而变革，因此，团队成员的沟通需要遵循以下原则。

（1）注意培养发现其他成员优点的能力。

（2）不抱怨、不苛责，管理好情绪的基础上再沟通。

（3）倾听是最好的理解渠道。

（4）勇于承认错误与短处，不要急于争辩。

（5）懂得换位思考。

（6）一切以尊重其他团队成员为前提。

（7）诚恳的态度是化解一切问题的关键。

2008年9月15日上午10点，拥有158年历史的美国第四大投资银行——雷曼兄弟公司向法院申请破产保护，消息转瞬间通过电视、广播和网络传遍地球的各个角落。令人匪夷所思的是，在如此明朗的情况下，德国国家发展银行于10点10分，居然按照外汇掉期协议的交易，通过计算机自动付款系统，向雷曼兄弟公司即将冻结的银行账户转入了3亿欧元。毫无疑问，3亿欧元将是肉包子打狗有去无回。

转账风波曝光后，德国社会各界大为震惊，舆论哗然，普遍认为，这笔损失本不应该发生，因为前一天有关雷曼兄弟公司破产的消息已经满天飞，德国国家发展银行应该知道交易的巨大风险的存在，并事先做好防范措施才对。销量最大的《图片报》，在9月18日头版的标题中，指责德国国家发展银行是迄今"德国最愚蠢的银行"。此事惊动了德国财政部，财政部长佩尔·施泰因布吕克发誓，一定要查个水落石出并严厉惩罚相关责任人。

人们不禁要问，短短10分钟里，德国国家发展银行内部到底发生了什么事情，从而导致如此愚蠢的低级错误？一家法律事务所受财政部的委托，带着这个问题进驻银行进行全面调查。

法律事务所的调查员先后询问了银行各个部门的数十名职员，几天后，他们向国会和财政部递交了一份调查报告，调查报告并不复杂深奥，只是一一记载了被询问人员在这10分钟内忙了些什么。然而，答案就在这里面，看看他们忙了些什么……

首席执行官乌尔里奇·施罗德：我知道今天要按照协议预先的约定转账，至于是否撤销这笔巨额交易，应该让董事会开会讨论决定。

董事长保卢斯：我们还没有得到风险评估报告，无法及时做出正确的决策。

董事会秘书史里芬：我打电话给国际业务部催要风险评估报告，可那里总是占线，我想还是隔一会儿再打吧。

国际业务部经理克鲁克：星期五晚上准备带上全家人去听音乐会，我得提前打电话预订门票。

国际业务部副经理伊梅尔曼：忙于其他事情，没有时间去关心雷曼兄弟公司的消息。

负责处理与雷曼兄弟公司业务的高级经理希特霍芬：我让文员上网浏览新闻，一旦有雷曼兄弟公司的消息就立即报告，现在我要去休息室喝杯咖啡了。

文员施特鲁克：10:03，我在网上看到了雷曼兄弟公司向法院申请破产保护的新闻，马上就跑到希特霍芬的办公室，可是他不在，我就写了张便条放在办公桌上，他回来后会看到的。

结算部经理德尔布吕克：今天是协议规定的交易日子，我没有接到停止交易的指令，那就按照原计划转账吧。

结算部自动付款系统操作员曼斯坦因：德尔布吕克让我执行转账操作，我什么也没问就做了。

信贷部经理莫德尔：我在走廊里碰到了施特鲁克，他告诉我雷曼兄弟公司破产的消息，但是我相信希特霍芬和其他职员的专业素养，一定不会犯低级错误，因此也没必要提醒他们。

公关部经理贝克：雷曼兄弟公司破产是板上钉钉的事，我想跟乌尔里奇·施罗德谈谈这件事，但上午要会见几个克罗地亚客人，等下午再找他也不迟，反正不差这几个小时。

德国经济评论家哈恩说，在这家银行，上到董事长，下到操作员，没有一个人是愚蠢的，可悲的是，几乎在同一时间，每个人都开了点小差，加在一起结果就创造出了"德国最愚蠢的银行"。是疏忽？是马虎？是麻痹大意？还是开小差？生活中，我们也常明知故犯，而将自己逼入绝境。实际上，只要当中有一个人认真负责一点，那么这场悲剧就不会发生。演绎一场悲剧，短短10分钟就足够了。

3. 倾听其他成员的能力

哈佛大学前校长艾略特认为"生意上的往来，并无所谓的秘诀。最重要的是要专注于眼前同你谈话的人，这是对那人最大的尊重。"倾听同样是一种极其重要的团队合作能力，需要一定的技巧，具体如下。

（1）选择有利于倾听的环境。

（2）表达的简洁。

（3）显示出倾听的兴趣并注意反馈。

（4）注意观察倾听对象的非语言信息。

（5）倾听需要聚焦。

（6）注意管理情绪与偏见。

（7）避免争辩。

（8）避免主观臆测。

（9）避免过早的结论与主观判断。

（10）避免"自我中心"（避免极力将话题转移到自己的兴趣点）。

（11）传递合适的非语言信息。

作为圣迭戈纪念医院的护理部主任，珍妮·杨科维奇负责管理9名值班主管以及115名注册护士和护士助理。她讲述了这样一段亲身经历：7月9日星期一刚上班，她就意识到自己犯了一个极大的错误。珍妮大约早上 6:05 来到医院，她看到一大群护士（要下夜班的护士和即将上早班的护士），正三三两两聚在一起激烈地讨论着。当她们看到珍妮走进来时，立即停止了交谈。这种突然的沉默和冰冷的注视，使珍妮明白自己正是谈论的主题，而且看来她们所说的不像是赞赏之辞。

珍妮来到自己的办公室里，半分钟后她的一名值班主管迪·马考斯走了进来。迪直言不讳地说道："珍妮，上周你发出的那些信对人们的打击太大了，它使每个人都心烦意乱。"

"发生了什么事？"珍妮问道，"在主管会议上大家都一致同意向每个人通报我们单位财务预算的困难，以及裁员的可能性。我所做的只不过是执行这项决议。"

"可你都说了些什么？"迪显然很失望，"我们需要为护士们的生计着想。我们当主管的以为你会直接找护士们谈话，告诉她们目前的困难，谨慎地透露这个坏消息，并允许她们提出疑问。那样的话，可以在很大程度上减小打击，而你却寄给她们这种形式的信，并且寄到她们的家里，天哪！珍妮，周五她们收到信后，整个周末都处于极度焦虑之中。她们打电话告诉自己的朋友和同事，现在传言四起，我们处于一种近于骚乱的局势中，我从没见过员工的士气如此低沉。"

珍妮犯了一个错误，或者应该说两个：首先，她所寄出的信件显然未能成功地向员工们传达她的意图；其次，选择信件作为媒介来传递她的这一信息是不合适的。有时以书面形式进行沟通很有效，而有时口头交流的效果更好。当珍妮回过头来反思这一举动时，她得出结论：和许多人一样，她倾向于回避口头沟通，因为她对这种方式心存疑虑。遗憾的是，在这件事情上，这种疑虑恰恰阻碍了她选择正确的媒介来传递信息。她知道这一消息会使员工产生恐慌和不安。在这种情况下，珍妮需要一种保证最大清晰度、并能使她和主管们迅速处理潜在危机的方法来传递信息。最好的方法是口头传达，而把这种未曾料到的坏消息以信件形式寄至员工家中的决定，无疑是个极大的错误。

【小看板】

鲶鱼效应

很久以前，在挪威的一个小镇，人们靠捕鱼为生。小镇紧靠着大海，因出产沙丁鱼而小有名气。

在那里，渔船归航抵港时，只要沙丁鱼是活着的，一定会被抢购一空，卖个好价钱。遗憾的是，由于每次出海的时间比较长，等到归来时，沙丁鱼已经死去很多。也正因为如此，活着的沙丁鱼才格外惹人垂涎三尺。渔民们想尽方法，尝试着让沙丁鱼存活，但是无人成功。

有一次，一位老渔民照例出海打鱼，忙碌了几日，收获颇丰。他喜出望外，驾船火速返航。谁知不到半途，沙丁鱼便不再鲜活了，懒洋洋地潜在水中，一动不动。

老渔民一边察看着鱼舱，一边暗暗着急。他无计可施，只得按照老办法，挑出那些死去的沙丁鱼。这时他看见鲶鱼也不动了，捡出来正要扔掉，鱼儿忽地一跃，却掉进了装着沙丁鱼的鱼槽。

老渔民顺利归航了。让他不敢相信的是，到达岸口时，原本以为那些沙丁鱼已经死去了，然而它们竟然都是蹦蹦跳跳的。经过反复研究，他终于发现了沙丁鱼存活的秘密。

原来鲶鱼进入沙丁鱼槽后，由于环境陌生，自然四处游动，到处挑起摩擦。而大量沙丁鱼发现多了一个"异己分子"，自然也会紧张起来，加速游动，整槽鱼上下浮动，使水面不断波动，带来充足的氧气，如此这般，使沙丁鱼活蹦乱跳地运进渔港了。

任何动物在它的进化过程中都伴随着基因的改变，在自然界优胜劣汰的残酷竞争面前，往往改变都是朝着使它们更适于生存的方向进行的。

4. 团队沟通不畅的原因

（1）成员缺乏基本常识，根据自己的理解随意沟通。

（2）团队成员内部等级观念强，部分成员不能平等地对待他人。

（3）措辞不当，表达内容空洞，不能换位思考，不能引起对方的兴趣。

（4）想当然地认为其他人知道这些消息。

（5）工作时间安排不当，团队内部没有时间进行沟通。

（6）不习惯倾听，只习惯于表达自己。

（7）成员之间缺乏互信。

（8）管理者缺乏沟通意识。

有几个商人搭乘一艘渔船，准备渡江去做生意，途中遇到暴风雨，渔船眼看就要被掀翻。在这危急时刻，船家站出来组织大伙儿救险。首先，为了保证船身不下沉，必须扔掉船上多余的东西。于是，船家陆续将商人的货物扔了下去。最后，船上只剩下船家自己的一个箱子。

商人们见状很生气，于是趁船家不备，合伙将那个沉重的箱子扔进了水里。不料，箱子还没落水，船马上就飘了起来。商人们万万没有想到，那个木箱里装的是用来稳住船的沙石，缺少了箱子船就会翻。

本来，船上的人齐心协力就能渡过难关，结果船还是翻了。其原因之一在于，船家没有及时与其他人沟通好。假使他把木箱的用途提前告诉船上的人，悲剧或许就不会发生了。

总之，高效的沟通能力是团队成员必须具备的能力。高效的团队都是由一些具有广泛的专业知识和技能的成员组成的。在团队中，最基本的技能包括了解如何与他人一起工作、如何解决问题、如何管理项目流程、如何提出和接受反馈意见、如何设立目标以及如何进行时间管理和冲突管理。团队成员为了维护共同的团队意识会自觉运用一些合作技巧，例如了解他人的需求、懂得为了实现团队目标所需要的互动活动、在别人需要时自愿帮助别人等；同时能通过沟通建立起团队的信任，靠得住、守信用、相互不隐瞒重要信息、保守秘密、愿意向他人传授知识和技能。高效运作的共同特征是所有成员都明白有效沟通对建立信任的重要性，应当避免传递似是而非的信息和说模棱两可的话，提倡团队成员之间的相互理解。

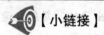【小链接】

知名企业的团队沟通技巧

现代企业都非常注重沟通，既重视外部的沟通，又重视与内部员工的沟通，沟通才有凝聚力。以下是一些值得借鉴的好做法。

1. 讲故事

波音公司在1994年以前遇到一些困难，总裁康迪上任后，经常邀请高级经理们到自己的家中共进晚餐，然后在屋外围着个大火堆讲述有关波音的故事。康迪请这些经理们把不好的故事写下来扔到火里烧掉，以此埋葬波音历史上的"阴暗"面，只保留那些振奋人心的故事，以此鼓舞士气。

2. 聊天

奥田是丰田公司第一位非丰田家族成员的总裁，在长期的职业生涯中，奥田赢得了公司内部许多人士的爱戴。他有1/3的时间在丰田城里度过，常常和公司里的工程师聊天，聊最近的工作，聊生活上的困难。另有1/3的时间用来走访5 000名经销商，和他们聊业务，听取他们的意见。

3. 解除员工后顾之忧

某航空公司总裁凯勒尔了解到员工最大的担心是失业，因为很多航空公司都是旺季时大量招人，在淡季时辞退员工。凯勒尔上任后宣布永不裁员。他认为不解除员工的后顾之忧，员工就没有安全感和忠诚心。从此，该公司以淡季为标准配备人员，当旺季到来时，所有员工都会毫无怨言地加班加点。

4. 帮员工制订发展计划

爱立信是一个"百年老店"，每年公司的员工都会有一次与人力资源经理或主管经理的个人面谈时间，在上级的帮助下制订个人发展计划，以跟上公司业务发展，甚至超越公司发展步伐。

5. 鼓励越级报告

在惠普公司，总裁的办公室从来没有门，员工受到顶头上司的不公正待遇或看到公司发生问题时，可以直接提出，还可越级反映。这种企业文化使得人与人之间相处时，彼此之间都能做到互相尊重，消除了对抗和内讧。

6. 动员员工参与决策

福特公司每年都要制订一个全年的"员工参与计划"。动员员工参与企业管理。此举引发了职工对企业的"知遇之恩"，员工投入感、合作性不断提高，合理化建议越来越多，生产成本大大减少。

7. 返聘被辞退的员工

日本三洋公司，曾经购买美国弗里斯特市电视机厂，日本管理人员到达弗里斯特市后，不去社会上公开招聘年轻力壮的青年工人，而是聘用那些以前曾在本厂工作过而眼下仍失业的工人。只要工作态度好、技术上没问题，厂方都欢迎他们回来应聘。

8. 培养自豪感

美国恩科公司创业时，员工工资并不高，但员工都很自豪。该公司经常购进一些小物品如帽子，给参与某些项目的员工每人发一顶，使他们觉得工作有附加值。当外人问该公司的员工："你在思科公司的工作怎么样？"员工都会自豪地说："工资很低，但经常会发些东西。"

9. 口头表扬

表扬不仅是当今企业中最有效的激励办法，事实上还是企业团队中的一种有效的沟通方法。松下公司很注意表扬人，创始人松下幸之助如果碰上进步快或表现好的员工，他会立即当面给予口头表扬，如果不在现场，松下还会亲自打电话表扬下属。

四、维护团队共同意识需要化解团队冲突

冲突往往是个人或团队对于同一事物持有不同的态度与处理方法而产生的矛盾。在团队

合作过程中，成员之间的差异会造成相互之间的矛盾，甚至是冲突。如果因为成员在对组织目标的认知、自身性格、情商、看问题的角度、价值观等方面存在个体差异而造成的团队矛盾和冲突不能及时解决，维护团队共同意识就很难实现。

1. 团队冲突的特征

（1）团队成员之间缺少沟通。

（2）团队成员之间不是建立在相互尊重与相互合作的基础上，而是基于羡慕、嫉妒、损害、埋怨等不良关系上。

（3）团队成员之间的关系表里不一。

（4）各种规章制度很多，但没有起到应有的效果。

（5）非正式组织大量存在并影响团队实现目标。

（6）在团队决策过程中充满异议并很难达成一致。

2. 建设性冲突与破坏性冲突

建设性冲突的特征是冲突的团队成员对实现团队目标非常关心，彼此乐意了解对方的观点、意见和建议，团队成员以争论问题为中心，相互愿意交换不同意见。这种团队冲突若引导好，将会对团队有益，同时能提高团队解决问题的效率，还能增加团队成员的凝聚力挖掘团队成员的潜能。

破坏性冲突的特征是双方对赢得自己观点的胜利或争取自身的利益十分关心，不能或不愿听取其他成员的观点、意见，讨论时不是针对解决问题的策略而是其他成员的目的、利益等，成员间有益沟通非常少，甚至没有。

3. 团队冲突的处理方式

（1）竞争。

团队成员或团队之间都站在各自的立场上，各不相让，一定要分出是非胜负。优点：快，能立即分出胜负来。缺点：不能解决所有问题，全凭的是权力的压力。

（2）回避。

双方都想合作，但既不采取合作行为，也不采取过激行为，互相之间往往不沟通。回避是团队最常用的一种解决冲突的方法，但这种方法会造成很多问题，例如团队没有合作，矛盾被隐藏而不是解决，最终能导致团队瓦解。优点：不发生冲突，回避矛盾，个人得益。缺点：团队受损，很多工作没人去做，工作积压，积压下来更易激化冲突。

（3）妥协。

团队或团队成员能够理解对方的利益诉求，冲突双方都能为实现团队整体的目标放弃或牺牲部分个人利益——往往是现实需求。优点：双方的利益都照顾到了，比较快或能够及时达成共识。缺点：一些根源性的问题没有解决。

（4）迁就。

团队冲突的一方采取强硬的态度而迫使另一方采取退让的态度，这种处理方法往往只是暂时掩盖了团队矛盾，并不能促进团队发展、提高效率。优点：尽快地处理事情，可以私下解决，不用找上司，可以维护比较好的人际关系。缺点：迁就是组织比较忌讳的方式，因为岗位的职责不维护，会对组织的管理造成损害。

（5）合作。

合作是冲突双方都能充分考虑、理解和保证对方的利益，通过协作最终达成共识，实现双赢的结果，但非常难以实现。优点：能够彻底地解决冲突双方的问题，并找出解决此类问题的办法，而且通过事先的约定，防止下一次类似问题的发生。缺点：成本太高，双方需要来回地沟通。

为了提高软件部的开发能力，阮经理向人力资源部提出了用人申请，很长时间过去了，人力资源部没有能够提供这样的程序员。看看阮经理和人力资源部的任经理是怎么对待这件事的？

采用竞争方式

阮经理	任经理
阮经理当仁不让："开始让你们招时，你们可没说这么多，你们也没说招不到。这么长时间，才招到一个人，真不知你们人力资源部整天都在忙什么！" 阮经理生气地吼道："不管怎么说，软件开发部要是完不成任务，你们人力资源部有不可推卸的责任……"	任经理辩解道："现在，做广告效果不好，人才交流会没有什么好人才。请猎头公司招，老总又觉得费用高，不同意。让我们怎么办？" "你们部门提出的用人要求不对，条件太高了，你们要求的那种人以咱们公司的薪资水平人家根本不来。招到人，你们又不满意"

结果一：发生激烈的争吵，甚至将官司打到老总那里去，让他评出一个是非曲直，双方的裂缝和矛盾不断加大，可能会影响到其他的合作，甚至因这次冲突会产生个人恩怨；

结果二：问题得不到解决。争吵半天，问题一个也没解决，而且争吵不仅浪费时间和精力，还造成新的问题；

结果三：只好由双方的上司来"摆平"。人力资源部上面有人事副总，软件开发部上面有技术副总，产生高层之间的矛盾，由招聘的事影响到业务推广的大局；

结果四：将两个部门的各自成员都拖入这场冲突当中，引发更大范围的不和；

结果五：问题的根源还在。即使老总采取强硬或怀柔的办法消除了这场冲突，将来在其他工作上可能仍会出现冲突。其实，这场冲突是结果，不是原因。

采取迁就的方式

阮经理	任经理
阮经理对人力资源部不能按时招到五位程序员采取迁就态度，在总经理面前说好话："任经理他们也不容易，又是联系打广告，又是上人才交流会，连星期六、星期日都不能休息，还要忙着面试。虽然只招到一个人，也比一个没招到强。现在人才市场竞争这么激烈，软件开发人员本来就缺乏，再加上咱公司给的工资也不多，哪那么容易招？他们也确实尽力了，再给他们一个月时间吧！"	任经理对阮经理说好话毫不领情："我们每次有招聘会都会为你们招，实在招不到我也没办法。不用说再给我一个月的时间，就是十个月，把我们杀了，该招不到还招不到"

结果一：冲突暂时被防止，也许以后不再发生此类矛盾，也许以后又会重复发生；

结果二：一方总要作出牺牲和让步，这种让步表面上看是以牺牲某个部门或某个团队成员的要求、权利和利益为代价，实质上是牺牲了整个团队利益，换取了暂时的合作；

结果三：管理严谨的企业是环环相扣的，一般很难作出较大让步，或者说，让步几乎没有余地。团队或成员让步说明要么工作不重要，要么整个公司的管理是懈怠的；

结果四：如果让步总能换来安稳的团队，谁不愿让步呢？当让步形成一种团队风气或传统时，团队绩效无疑会不断下降；

结果五：团队成员平等关系破坏，培养了部分"牛人"。

采取合作的方式

阮经理	任经理
"你们人力资源部一向对我们软件开发部的工作很支持,我们真是从心里表示感谢!可这次招聘程序员的事可能有些问题,比如:软件开发部对职位描述得不太清楚,我回去把职位描述重新写一份。你看你还有什么不太清楚的地方,或是需要软件开发部配合的地方,你别不好意思说,咱们不都是为把工作做好嘛!"	"招聘的职位描述是写得简单了点,其实,这也不能全怪你们。我向搞人力资源管理的专家咨询了一下,关于职位描述说明书的事,应该由人力资源部来组织,总经理参与,并组成包括你们软件开发部专家在内的专家组来评议。这件事我马上就办。我也向总经理请示,这个月全力以赴为你们招人,为你们解决人手不够的问题。放心吧,你们的任务也是我们的任务"

结果一:问题被事先预防或被消灭在萌芽状态;

结果二:某个问题或影响团队合作的某个问题得到彻底的解决或根除。由于是从对方的角度、从整个团队目标的角度考虑问题,本次的良好合作将出现良好的循环,此类问题也将得到防止或大大减少;

结果三:团队价值得到提升;

结果四:双方的工作目标均得以达成。

4. 不同情况下的处理方式

(1)既紧急又重要的工作采取竞争的方式解决。

一提起竞争,就让人想到两败俱伤的结局,就认为竞争是不好的、不可取的。其实并非如此,并不是在任何情况下采取竞争的方式都是不可取的。

情景一:紧急情况下,需要迅速果断地作出决策并要及时采取行动时;

例:"有一份重要合同明天就要签约,你们部门如果不管这件事,我们部门就要管了。"

在这种情况下,最好的策略就是竞争。这时,假如双方都采取回避的策略,你们部门不管,我们部门也不管,势必会影响公司按时签约,从而使整体的利益受到损失。这时,假如一个部门想与另一个部门合作,但首先需要两个部门沟通,而沟通要花费时间。在明天就要签合同的紧急情况下,没有时间等两个部门沟通好了再来合作。

情景二:你想要实施一项不受团队成员欢迎的重大措施时;

例:财务部决定缩减公司开支,严格公司报销制度。

在这种情况下,财务部必须采取竞争策略。对于公司员工来说,没有哪一个员工不希望公司的规章制度松一些,但公司要缩减开支就必须这样做。这时,假如财务部采取迁就或妥协的策略来对待公司的财务制度,就是对公司不负责任。久而久之,必定会造成公司制度的混乱,甚至给公司带来财务危机。

竞争方式适用于紧急又重要的事情,它能够节省时间,节省决策的成本,可以尽快地达成一个结论,以优先保证重要的紧急的工作。

(2)不紧急也不重要的工作采取回避的方式解决。

不要以为回避就是不负责任,事实并非如此,在实际工作中,许多时候采取回避的策略会得到意想不到的结果。什么情况下应采取回避的策略呢?

情景一:发生冲突的事情微不足道,或者是还有更紧迫、更重要的问题需要解决;

例:行政部下达通知,销售部经理问:"这个通知别的部门都是十五日收到,我们怎么是十六日收到?"

情景二:当你认识到不可能满足你的要求和愿望时;

例：我今年关心的是涨工资，而今天是评先进，我并不感兴趣，所以我不关心自己能否评上，也就没有劲头去跟他们争论。

情景三：当收集信息比立刻决策更重要时；

例：我们感觉销售部在东北区的市场推广存在问题，没有按计划来做。这时，如果直接指责他们，会引起冲突，所以我们要事先搞清楚是怎么回事。

情景四：当一个问题是另一个更大问题的导火索时；

例：销售部的销售奖励政策大家都很不满意，以前讨论过多次，要改，这时，如果销售部经理提出对手下的某一个特别优秀的或特差的业务员，采取特别的奖励或惩戒办法，就会引起更大的冲突。所以销售部经理不急于处理某个业务员。

情景五：当你认为部门之间职能划分不清楚，但现在又不影响工作时；

例：在一个新成立的公司，财务部就年度审计问题给各部门下达了详细规范的要求，但目前各部门还没有搞，双方不必现在就纠缠此事。

这时，假如利用竞争的方式解决部门之间的冲突，就不太合适。因为公司刚刚成立，要做的事情很多，这时部门职能划分与公司的其他事情比起来是小事，没有必要在这点小事上花费太多的时间和精力。

情景六：当发现不是解决问题的最佳时机。

例：人事部经理没有按计划为软件开发部招聘到程序员。软件开发部经理正想去找他问。走到路上，他听说人事部经理正在为某某事情生气呢！于是决定不去了。

如果软件开发部经理采取竞争的方式与人事部经理正面接触，去谈为软件开发部招聘的事，本来人事经理心里正有气没有地方撒，搞不好会把矛盾引到自己身上，甚至还会产生更大的冲突，会成为其他问题的导火索。在这种情况下，最好是采取回避的策略，暂时先回避，以后再说。在处理不重要也不紧急的工作的时候，使用回避的方法，效果是最好的。有些没必要今天去解决的事情可以放到明天或更晚一点，因为人的精力是有限的，解决的问题总要有个先后顺序，先解决重要紧急的，其他不重要、不紧急的事情，可以采取回避的方式，先把它放一放，等有时间了再去处理。

（3）紧急而不重要的工作采取迁就的方式解决。

不要以为迁就说明自己软弱，就是害怕对方。迁就往往是先退一步，为的是后进一步。

什么情况下可以采取迁就的策略呢？

情景一：当你发现自己是错的

例：市场部本月有好几次加班，由于他们没有把加班单及时交给人力资源部，所以加班费没有按时发下来。这显然是市场部的责任，这种情况下市场部应该去找人力资源部说明是自己没有及时交加班单引起的，并承认错误。

情景二：当你想表现出自己通情达理时

在前面的例子中，既然市场部已经承认是自己的错，责任在自身，以后会早点把加班单送过来，人力资源部就应该原谅对方，表现出自己的通情达理。

情景三：你明知这个问题对别人比对你更重要

同样在前面例子中，人力资源部坚持的是公司的考勤制度，制度是绝对不能随便受到破坏、受到挑战的。显然制度比几十元钱的加班费更为重要，你应该知道不要向制度挑战。这时，你应该迁就人力资源部的态度不好。

情景四：当别人给你带来麻烦，但这种麻烦你可以承受时例：本月销售部交来的报表，有许多格式填得不对，财务部人员认为销售部也不常犯这种错，于是他们就花了一个多小时的时间改报表。

情景五：当融洽和稳定至关重要时

例：公司进行一项重大的推广计划，这项计划关系到公司的生死存亡问题，市场部和软件开发部为谁写这个产品说明书争论不休，这是没有必要的。这时采取迁就策略是最恰当的。

情景六：当你允许别人从错误中得到学习和经验时

例：人力资源部收到各部门报来的人员需求表，看到上面填得五花八门。这时可以采取迁就的办法，以后在适当的时候再和他们讲清楚应该怎么填写。

情景七：为了对以后的事情建立起责任感时

例：刚刚来到公司的任经理为软件开发部招聘软件工程师，但由于任经理对情况不熟悉，招来的人软件开发部不满意。任经理主动上门检讨自己，听取软件开发部对招聘工作的意见和要求。一些职能部门就是给其他的部门提供服务的，很多情况下采取迁就的方式其实是一种变通，这不是对原则的违反。也许有些规定本身就不适用于所有的情况，采取迁就的方式很容易化解冲突。

（4）紧急而不重要的工作采取妥协的方式解决。

妥协表面上看是双方都后退了一步，好象是双方都吃了亏，实际上是双方都达成了目标。

什么情况下应采取妥协的策略？

情景一：当目标十分重要，但过于坚持己见可能会造成更坏的后果时

例：计算机公司的软件开发一部、二部就联合开发一种新软件的具体合作事宜，想达成一个协议，由于种种原因一直没有达成，而双方又都不具备独立开发的实力。这时国家一项重点工程正准备招标这种新软件产品，于是两个软件开发部决定在双方合作条件上各做出一些让步，使双方达成协议共同开发这种新软件产品，以便在竞标中获胜，从而使双方获利。

在这种情况下，如果软件开发一部、二部采取竞争的策略，双方谁也不让步，双方的实力又都不够，可能中标的就是其他具有实力的公司。最后的结局会是双方都劳民伤财，一无所获。

如果两个部门都采取回避的策略，两个部门谁也不理谁，自己又都知道自己没有竞标的实力，而默默地放弃参加竞标。这样两个部门都会失去一次发展自己公司的机会。

最好的办法就是双方都采取妥协的策略，你让三分，我让三分，从而使两个部门增加了竞标的实力，使双方都能获利或减少损失。

情景二：当对方做出承诺，不再出现类似的问题时

例：如果销售部的报表需要财务部花很大的力气来修改，这时如果销售部经理承诺以后不再发生此类问题，财务部可以采取的办法是："好，这次就算了，下不为例。"

情景三：当为了对一个复杂的问题达成暂时的和解时

例：由于用人部门对于职位说明书的填写不准确，往往人力资源部招来的人，不能满足用人部门的准确要求。但是，如果要解决这个问题，就需要公司进行整体的组织设计和职位分析，而这项工作没有几十万元和几个月的时间是完不成的。这时用人部门可以和人力资源部达成暂时的和解：由用人部门先提出招聘的条件，由人力资源部进行修改完善，再由用人

部门加以确认。

情景四：当时间十分紧迫，需要采取一个妥协方案时

例：我们经常在工作中会出现第一套方案、第二套方案、第三套方案，就是为妥协用的。

（5）不紧急而重要的工作采取合作的方式解决。

合作是五种冲突处理策略中最理想的一种。通过事先的沟通达成共识，既满足了自己的愿望，又站在对方的立场上为对方的利益考虑。对于很重要、但不是特别紧迫的、有时间进行沟通的问题，必须采取这种策略。

什么情况下可以采取合作的策略？

情景一：当你发现两个方面都很重要并不能进行妥协时

例：财务部要出台新的财务管理办法，这件事与销售部、行政部的关系最为密切，因为销售部和行政部在费用方面比较特殊。财务部事先与这两个部门进行沟通，为的是既能坚持财务制度，又便于这两个部门报销费用。这两个部门要考虑怎样才能既使本部门报销时方便又遵守公司的财务制度。

在这种情况下，如果采取回避、迁就、妥协的策略来处理冲突，都会使双方的利益以致公司的利益受到损害，造成公司的财务制度不够严密，或是销售部、行政部的工作效率被人为地降低。

情景二：当你需要了解、综合不同人的不同意见时

例：公司将进行整体的品牌推广，这件事不只是企划部的事情，它涉及产品开发、市场定位、销售、企业文化……，也就是说，需要听取发展部、市场部、销售部、人力资源部的意见。这就需要合作。

情景三：当部门之间在主要的职责上相互关联时

例：市场部作一个大的推广计划，这个计划的成败实际上要在销售的业绩上得到体现和检验，而销售业绩又是销售部工作的结果，这时市场部不能离开销售部。两个部门的业绩是相关的，这时就必须采取合作的方式。

情景四：当有可能扩大双方共同利益时

在前面例子中，软件一部、二部可以不合作，各自有各自的业务范围，但是合作可以扩大双方的利益。对于软件一部、二部来说，及早建立合作关系和战略，比应急妥协要好得多。

合作需要成本，需要时间和精力，所以应该用于处理不紧急的工作。另外，合作的方式是用来解决原则性的、重要的工作，事先要规定一些重要的内容，把合作的模式建立起来，以达到更好的管理和团队合作的目的。企业里面，类似这样的冲突很多，对于这种问题最好的解决办法是采取合作的方式。

例如，企业在华东区投放了广告，销售效果不好。首先，要弄清楚效果不好的原因是不是就在广告本身，还是其他原因。第二，这个问题很重要，不但涉及销售部门，而且涉及整个公司年度的业绩，要慎重地去处理。第三，像这类问题，要拿出一定的时间来进行研究和处理。所以，合作是最佳的一种处理方式。

这种重要的问题是不能回避的，所以回避是不可取的；而采用竞争的方式，可以争一争是谁的责任，但不能解决问题，所以不能使用这种方式；另外，市场部精通广告，但不懂销售，销售部又不可能是广告专家，是两种不同的领域，无法通过迁就达成一致，所以不能采用迁就的方法；而且，这种事情根本不是各自退让半步就可以解决的，也不能采用妥协的方式。所以，这类重要而不紧急的问题要采用合作的方式去处理。

五、团队决策

由于现代组织结构的不断扁平化，许多经营决策是在团队中进行的。与一两个人进行决策的方式相比，团队决策显然要更加复杂，团队合作环境中，成员需要了解如何在决策中提出恰当的建议，如何与其他人达成一个能得到普遍接受的方案。建立一套团队决策机制，有助于让团队成员理解怎样决策符合团队成员共同的利益，还能够在团队内部营造一个公开和谐的讨论氛围，便于团队制定出最佳的决策方案。

为了能够顺利完成团队任务，解决团队面临的问题，实现团队目标，团队需要进行科学的、有效的决策。团队决策往往需要按照一定的模式进行，可以根据团队的类型与目标、发展阶段选择相应的决策模式。

1. 头脑风暴法

头脑风暴法又称智力激励法、BS法、自由思考法，是由美国创造学家A·F·奥斯本于1939年首次提出、1953年正式发表的一种激发性思维的方法。此法经各国创造学研究者的实践和发展，至今已经形成了一个发明技法群，深受众多企业和组织的青睐。头脑风暴法又可分为直接头脑风暴法（通常简称为头脑风暴法）和质疑头脑风暴法（也称反头脑风暴法）。前者是由专家群体决策，尽可能激发创造性，产生尽可能多的设想，后者则是对前者提出的设想、方案逐一质疑，分析其现实可行性。

采用头脑风暴法组织群体决策时，要集中有关专家召开专题会议。主持者以明确的方式向所有参与者阐明问题，说明会议的规则，尽力创造融洽轻松的会议气氛，一般不发表意见，以免影响会议的自由气氛。专家们可"自由"提出尽可能多的方案。

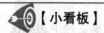【小看板】

头脑风暴法的应用

有一年，美国北方格外严寒，大雪纷飞，电线上积满冰雪，大跨度的电线常被积雪压断，严重影响通信。过去，许多人试图解决这一问题，但都未能如愿以偿。后来，电信公司经理应用奥斯本发明的头脑风暴法，尝试解决这一难题。他召开了一种能让头脑卷起风暴的座谈会，参加会议的是不同专业的技术人员，要求他们必须遵守以下原则。

第一，自由思考。即要求与会者尽可能解放思想，无拘无束地思考问题并畅所欲言。

第二，延迟评判。即要求与会者在会上不要对他人的设想评头论足，不要发表"这主意好极了！""这种想法太离谱了！"之类的"捧杀句"或"扼杀句"。至于对设想的评判，留在会后组织专人考虑。

第三，以量求质。即鼓励与会者尽可能多而广地提出设想，以大量的设想来保证质量较高的设想的存在。

第四，结合改善。即鼓励与会者积极进行智力互补，在自己提出设想的同时，注意思考如何把两个或更多的设想结合成另一个更完善的设想。

会后，公司组织专家对设想进行分类论证。专家们认为设计专用清雪机、采用电热或电磁振荡等方法清除电线上的积雪，在技术上虽然可行，但研制费用大，周期长，一时难以见效。那种因"坐飞机扫雪"激发出来的几种设想，倒是大胆的新方案，如果可行，将是一种既简单又高效的好办法。经过现场试验，发现用直升机扇雪真能奏效，一个久悬未决的难题，终于在头脑风暴会中得到了巧妙的解决。

2. 创造性决策

良好的决策在某种程度上取决于良好的团队。良好团队的特征包括：信任、支持、公开交流以及解决冲突的能力。良好的决策需要团队共同具备一定的技能。

（1）平衡创造性决策和理性决策的能力。

（2）创造性包括提出尽可能多的解决方案、提出与众不同的方案、重新界定想象力的界限、克服习惯性思维的障碍。

（3）理性决策包括明确团队面临的问题、注重解决问题的逻辑性、参考标准的分析解决问题的方案、选择现实与可行的方案。

（4）合理达成一致的方式：投票、取得一致同意、求助权威等。每种方法都有自身的优缺点，投票的方式能够减少决策的时间，但存在不确定性；取得团队成员一致同意需要花费大量时间，但能够减少不确定性，团队成员也更愿意承担决策风险，团队通常要收集决策所需的信息，制订并分析备选方案，然后选出最佳方案，最后将所有资料提交给权威人士，由其作出最终决策。但求助权威时可能在提出为数不多且质量较差的备选方案后止步不前，既然决策由权威人士作出，那么成员就不必承担全部责任就可能有所懈怠。

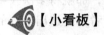【小看板】

快乐的力量

你所在的组织缺乏创造力吗？不要抱怨了，开怀大笑吧。如果你不能从工作中感受到乐趣，那么看看谷歌的管理层。2007 年《财富》杂志将谷歌列为全球最佳雇主。调查表明，在工作过程中，幽默能改善沟通效果，提升工作满意度，增强员工忠诚度。当雇员能够舒缓地释放身心压力时，决策能力、解决问题的能力自然就增强了，这种状态有利于创造力的发挥。因为创造力是一种改革的动力，是一种使你能够在竞争中胜出的力量，谷歌想方设法使员工感到快乐，以便激发他们的创意，突破成规。他们在加州的园区设有室外海浪池、室内体育场、托儿所等。他们每日为员工提供三次免费餐饮，以及免费搭乘公司班车去旧金山城区。员工 20% 的工作时间是用于创意的，公司甚至鼓励员工在大厅的黑板上进行团体讨论。谷歌相信坚持谷歌文化是谷歌最重要的财产，谷歌首席文化官斯泰西的工作就是确保那些快乐的感受都变成公司拓展的不竭动力。

3. 德尔菲法

（1）德尔菲法的特点：让专家以匿名群众的身份参与问题的解决，有专门的工作小组通过信函的方式进行交流，避免大家面对面讨论带来消极的影响。

（2）德尔菲法的一般步骤：

A. 由工作小组确定问题的内容，并设计一份征询解决问题的意见和思路的调查表；

B. 将调查表寄给专家，请他们提供解决问题的意见和思路，专家间不沟通，相互保密；

C. 专家开始填写自己的意见和想法，并把它寄回给工作小组；

D. 处理这一轮征询的意见，找出共同点和各种意见的统计分析情况；将统计结果再次返还专家，专家结合他人意见和想法，修改自己的意见并说明原因；

E. 将修改过的意见进行综合处理再寄给专家，这样反复几次，直到获得满意答案。

4. 便签讨论法

要求参与者将想法记录在便签上，一张便签只写一个想法，而不是写在展板上。这是一个开放式的方法，大家将想法记录在便签上，接着把便签贴在墙上或者白板上，然后将相关的想法进行分类，归类结束后对各组的思路进行必要的讨论、说明和修改，最后当所有成员对各组主题达成一致后，将意见写在便签上并置于该组便签的顶端。

5. 多次投票达成共识

首先，将运用团队讨论法得出的所有想法进行分类并编号，将所有想法或类别的总量除以 3 得出每个成员可以投票的次数。如果有 13 个想法，每个成员选出他认为最好的 4 个想法；如果有 8 个类别，则每个成员可以选其中 3 个（每个人对每个想法或类别只能选一次）。在成员进行投票之前，最好制定一系列选择标准，比如要求团队成员选择有最大潜在影响的想法，或者实施时间最短的想法。

然后在团队成员选出并记录他们认为最好的选择后，安排记录员制作表格选择结果。一个简单易行的方法就是在每个编号旁记下投票数并记录下哪些成员将这一编号的内容作为最佳选择之一。另一个方法是走到成员中间去，逐一询问每个成员的选择，并在恰当的号码旁标上记号。

最后，得到最多票数的想法或类别胜出。如果出现票数相同的局面，那就将多次投票法过程再进行一次，直至选出获得最多票数的想法或类别。因为每个参与者都要选出最好的备选方案，所以最终胜出的想法或类别往往已经在绝大多数人的选择清单上了。虽然多次投票法并不能让所有人都形成一致意见，但是它能快速地使整个团队的想法更加一致。

【技能训练】

穿越电网

训练目的：

1. 体验如何进行有效团队决策；

2. 体会维护团队成员共同意识的方法与技巧。

过程：

1. 参与者自由组合，小组间进行竞争，目标是所有成员按照规则从网中全部穿过。

2. 规则：

（1）电网是无限延伸的，任何人只能从网洞中穿过；

（2）每个网孔只能用一次，不论是否通过，用完即被封住；

（3）电网具有万伏高压，可击穿任何物体，身体任何部位触网即宣布牺牲；

（4）在抬团队成员通过时，面部朝上，以防止落地擦伤；

（5）违反以上任意一条项目重新开始；

3. 游戏结束后，小组成员讨论团队如何合作并找出存在的问题。

讨论：

1. 有效的组织协调是团队成功的关键吗？

2. 如何沟通才能实现有效利用资源？

3. 团队成功的基础是什么？

苏武牧羊

训练目的：

1. 通过不同角色的模拟演练，迅速了解团队内部情况，运用有效团队沟通技巧，畅通团队沟通渠道，高效传递信息；

2. 缓解团队内部因沟通问题造成的障碍，明确团队目标，维护团队共同意识。

过程：

将四处奔走的羊赶回各自的羊圈。

规则：将所有队员分成两组，从中选出一人充当"牧羊人"（哑人）的角色，其余成员则充当"羊"（盲人），所有"羊"须戴上眼罩，"牧羊人"只能通过特定的信号（不能肢体接触，可以事先沟通准备）向"羊"表达意思，将所有的"羊"赶到规定的位置上。一方面"牧羊人"要发出正确的讯号引导"羊"；另一方面"羊"要能准确地辨别信号，并根据信号做出正确的反应，最终达到预期的效果。

此项目有两种模式。一种是先在团队中选好"苏武"，然后让他们讨论沟通方式；另一种是先沟通，这时都不知道谁会是"苏武"，沟通完后让他们戴好眼罩，再从中拉出一个来充当。

讨论：

1. 团队沟通的技巧有哪些？

2. 团队面对困难及沟通障碍时，如何进行信息的传递和反馈控制？

3. 团队成员如何高效执行团队决策？

建绳房

训练目的：

1. 锻炼团队成员的相互协调能力，增强团队成员的沟通意识，培养整体目标意识；

2. 发挥团队成员的创造能力，懂得部分配合整体。

过程：

1. 给三个小组每组一捆若干根绳索，中间还有很多无名结，必须在最短时间内将这些绳子理清。

2. 第一阶段发给每个人一个眼罩，并通知他们戴上眼罩后要做的事情。

小组1建一个三角形。

小组2建一个正方形。

小组3建一个圆形。

3. 当第一阶段完成后，告诉3个小组的全体人员，要他们一起来建一个绳房子。

讨论：

1. 请对比第一阶段和第二阶段，然后说明哪个阶段更加混乱，为什么？

2. 如果你作为领导，你会怎样组织第二阶段以更快更好地完成任务？

任务总结

1. 明确目标是维护团队共同意识的有效方法。"团队"（Team）一词如果将英文字母分解开，其意思分别是T-target即目标，E-education即教育，A-ability即能力，M-moral即士气。因此团队就是设定一定的团队目标，根据目标教育团队成员使其获得实现团队目标的能力，同时在实现团队目标的过程中维护和提升团队的士气。当然团队目标是团队成功的第一步，目标设定必须符合SMART原则，在了解团队成员不同需求的基础上，确定团队目标，并结合团队实际内外部情况将团队目标进行分解，以利于团队成员不断增强凝聚力和成就感。

2. 维护团队共同意识需要营造责任感。美国前总统杜鲁门有句名言："责任到此，请勿推辞!"只有具有团队责任的人才能在激烈竞争中取得良好的发展，同时责任也是促使团队成员与团队共同成长的基础。如果团队中的每个成员都有为整个团队考虑的责任感，那么这个团队就会在相互帮组和促进中不断提高和发展，形成良性团队氛围。高效团队明白它所承担的责任以及责任的重要程度，团队从组织那里接收工作重要性的信息，懂得达到目标的关键所在，预期非常明确，团队成员既对自己负责，又对整个团队负责。

3. 维护团队共同意识需要高效沟通。高效团队有着广泛的沟通机制，成员间能够定期沟通与交流，可以面对面交流，也可以通过电话和电子邮件进行交流，团队也往往通过各种渠道让每个成员了解团队的工作进程，团队会及时沟通所有需要调整的计划和安排。维护团队的共同意识需要运用高效的个人沟通技巧，同时也必须形成良好的团队沟通氛围，能够及时有效地排除沟通的障碍，改变不利于团队沟通的环境。

4. 维护团队共同意识需要化解团队冲突。团队冲突是无法避免的，维护团队共同意识的关键是如何处理团队冲突，团队如何管理可能遇到的冲突是最难把握的技能之一，也是能否提升团队效率的重要环节。首先要明确区分积极的和消极的冲突。积极的冲突有利于个人和组织取得预期的目标，包括提高成员参与率、提高凝聚力、促进团队成员创新、促进团队成员成长，使得团队成员明确自身和团队的价值；消极的冲突会严重损害团队效率，使得团队无法实现预期目标。有效处理冲突的技巧包括控制你的情绪和脾气，明确冲突的问题，根据实际情况合理有效地选择竞争、回避、迁就、妥协、合作等处理方法。

5. 组织中，团队越来越多承担了决策的任务。团队决策的方式比个人决策更加复杂，需要选择合理有效的决策模式，包括团体讨论法、头脑风暴法、创造性决策法、德尔菲法、便签讨论法，也可以采用多次投票达成共识。在使用团队决策的方法时，要注意其各自的使用范围和注意事项。

思考与训练

1. 如果一群人变成一个团队，他们必须有一个具体明确的目标，请尝试总结团队如何制定目标，团队目标有哪些重要的作用，以及团队制定目标有哪些原则和技巧？

2. 目标实现的信心指数测评

请根据实际情况对下列题目作出"是"或"否"的回答。

（1）规定的目标一定要实现。（　　　）

（2）成就是我的主要目标。（　　　）

（3）心中思考的事情往往立即付诸实践。（　　　）

（4）对我来说，做一个谦和宽容的胜利者与取胜同样重要。（　　　）

（5）不管经历多少失败也毫不动摇。（　　　）

（6）谦虚常常比吹嘘获得更多的益处。（　　　）

（7）我的成就不言自明。（　　　）

（8）我实现目标的愿望比一般人强烈。（　　　）

（9）自信，并且相信只要做必然能成功。（　　　）

（10）他人的成功不会诋毁我的成功。（　　　）

（11）我所做的工作本身蕴涵着价值，我并不是为了奖赏而工作。（　　　）

（12）我有自己独特的、其他任何人不具备的优点。（　　　）

（13）认准的事情坚决干到底。（　　　）

（14）对工作集中度高，持久性长。（　　　）

（15）往往马上实现大脑的闪念。（　　　）

（16）失败不能影响我的真正价值。（　　　）

（17）对自己的评价不受别人的观点左右。（　　　）

（18）信赖他人并合作。（　　　）

（19）一件一件地实现要做的事情。（　　　）

（20）为了实现目标往往全力以赴。（　　　）

（21）相信自己有应付困难的能力。（　　　）

（22）常常盼望良机来临。（　　　）

（23）对自己很少有消极想法。（　　　）

评估标准及结果分析：

每题回答"是"计1分，"否"计0分。

如果你的得分在0～4分之间，说明你实现目标的信心很低；如果你的得分在5～10分之间，说明你实现目标的信心较低；如果你的得分在11～14分之间，说明你实现目标的信心一般；如果你的得分在15～18分之间，说明你实现目标的信心较高；如果你的得分在19～23分之间，说明你实现目标的信心很高。

3. 试分析：团队内部的人际关系是做好团队沟通的一项基本要求，人际关系的好坏直接决定了团队的沟通效率。一个人获得成功的因素中，85%决定于人际关系，而知识、技术、经验等因素仅占15%。大学毕业生中，人际关系处理得好的人平均年薪比优等生高15%，比普通生高出33%。

4. 案例分析

在过去的几个星期，你一直在参加项目团队会议，尽管你与团队成员之间的关系很不错，但是会议的效果却不尽人意。参加会议的人都喜欢谈天说地，问题是，再过3周项目完成的期限就要到了，你担心不开夜车就完不成任务了。即使那样，任务也不可能很好地完成。你该怎么办？

（1）在这种情况下你会有什么样的反应？

（2）这样的情况该如何避免？

（3）如果要解决这样的团队冲突，要避免哪些做法？为什么？

5. 案例分析

我与上司之间发生了一些个人冲突。他的一些做法令我十分恼火，他从来不为员工着想，但他又是我的上司，我能采取什么行动呢？他经常迟到，而我和我的同事已经工作了一段时间了，并且安排好了我们一天的计划，他一来就打断我们，然后要我们先处理他提出的问题。他下班迟（我们实行的是弹性工作制），而且他有迟到的理由——必须送孩子上学，但是他打破我们工作计划的习惯让我们非常气愤，他一到，我必须认真听取他的工作安排，重新制定我一天的工作计划、一圈忙下来已经是中午了、我感觉半天的时间被浪费了。抱怨可能会令上司反感，实际也改变不了什么，但是我对现在工作的低效率感觉十分痛苦，我只是希望上司能感觉到我的处境，把时间安排得好一些，懂得我的时间的宝贵。

（1）你对这种情况的第一反应是什么？

（2）怎样避免这种情况的发生？

（3）处理这个冲突的合理方法是什么？处理时应避免什么？

6. 团体讨论法

运用团体讨论法在 5 分钟内想出尽可能多的关于回形针的用途。写下所有的想法，不管想法有多么稀奇古怪。如果你想不下去了，可以转换视角，设想你在大海里、沙漠中、暴风雪中或月球上迷路，会发生什么？挑战你的极限，想一想，回形针还可以做什么呢？

（1）团队是否充分利用了所有的时间并想出足够多的用途？

（2）如何将团队讨论法的优点充分发挥？